화보

· 1851년
 16살의 앤드류 카네기와 동생 토머스

· 앤드류 카네기와 그의 아내
 루이즈 카네기

· 1911년, 카네기 재단(Carnegie Corporation)

· 스코틀랜드 스키보 성(城)

· 낚시를 즐기던 앤드류 카네기
 (오른쪽 두번째)

· 골프를 치고 있는 앤드류 카네기(가운데)

· 1984년, 스키보에서의 앤드류 카네기 가족(부인과 딸 마가렛)

머리말

나는 실업계에서 은퇴한 이후 여러 친구들의 권유로 자서전을 쓰기 시작하였다. 그러나 좀처럼 시간을 낼 수 없어서 옛 추억을 더듬어 글을 쓰기 위해 스코틀랜드에서 휴양하기로 했던 계획마저도 연기해야 했다.

우리 부부는 매년 여름 올트너길의 작은 별장에서 오랫동안 은거했는데, 집필의 대부분은 이곳에서 씌어졌다. 나는 어린 시절의 유쾌한 감정으로 되돌아가 그 당시의 일을 하나하나 원고지에 옮겼다.

그런데 1914년 7월, 유럽의 하늘에는 전쟁의 먹구름이 가득 찼다. 8월 4일, 개전 소식이 전해져 우리는 급히 이 산장을 떠나 시국 상황과 그리 밀접하지 않은 스키보에로 되돌아왔다.

나의 추억은 이 무렵 끝이 났다. 그 후에는 공부에도 흥미를 가질 수 없어서 원고를 계속 쓰려 했으나, 끝내 뜻을 이루지 못했다. 그때까지 나는 중년의 나이에도 불구하고 골프·낚시·수영 등으로 오히려 활기

찬 생활을 하였다. 때에 따라서는 하루에 세 가지 운동을 한꺼번에 즐기기도 했다.

나는 언제나 낙천적이었으며, 고난에 부딪쳤을 때에도 되도록 명랑한 기분을 유지하려고 노력했다. 그러나 세계대전의 격심한 풍랑 속에서 지나친 걱정으로 심한 유행성 감기와 폐렴으로 두 번이나 앓아누워 갑자기 늙어 버린 듯한 기분을 느낀 적도 있었다.

나는 이런 어려움 속에서도 언제나 명랑함과 사려 깊은 인내심으로, 비록 작은 즐거움이나 노동도 감사한 마음으로 받아들일 줄 알게 되었다.

나는 원고지에 이렇게 주의사항을 써놓았다.

'이 원고는 작은 책으로 만들어질 것이다. 세상 사람들은 이 책을 읽고 싶어할 것이다. 또 친척이나 친구들이 좋아하는 비매품으로도 만들 수 있을 것이다. 그러나 이 원고를 정리할 사람은 대중에게 지나친 문제 의식을 던져 주지 말아야 한다.'

지(知)·정(情)을 겸비한 사람이 원고를 정리했으면 하는 바람으로 나의 친구 존 시반다크 교수를 적임자로 정하였다. 교수는 위의 주의

사항을 읽지 않고, 원고를 처음 대했을 때 이 책을 간행하는 것은 '사랑의 노동'이라고 하였다. 그러고 보면 선택은 상호적이라고 할 수 있다. 교수가 '사랑의 노동'을 수행한 결과는 그의 선택의 현명성을 입증한다. 그가 나의 책을 간행한 것은 이 세상에서 아름답고도 고결한 신의 가호 아래 이루어진 하나의 선택이다.

앤드류 카네기

차례

화보_ 5

머리말_ 9

1. 유년 시절_ 15
2. 뎀퍼린과 미국_ 37
3. 피츠버그와 노동_ 53
4. 앤더슨 장군과 장서_ 67
5. 전신국_ 77
6. 철도 사업_ 91
7. 펜실베이니아 철도의 관리_ 115
8. 남북전쟁 시대_ 137
9. 교량 건설_ 161
10. 제철업_ 183
11. 본거지로서의 뉴욕_ 205

12. 상사 교섭_ 227

13. 강철 시대_ 245

14. 저술과 여행_ 267

15. 결혼_ 283

16. 공장과 근로자_ 297

17. 홈스테드 파업_ 309

18. 노동 문제_ 323

19. 부(富)의 복음_ 343

20. 교육 기금_ 359

21. 평화전과 베텐구리프_ 377

22. 매슈 아널드_ 397

23. 영국 정계의 영수(領首)_ 413

1

유년 시절

1. 유년 시절
2. 뎀퍼린과 미국
3. 피츠버그와 노동
4. 앤더슨 장군과 장서
5. 전신국

어떤 사람의 일대기를 사실대로 서술함으로써 흥미진진한 이야깃거리가 될 것이라는 옛 성현의 말씀이 틀림없다면, 나에게 나의 일대기를 쓰도록 요청한 친척이나 친구들은 이 책을 읽고 대단히 실망할 수도 있으리라. 그러나 이 이야기가 어떤 사람들에게는 흥미를 돋워줄 것이라는 생각에 집필의 용기를 한층 돋워주었다.

피츠버그에 있는 친구인 메론 판사가 수년 전에 자신의 일대기를 소재로 저술한 책은 나에게 깊은 관심을 불러일으켰다. 메론 판사의 저서는 그의 친구들과 자손에게도 무한한 감동을 주어 생활에 큰 도움이 되었다. 또한 그의 측근뿐만 아니라, 이 책을 애독서의 하나로 귀중히 소장하는 사람도 많다.

이 책의 특징은 저자의 인격을 잘 나타내고 있으며, 대중의 관심을 끌기 위해서가 아니라, 가족을 위해 집필했다는 점이다. 메론 판사와 마찬가지로, 내가 이 글을 쓰게 된 이유는 대중 앞에 펴놓기 위해서가 아님을 밝혀둔다. 나는 그저 가벼운 기분으로 부담 없이 나의 일대기를 쓰려 한다.

내가 태어난 곳은 뎀퍼린의 무디 가(街) 플라이얼리 변두리에 있는 조그마한 단층집이었다. 때는 1835년 11월 25일, 가난하지만 성실한 부모에게서 태어났다. 뎀퍼린 가는 오랫동안 스코틀랜드 직조업의 중심지로 유명했다.

아버지 윌리엄 카네기는 직조업자였다. 나의 이름은 할아버지 앤드류 카네기(Andrew Carnegie)의 이름을 그대로 본떠서 지어졌다(18세기의 카네기는 뎀퍼린에서 2마일 정도 떨어진 경치가 아름다운 파팀아 촌에 살다가, 뎀퍼린의 직조업이 점점 성황을 이루자 이곳으로 이사하였다).

할아버지 앤드류 카네기는 지혜가 풍부하며, 유쾌하고 명랑한 성격의 소유자로서, 그 당시 노인 클럽 '파팀아 카렛'의 회장으로 명성을 떨쳤다.

내가 14년간 객지 생활을 하다가 뎀퍼린으로 돌아왔을 때, 한 노인이 나에게 달려왔다. 이 노인은 할아버지와 둘도 없이 친한 사이로, 우리 할아버지를 교수라 불렀으며, 내가 할아버지의 손자라는 것을 알고 있었다. 노인은 매부리코에 주걱턱이었으며, 이가 빠진 채 중풍에 걸려 있었다. 노인은 방구석에 몸을 기댄 채 부들부들 떨리는 손을 내 머리에 얹으며,

"얘야, 너는 앤드류 카네기의 손자지! 나는 너의 할아버지와 둘도 없는 친구였단다."

라고 이야기하였다.

그외에 뎀퍼린에서는 나에게 할아버지의 이야기를 들려주는 노인이 여럿 있었다. 그 중에 하나만 소개해 보겠다.

어느 해 겨울, 이상한 사람이라고 소문난 늙은 할머니 집에 갑자기 변

장한 얼굴이 창 너머에 나타나 눈을 부릅뜨고 큰 소리로 외쳤다.

"아, 이 사람은 앤드류 카네기가 아니냐?"

틀림없는 할아버지였다. 75세라는 점잖은 나이에 술취한 청년처럼 변장하여 할머니들을 놀라게 한 것이었다.

돌이켜보면 시련을 박차고 한평생을 건강한 웃음으로 산 낙천적 성격과, 참새를 독수리로 만드는 나의 말솜씨 등이 모두 이 할아버지에게서 유전된 것이 아닌가 생각된다.

할아버지는 구혼에는 성공했으나, 재물을 모으는 데는 실패했다. 그러나 다른 방면에서는 이 고장에서 누구도 따를 수 없는 걸출한 인물이 되었다. 그는 책을 많이 읽었으며, 자기 생활을 설계할 줄 아는 우수한 두뇌의 소유자로서, 뎀퍼린의 급진적 기업가들과 연합하여 대학을 설립하였다. 물론 그 대학의 교수가 되었다.

명랑한 성격은 가끔 찾아드는 행운보다 낫다. 젊은이는 줄기찬 노력과 하고자 하는 욕구만 있다면 명랑한 성격을 얻을 수 있음을 잊어서는 안 된다. 정신은 그늘을 양지로 바꿀 수 있다. 고난에 부딪쳤을 때는 될 수 있는 한 웃어넘거라. 양심적인 사람이라면 누구나 가능하다. 양심의 심판은 절대적이고 엄격하기 때문이다.

시인 번스가 제창한 인생의 대헌장은 바로 이것을 읊은 것이다.

'그대여, 자신의 비난만을 두려워하라.'

이 격언을 젊은 시절 몸에 익혔을 때 나는 어떤 설교보다도 강한 감동을 받았다.

나는 교회에서 설교를 많이 듣긴 했지만, 점차 나이를 먹음에 따라 늙은 친구 베리워카를 닮아 가는 것을 느꼈다. 의사가 그에게 잠을 충분히 자느냐고 물으면, 그는 충분치 못하여 눈이 껄끄럽다고 대답하며 주위를 두리번거리곤 했다.

"그러나 교회에서는 가끔 편안히 잠을 잡니다."

그 말에 우리들은 한동안 입을 다물 수가 없었다.

어머니의 조부는 더 훌륭했다. 외할아버지 토머스 모리슨은 윌리엄 코벳의 친구로서, 그가 출간한 《레지스타》지의 기고가였고, 둘은 계속 서신을 교환하고 있었다. 내가 이 원고를 쓸 때에도 템퍼린에서 외할아버지 모리슨을 알고 있던 노인들은 그와 같이 훌륭한 웅변가는 없다고 칭찬했다. 외할아버지는 《푸레가솔》이라는 잡지의 발행인이었으나, 이것은 코벳의 《레지스타》를 줄인 것으로서 스코틀랜드 급진주의 기관지로 제일 유명했다.

외할아버지가 쓰신 논문 중에서 현재 실업 교육에 중점을 두는 추세로 보아 특히 괄목할 만한 것은, 70여 년 전에 간행한 《머리의 교육 대 손의 교육》이라는 제목의 책이다. 손의 교육의 중요성을 역설한 논법은 실업 교육에 중점을 둔 오늘날의 유력한 실업 교육 논저와 대조해도 전혀 손색이 없다.

그 책의 본론은 이렇게 끝맺고 있다.

'나는 청년 시절에 구두의 제조와 수선을 배운 것을 신에게 감사한다.'

코벳은 이것을 1883년 《레지스타》지에 게재하면서 다음과 같은 편집장의 소개를 첨가했다.

'본 논문은 지금까지 《레지스타》지에 발표한 논문 중에서 제일 귀중한 것 중의 하나이며, 이것은 우리들이 가장 존경하는 친구 스코틀랜드

의 통신 기자 토머스 모리슨 씨로부터 보내온 원고이다.'

따져보면 나의 저작 능력도 역시 유전에서 기인된 듯싶다. 외가·친가의 유전, 즉 카네기 집안 대대로 독서가나 사상가를 배출했다.

외할아버지 모리슨은 천재적 웅변가, 예민한 정치가로서 지방 급진당의 우두머리였으며, 그의 아들, 즉 나의 외숙부 베리 모리슨은 그 지위를 계승하였다. 토머스 모리슨의 손자를 만나보고 싶어서 나를 찾아온 유명한 스코틀랜드 사람들이 많았다.

클리블랜드 빗바 철도 회사의 사장인 파머 씨는 '자신의 학문과 수양은 모두 내 할아버지 덕택'이라고 하였다.

또 유명한 저서 《퍼린사》의 저자 에베네자 펀다슨 씨는 자신이 출세할 수 있었던 것은 소년 시절의 대부분을 나의 외할아버지 밑에서 일했기 때문이라고 말한다. 나는 여러 사람들로부터 칭찬을 받았지만, 크라스고의 모 신문 기자로부터 받은 칭찬만큼 나를 기쁘게 해준 일은 일찍이 없었다.

그 기자는 '미국의 지칭'이라는 제목으로 강연한 나의 연설을 듣고 신문에 나의 외할아버지 토머스 모리슨에 대한 스코틀랜드에서의 사회적 호평을 나열하면서, 이렇게 평하였다.

'연단에 나타난 그 손자의 풍채·용모·제스처 등은 옛날 토머스 모리슨의 모습을 그대로 묘사한 것처럼 경탄할 정도……'
라고 결론지었다. 나 자신은 한 번도 본 적이 없는 외할아버지와 꼭 닮았다고 하는 것은 의심할 여지가 없었다.

지금도 기억이 생생한 일로서, 27세 때 처음으로 뎀퍼린으로 귀향하여 외숙부 베리 모리슨과 같이 긴 의자에 앉아 있었을 때, 갑자기 숙부의 크고 검은 눈에서 눈물이 흘렀다. 숙부는 참다 못해 아무 말 없이 밖으로 뛰쳐나갔다. 잠시 후에 다시 방으로 돌아와서 그 이유를 설명했다.

"너를 보니 옛날 아버지의 모습이 어른거리는구나."

내가 옛날 외할아버지의 모습을 그대로 닮긴 닮은 모양이다. 어머니께서도 언제나 외할아버지의 특성이 나에게 유전되었다고 말씀하셨다. 이것으로 성격 유전의 학설이 증명되고 있으며, 체격뿐만 아니라 몸짓까지도 비슷하니, 그 미묘한 신의 법칙에 경탄하지 않을 수 없다.

모리슨 할아버지는 애든버러의 미스 호지와 결혼했다. 미스 호지는 사회적 지위와 교양, 예의가 풍부한 귀부인이었으나, 아이들이 아직 어릴 때 세상을 뜨고 말았다. 그 무렵 외할아버지는 뎀퍼린에서 피혁상을 경영하여 자산도 풍족하였으나, 워털루 전쟁 이후 수천 명 상인들의 실패와 함께 할아버지도 파산하고 말았다.

장남 베리는 그때까지만 해도 경마를 즐길 만큼 풍족한 생활을 누렸으나, 집안이 하루아침에 파산하자 식구들의 고생은 이루 말할 수 없었다. 둘째딸 마가렛은 나의 어머니였다. 어머니는 교양 있는 귀부인으로, 할머니의 우아한 용모를 물려받아 무척 아름다웠다. 그러나 이 글에서는 나의 어머니에 대해서 깊이 이야기하지 않겠다. 이 여장부에 대해서는 후일 세상에 알려질 때가 있을 것으로 생각한다.

어머니의 진실함을 잘 알고 있는 나로서는 어머니를 타인에게 알리는 것이 어머니의 진실을 희석시키는 것은 아닌가 하는 생각이 든다. 어머니의 진심을 아는 사람은 나 외에는 아무도 없다. 아버지가 일찍 세상을 떠나신 후 오직 나만이 어머님을 모시게 되었으니까. 나의 처녀작 《내가 사랑하는 여걸, 나의 어머니》(1988년 뉴욕 간행)에 모든 것을 바쳤다.

이와 같은 조상을 둔 나는 행운아였으며, 또한 나의 출생지도 훌륭한 곳이었다. 한 인간이 자라난 곳의 환경과 전설은 그 사람의 성장에 여러 가지 잠재적 자극을 준다.

그리하여 뎀퍼린의 소년은 11세기(1070년)의 말콤 감무아 왕과 스코틀랜드의 수호 성인 왕비 마가렛이 쌓아올린 스코틀랜드의 웨스트인스트라고 불리는 숭고한 성을 보고 큰 감동을 받는다. 큰 성과 역대 제왕이 탄생한 왕궁의 유적은 지금까지 보존되어 있다. 왕비 마가렛의 비문과 말콤 왕 탑의 유적을 포용한 베텐구리프 계곡도 거기에 있다. 사마도리크 스펜스 가의 옛 집은 머리에 이 탑을 이고 있다.

'피같이 붉은 포도주를 마시고, 왕은 뎀퍼린의 탑 위에 앉아 계시다.'

부르스 왕의 묘는 성의 중앙에, 성인 마가렛의 묘는 그 근처 왕족의 여러 묘와 인접하여 잠들어 있다. 그와 같이 로맨틱한 명승지의 근처에서 탄생한 사람은 행운아다.

이곳은 하구에서 3마일 정도 떨어진 북쪽의 고지에 위치하여 바다를 내려다보고 있다. 남쪽은 에든버러를 향하고, 북쪽은 오치루스의 산봉우리를 한눈에 바라볼 수 있는 뎀퍼린은 옛날부터 지니고 있는 국가적·종교적인 스코틀랜드의 수도다운 위대한 모습을 지금도 엿볼 수 있다.

이와 같은 환경 속에서 무한히 성장할 수 있는 특권을 가진 소년은 그가 호흡하는 공기와 더불어 시·노래·소설 등과 함께 역사와 전설에 젖어든다. 이와 같이 소년 시절에 그들 나름대로의 사회적 구조를 이루기 때문에 그들의 이상은 자연스럽게 현실로 바뀌어진다. 그 실현은 후일 실제 사회에 나가서 노동의 과정 속에서 인생의 쓴맛을 볼 때 비로소 깨달을 수 있다.

소년 시절에 받은 인상은 오히려 실제 사회에 나갔을 때나 그 후에까지 선명하게 가슴속에 살아남는다. 설령 그 인상이 잠시 잊혀지더라도 후일 그 기억은 다시 되살아나 위력을 가지고 전면에 나타나게 되어 메마른 감정을 풍부하게 한다.

뎀퍼린의 예민한 소년은 누구든지 성·왕궁·계곡의 감화를 받지 않을 수 없다. 아름다웠던 주위의 광경은 언제나 그들의 가슴속에 남아 새로운 희망을 주어, 풍부한 정서를 향유할 수 없는 곳에서 자라난 소년들이 따라올 수 없는 무서운 힘을 갖는다. 나의 양친도 이와 같이 훌륭한 환경에서 성장했기 때문에, 두 분 다 로맨틱한 시적 정서가 풍부하고 성품이 우아할 수 있었다.

아버지는 사업에 성공하여 무디 가(街)의 오막살이 집에서 레즈바크의 보다 훌륭한 저택으로 이사했다. 아버지의 직물 공장은 아래층에 있고, 가족은 2층에서 생활했다. 우리가 거주한 집은 당시 볼 수 있는 옛 모습 그대로의 스코틀랜드식 가옥으로, 돌사다리로 오르내리던 집이었다.

내 기억 속에서 제일 먼저 생각나는 것은 미국의 작은 지도를 보던 날이었다. 그 지도는 둘둘 말려 두 자 정도의 크기였다. 이 지도를 쳐다보면서, 아버지·어머니, 그리고 윌리엄 숙부, 에이트겐 숙모는 피츠버그·에리호·나이아가라 등등에 관해 이야기꽃을 피우다가, 그 후 며칠 만에 숙부와 숙모는 미국으로 여행을 떠나고 말았다.

나는 숙부 베리 모리슨이 방청이 금지된 집회에 참석했다는 죄로 구속된 사실을 부모에게 알리기 위하여, 한밤중에 뒷문을 두드리는 소리에 놀라 잠을 깬 일을 생생하게 기억하고 있다. 시장이 숙부를 체포하여 연행할 때, 그 곳은 집회를 연 장소에서 얼마 떨어지지 않은 거리였으므로 많은 군중이 그 뒤를 따랐다.

(1842년 이 소란이 있은 후 약 반 세기가 지난 1880년 10월, 로다 실업학교의 개교에 즈음하여 카네기는 당시를 회상하여 이렇게 술회하였다.

'나의 유년 시절에 있었던 추억의 하나는, 캄캄한 밤중에 모리슨이 구속되었다는 소식을 전하기 위하여 문 두드리는 소리에 깨어 일어난 일이다. 지금 생각해 보면 군중 집회의 권리를 옹호하기 위하여 구속되는 숙부가 있었던 것은 내 생애 최대의 자랑스러운 일이었다.')

군중들은 숙부를 구출하기 위하여 모든 방법을 동원하였으나, 사태가 용이하지 않아 단념하고 말았다. 나중에 들은 이야기로 숙부는 시장으로부터 군중들을 해체해 달라는 권유를 받고 거리로 향한 문에 나타났다는 것이다. 그때 외친 소리 중에는 이런 말이 있었다.

"오늘 밤 여기에 선량한 뜻을 가진 내가 있으니까 군중 여러분은 안심해 주기 바랍니다."

군중들이 비로소 이성을 되찾았을 때 숙부는 한숨을 쉬면서 또 이렇게 외쳤다.

"자! 조용히 돌아가 주시기 바랍니다."

우리 집안 모든 사람이 그랬지만, 특히 숙부는 도덕성이 풍부하고 준법 정신이 강했다. 또한 철저한 급진주의자로서 북미공화국의 열렬한 숭배자였다.

관리들은 영리하게 검거를 완화했지만, 모리슨 씨는 시민으로부터 시 참사원으로 선출되었고, 지방 재판소의 법관으로도 추대되었다. 그 후 얼마 지난 뒤에 공금 회계원으로 천거되어 시민의 호위를 확증할 수 있었다. 관리들이 범죄자로 검거한 애국적 개혁가는 시민의 천거에 의하여 재판관이 되고, 또 그 신임을 청렴하게 지키는 공금 회계원으로 증명하게 된 것이다.

세상이 이토록 시끄러운 가운데 개인간에 서로 주고받는 대화가 얼마나 신랄했던가는 상상하고도 남음이 있다. 군주정치와 귀족정치 일체의 특권을 저주하는 소리, 공화정치의 위대한 미국의 우월을 찬양하여 각 나라와 시민들의 권리인 자유를 높이 부르짖는 소용돌이 속에서 나는 자랐다. 소년 시절의 나는 왕후 귀족들을 죽이는 행위가 국가에 봉사하는 용감한 행위라고 믿고 있었다.

어린 시절에 환경에서 받은 감동은 쉽게 잊혀지지 않는다. 내가 어렸을 때는 특권 계급이나 개인이 무슨 선행을 하여 국민의 지지를 받는 것도 아닌데, 신분상의 특별성 때문에 존경해야 하는 풍토가 불만이었다. 나는 그때까지 상류 사회를 무시하고 있었다.

그들은 그저 아무것도 할 줄 모르고 요행만을 바라는 껍데기에 불과한 사람들로 취급했다. 그들은 우연히 상류 계급의 집안에 태어났으며, 온실의 화초처럼 아무것도 모른다는 생각을 가지고 있었다.

적어도 총명한 사람은 특권자들이 누리고 있는 권리를 자신들도 똑같이 누릴 수 있다는 신념을 갖지 않는 한, 특권자와 한자리에서 생존할 수 없다는 것이 내 생각이었다. 이런 나의 울분을 달래주는 명구를 말하라면 서슴지 않고 다음 글을 내놓을 수 있다.

'왕 같은 것은 필요 없다. 영원의 악마로 로마에 추대하는 것은 더욱 필요 없다. 훌륭한 부르다스는 왕을 미워했다.'

그렇지만 이때의 왕은 어디까지나 왕으로서, 허수아비는 아니었다. 물론 모든 것은 유전이다. 나는 가정에서 배운 것을 되풀이한 것뿐이었다.

뎀퍼린은 영국에서 제일 급진적인 도시로 유명했다. 그리고 베스레도 똑같은 명예를 갖고 있었다. 당시 뎀퍼린의 주민 대부분은 한 대 또는 그 이상의 직조기를 소유하고 있는 중소 제조가들이었다. 때문에 급진주의에 공헌한 바가 더욱 크다는 것을 짚고넘어가지 않을 수 없다. 그들은 일정한 시간에 속박되지 않는 신분으로 일을 맡아 하였다. 대제조가로부터 실을 공급받아 각자 집에서 베를 짰다.

그 당시는 정치적 격동기였기 때문에 점심때가 되면 전 시가지에 플래카드를 걸어놓고 정치를 논하고, 군중 집회가 여기저기서 열리는 것을 자주 볼 수 있었다. 어린 나는 가끔 군중 대회에 마음을 빼앗겨 그 연설을 열심히 듣기도 했으나 연설 내용은 천편일률적이었다. 여론은 변화를 필요로 하고 있었으며, 거리마다 민간인들은 모임을 만들어 런던에서 발간하는 신문을 구독하고 있었다. 신문 사설은 매일 밤 민간인들에게 읽혀졌다. 이상하게도 거리의 교단은 이 목적으로 이용되었다.

숙부 베리 모리슨은 가끔 신문 사설을 민간인들에게 읽어주면서 그 내용을 비평하기도 하고, 다른 사람으로 하여금 토론할 여지를 주어 군중들의 의식을 일깨워주었다. 이러한 정치적 집회가 자주 개최되었다. 나는 그들 속에 뛰어들어 정치적 격변에 흥미를 갖고 자주 집회에 참석했다. 그때마다 숙부나 아버지 중 한 분이 연설하는 것을 들었다. 어느 날 밤에 아버지는 옥외 집회에서 연설했다.

나는 연설하는 아버지를 보기 위해 군중을 헤치며 안으로 들어가려고 했다. 그때 마침 분위기가 고조되어 나는 흥분을 억누를 수 없게 되었다. 나는 어떤 사람의 다리 사이에서 위를 바라보며 지금 연설하는 사람이 우리 아버지라고 자랑스럽게 말했다. 그러자 그 남자는 나를 자기 어깨 위에 올려놓고 끝날 때까지 연설을 듣게 해주었다.

아버지는 나에게 존 프라이드의 연설을 듣게 하려고 스타링 선거구의 자유당 후보 저비 스미스의 찬조 연설을 하는 곳에 함께 간 적이 있었다. 집에 돌아와서 나는 프라이드는 '만'을 '멘'이라고 틀리게 발음한다고 비평했다. 그러나 그것은 스코틀랜드의 음과는 틀려서 '아'를 '에'라고 발음하지 않기 때문이었다.

이런 환경에서 자란 내가 '특권 박멸'이란 슬로건을 격언으로 삼는 과격한 청년이 된 것은 당연한 일이었다. 그때에 나는 특권이란 무엇인지 잘 알지 못했지만 아버지는 확실히 알고 계셨다.

로다 숙부에 관한 이야기 중 하나는 존 프라이드의 친구, 즉 스미스에 관한 얘기였다. 스미스는 뎀퍼린에서 국회의원에 입후보했다. 숙부는 선거위원의 한 사람으로서 매사를 순조롭게 진행시키고 있었는데, 최후에 스미스는 '유니테어리언'이란 폭로가 있었다. 선거구 곳곳의 포스터에는,

〈너희들은 유니테어리언에게 투표할 것인가?〉

라고 씌어 있었다. 큰일이었다. 케아니 힐 촌의 스미스 후원회 위원장인 대장간 모씨가 유니테어리언에게는 절대로 투표하지 않겠다고 한 말이 숙부에게 보고되었다. 이에 숙부는 곧바로 마차를 몰아 대장간으

로 달려갔다. 두 사람은 마을의 술집에서 맥주를 마시며,

"자네가 지지하는 유니테어리언에게 투표할 수 없어."

라고 위원장은 말했다.

"그러나 메트란드(반대당 후보)는 토리당이야."

라고 숙부가 말하자,

"그것은 더욱 나쁘지."

라고 위원장이 대답했다.

이로써 대장간 주인은 정확하게 판단하여 투표를 할 수 있었다. 스미스는 적은 표차로 당선되었다.

바야흐로 산업혁명은 획기적인 생산도구의 발전을 야기하여 수동식 기계가 증기식으로 발전하는 전환기를 가져왔다. 산업혁명의 여세는 미처 시세를 가늠하지 못했던 아버지의 구식 고수로 우리 집은 큰 재해를 맞게 되었다.

아버지의 기계는 값이 많이 떨어졌다. 그러나 우리 가족은 어떠한 위급함에 몰려도 용기를 잃지 않는 어머니에게 의지하게 되었다. 어머니는 가세를 되돌리려고 노력하였다. 무디 가에 작은 가게를 차려 그 수입으로 집안 살림을 꾸려 나갔다. 작은 수입이었지만 나름대로 명랑한 분위기를 유지하기에는 충분했다.

내가 가난을 직접 체험하게 된 것은 그 후 얼마 되지 않아서였다. 아버지가 최후의 실뭉치를 대제조가에게 팔았을 때 아주 심각한 날이 왔다. 어머니께서 다음에 실을 얻느냐, 아니면 실업이란 쓰라린 나날을 보내야 하느냐의 귀로에서 초조하게 아버지의 귀가를 기다리고 있었다. 그때 귀가한 아버지의 안색은 창백했으며, 내 가슴에 못을 박는 듯

한 충격을 주었다.

번스가 그에 빗대어 한, 이런 말과 같다.

'비열한 것도 못난 것도 아니다. 그러나 무엇인가 일자리를 얻기 위하여 세상 사람에게 부탁하지 않을 수 없다.'

그때 나는 내가 빨리 어른이 되어 이 가난에서 가족들을 해방시켜야 한다고 결심했다. 그러나 대부분의 주위 사람들과 비교해 보면 우리 집 사정은 그래도 나은 편에 속했다. 우리는 어머니께서 두 아들에게 깃이 크고 흰 양복을 입히기 위해서 얼마나 고생하시는지를 미처 깨닫지 못하고 있었다.

그 무렵 부모님은 내가 원하지 않는다면 학교에 가지 않아도 좋다고 말씀하셨다. 부모님은 내가 성장하면서 계속 학교에 다니려 하지 않는 것을 오래도록 불만스럽게 지켜보고 계셨음을 나는 먼 후일에야 알게 되었다.

나중에 교장 로버트 마틴에게 부탁하여 내가 학교에 가고 싶어하도록 종용하기도 했다. 어느 날 교장은 학교에 다니는 내 친구들에게 나를 꼬여서 학교 뒷산에 놀러 나오게 했다. 그 후 얼마 지나지 않아서 나는 부모님에게 마틴 선생의 로란드 학교에 보내달라고 애원했다. 부모님은 대단히 기뻐하며 나의 청을 들어주셨다. 그 당시 내 나이 8세였으나 그 후엔 모든 어린이들이 8세 때 학교에 입학할 수 있게 되었다.

학교 생활은 참으로 유쾌했다. 사고가 있어서 학교에 가지 못하는 날은 정말 싫었다. 무디 가의 변두리에서 우물을 길어 나르는 아침 작업 때문에 가끔 학교를 빠지는 일이 생겼다. 가끔은 물이 불규칙적으로 나와 아침 늦게까지 등교를 못 하는 때도 있었다. 근처 아낙네들은 전날 밤부터 물통을 나란히 열을 지어 놓고, 아침이 되면 20여 명이 우물가에 줄을 지어 기다렸다. 그래서 물을 받기는 더욱 힘이 들었다.

그러나 나는 이런 극성스런 아낙네들에게 좀처럼 뒤지지 않았으므로 무서운 소년이란 별명을 얻게 되었다. 내가 논리적이고 노력가다운 성격을 형성하게 된 것은 아마 이 시절이었는 듯, 이때의 성격이 나를 평생 지배했다. 이 임무를 수행하기 위해 가끔 학교에 지각하는 경우도 있었으나, 선생님은 그 이유를 알고 계셨기 때문에 나를 크게 꾸짖지는 않으셨다. 방과 후에는 가끔 어머니의 상점에서 심부름을 했다.

돌이켜보면 10살 때부터 부모님의 심부름꾼이 되었던 것은 무척 흡족한 일이었다. 그 후 얼마 되지 않아 상점의 장부를 기록하는 일이 내게 맡겨졌기 때문에, 소규모이긴 했지만 소년 시절부터 상업 지식을 습득하게 되었다.

그러나 학교 시절 중 슬픈 일이 있었다. 내가 거리를 지나갈 때면 아이들은 나를 '마틴우 총아'라고 불렀다. 그것이 무슨 뜻인지는 지금도 잘 알 수 없으나 그때로서는 크게 모욕당하는 것으로 생각했다.

그 이후 나는 선생과 멀어지게 되어 교실에서 자유스럽게 선생님하고 대화하기를 꺼리게 되었다. 선생은 내가 유일하게 존경하는 분으로 그 은혜에 보답하려고 했는데, 유감스럽게도 보답할 시간도 주지 않고 그만 돌아가시고 말았다.

나는 여기서 내게 위대한 감동을 준 사람, 즉 로다 숙부의 이야기를 하려 한다(뎀퍼린 시에 카네기의 기부금으로 세워진 로다 실업학교는 이 숙부의 이름을 따서 명명한 것이다).

그는 조지 로다의 아버지이다. 나의 아버지는 직물 공장에 있었으므로 낮에는 만날 기회가 좀처럼 없었다. 그러나 숙부는 하이스트리트에서 상점을 내고 있었으므로 그런 속박은 받지 않았다. 원래 이 하이스트리트 귀족 분위기 상점들이 있는 곳이었다. 템퍼린 상점 중에선 여러 종류의 귀족풍이 있었다.

내가 학교에 처음 등교할 무렵 숙부는 숙모와 사별하였기 때문에 마음의 상처를 받아 외아들인 조지와 조카인 나를 대하는 것을 최대의 위안으로 삼았다. 숙부는 아이들을 다루는 천재적 소질을 가지고 있는 듯 우리들에게 여러 가지를 가르쳐 주었다.

내가 기억하고 있는 것 중의 하나는 영국 역사를 가르치는 방법으로써, 장소를 정해 놓고 역대 제왕이 있는 것처럼 가상해 숙부가 그때 그때의 장면을 만들어 보여주었다.

존 왕은 난로 장식 위에 앉아 대헌장에 서명하고, 빅토리아 여왕은 궁정에서 황녀들을 무릎 위에 앉혀 놓고 즐거워하고 있었다.

언젠가 웨스트민스터 사원의 역사관에 가보았을 때는 역대 제왕의 서명이 군데군데 빠져 있었으나, 우리가 만든 장난감 목차에는 모두 보충되어 있었다. 웨스트민스터의 한 예배당 석판 게시판에는 올리버 크롬웰의 유해가 다른 곳으로 옮겨졌다고 씌어 있었다. 내가 숙부의 슬하에서 배운 제왕의 명부 가운데는 공화대왕 크롬웰이 로마 법왕에게 보낸 편지도 있었다. 거기에는,

'폐하, 만일 신교도의 박해를 멈추지 않으면 대영제국의 대포는 바티칸의 궁전을 흔들어 놓을 것입니다.'

라고 씌어 있었다. 우리들은 크롬웰의 인물됨이 역대 제왕들을 모두 묶은 것보다 더 위대하다고 단정했다.

스코틀랜드의 옛 역사 중에서 내가 알고 있는 것은 전부 숙부로부터 배운 것이었다. 와레스, 부르스, 번스, 브라인드 하리의 이야기, 스콧, 라므시, 호그, 화가슨 등. 그래서 나는 번스의 말을 빌려서 다음과 같이 이야기할 수 있다.

'생명이 있는 한 내 가슴속에 존재하는 스코틀랜드에 대한 애국심의 혈맥은 숙부에게서 배운 역사 공부에서 창조된 것이고, 와레스는 우리들의 영웅이다.'

영웅적 행동에는 와레스가 중심이 되었다. 학교에서 한 장난꾸러기가 내게 잉글랜드는 스코틀랜드보다 몇 배나 크다고 이야기했을 때 참으로 서러웠다. 그래서 숙부한테 그 이야기를 하면 숙부는 나를 위로해 주곤 했다.

"그런 일이 있을 수 있는가? 스코틀랜드를 잉글랜드처럼 평평하게 펴놓으면 스코틀랜드가 더 클 거야. 그러나 너는 저 높은 곳을 평평하게 하고 싶지는 않을 것이다."

이 한 마디로 화가 치솟았던 소년 애국자는 점차로 감정이 가라앉았다. 그 후 잉글랜드의 인구가 많다는 이야기를 들었을 때도 나는 또 숙부를 찾아갔다.

"그렇다. 7 대 1이다. 그러나 반노크바안(스코틀랜드의 지명)에는 거기에 지지 않을 만큼 인구가 많단다."

나는 또한 기뻤다. 명예가 큰 만큼 거기에는 전쟁에 진 영국인이 그만큼 많다는 기쁨이었다. 이것은 전쟁이 전쟁을 낳고, 또 다른 전쟁이 장래 여러 전쟁의 씨앗을 뿌리고 그렇게 됨으로써, 나라와 나라 사이는 전통적으로 적이 되는 진리에 대한 일종의 주석이다.

미국 학생의 경험은 스코틀랜드 학생의 경험과 동일하다. 그들은 워싱턴이나 봐레워지드의 미국 사람을 살생하기 위해서 고용된 헤세에 대한 책을 읽으면서 성장한다. 그들은 영국인이라면 자연히 하나도 빠짐없이 미워하게 되었다. 나는 미국에 있는 나의 조카들이 이러한 의식으로 기울어지고 있음을 깨달았다. 그러나 그전에 스코틀랜드를 공격한 잉글랜드는 안심할 수 없는 적이라는 생각은 어른이 되어서까지 버리지 못했다. 지금도 그 생각은 머리에 남아 있다.

숙부 로다는 저지 로다와 나를 시와 노래의 힘으로 울리기도 웃기기도 하고, 때로는 주먹을 휘두르며 싸우게도 하는 마력을 지니고 있었다. 어떤 경우에는 여러 사람들에게 우리들의 모습을 구경하라고 할 만큼 우리들에 대한 숙부의 힘은 대단했다. 숙부의 이야기 중 와레스가 배신했던 이야기는 우리들을 분노케 하여 울음바다를 이루었다.

숙부의 화술은 실패한 적이 한 번도 없었다. 몇 번이나 되풀이해도 변함이 없었으며, 이야기는 언제나 스코틀랜드 사람처럼 모자와 지팡이가 끼여 있었다. 영웅이 어린 소년들에게 미치는 감동은 놀라운 것이다.

나는 매일 밤 조지와 함께 숙부의 재미있는 이야기를 들으며, 하이스트리트에서의 생활을 즐겼다. 이것이 조지와 나 사이를 종형제로 맺어준 계기가 되었다. 도드와 네기는 언제나 한 가족이었다. 나는 어렸을 때 조지란 발음을 할 줄 몰랐고, 그도 카네기를 '네기' 이상은 부르지 못했다. 우리 둘 사이는 다른 이름으로는 정이 통하지 않는 듯 언제나 도드와 네기로 통했다.

하이스트리트의 숙부 집에서 동리의 아래터에 있는 무디 가의 내 집까지 오는 길에는 두 갈래의 길이 있었다. 한 줄기는 쓸쓸한 성의 요지로 가는 길이라 등불은 하나도 없었다. 또 한 줄기는 무디 가의 길로서 가로등이 밝게 켜져 있었다. 내가 한밤중에 꼭 집으로 돌아가야 할 때 숙부는 짓궂게도,

"넌 어느 길로 가겠니?"

하고 묻는다. 그럴 때면 나는 와레스 같으면 어떻게 할까 생각하면서,

"나는 성이 있는 길을 택할 거예요."

하고 대답했다. 가끔 나는 이 길을 버리고 다른 길로 간 적이 있었다. 이 길과 무디 가로 통하는 길이 합쳐지면서, 가로등이 밝혀진 곳으로 들어가 본 적이 한 번도 없음을 나는 만족하게 생각한다. 가끔 성의 경내를 걸어 어두운 성문을 지나갈 때면 등골이 서늘할 만큼 무서울 때도 있었다. 그럴 때면 휘파람을 불며 캄캄한 밤거리를 거닐다가 유령이나 사람을 만나게 되면 와레스는 어떻게 할까, 스스로 위안하면서 갑작스러운 일에 대비하려 안간힘을 쓰며 지나갔다.

로버트 부르스 왕에 대하여 조지와 나는 그의 소년 시절에 경의를 표했다. 우리들은 그가 단지 왕일 뿐이라고만 생각했지만, 와레스에 의하면 그는 국민의 편이었다고 한다. 성장하면서 고취된 나의 애국심은 일평생 동안 진실한 힘이 되었다.

나의 정신적 재산의 최대 가치인 용기의 근원적인 힘은, 스코틀랜드의 영웅 와레스에서 기인했다고 말할 수 있다. 소년이 한 사람의 영웅을 마음에 간직한다는 것은 힘의 원천이 되고도 남음이 있다.

내가 미국에 도착하였을 때 비통하게 느꼈던 것은 나의 조국 이외에도 세계에는 수많은 국가가 존재한다는 사실이었다. 와레스, 부르스, 번스가 없는 나라를, 한 번도 해외 여행을 해보지 못한 스코틀랜드 국

민으로서는 상상할 수가 없을 것이다. 나이를 먹고 견문이 넓어진 후에 처음으로 우리들은 어느 나라 국민이든 나름대로 영웅·로맨스·전설이 있다는 것을 알게 되었다.

참된 스코틀랜드 사람이라면 언제나 자기 나라에 대해서, 또는 다른 나라 국민들이 인식하고 있는 스코틀랜드의 가치에 대하여 평가절하해서는 안 된다. 나이가 들어 타인들에게 존경받는 인물이 되었을 때도 항상 다른 나라 국민들에게 스코틀랜드를 자랑할 수 있는 충분한 이야기가 있다는 것을 잊어서는 안 된다. 이와 같이 자기가 태어난 나라를 빛내기 위해서는 자손들을 격려·고무하고 언행을 조심하도록 가르치는 데 힘써야 한다.

내가 새로운 나라 미국을 일시적인 임시 거주지로만 인식했던 것을 깨뜨리기에는 많은 세월이 필요했다. 내 마음은 항상 스코틀랜드에 있었다. 피터슨 교장의 작은아들은 캐나다에 있을 때 캐나다가 어떠냐는 물음에 잠시 여행하기는 좋지만, 부르스나 와레스의 유적이 멀리 떨어진 곳에서는 오래 살고 싶지 않다고 대답한 것으로 보아 나는 그와 많이 닮은 모양이다.

2

뎀퍼린과 미국

1. 유년 시절

2. 뎀퍼린과 미국

3. 피츠버그와 노동

4. 앤더슨 장군과 장서

5. 전신국

나의 은인 로다 숙부가 암기에 중점을 둔 교육은 도드와 나에게 여러 번의 페니 상을 받게 했다. 나와 노바루, 크레나르반, 로데리크, 제임스 후스 등은 소매를 걷어올린 작은 셔츠를 입고, 머리에는 종이로 만든 투구를 쓴 꼬마 병사가 되어 나무칼을 옆에 차고 학생들 앞에서 공연을 하곤 했다.

내가 정확하게 기억하고 있는, 저 유명한 노바루와 크레나르반의 대화 장면에서,

"……지옥 같은 거짓!"

이라는 한 구절을 되풀이했을 때 나는 기분이 몹시 나빴다. 하기 싫은 대화를 해야 할 때는 기침이 솟아나와 구경꾼들을 웃기곤 했다. 숙부가 지옥이라는 표현을 써도 벌은 받지 않을 것이라고 설명해 주어 우리들은 겨우 안심을 했다.

그 후 나는 너무 지나칠 정도로 연습에 열중했다. 나는 언제나 크레나르반의 역할을 맡아 큰 입을 벌리며 지옥을 말했다. 이것은 나에게 따먹어서는 안 될 과실의 짜릿한 쾌감을 맛보게 하는 것과 같이 불가사

의한 매력을 지니게 했다.

어느 날 아침, 마조리 후레밍그의 불쾌한 듯한 표정을 보고 월트 스콧이 무슨 일이 있었느냐고 물었다. 그녀는,

"예, 오늘 아침은 착잡합니다. 벌을 받는 것 같다는 소리가 목까지 차오르지만 나로서는 그 말을 할 수 없습니다."

라고 대답했다. 이 대답은 후에 큰 문제가 되었다. 그러나 목사들이 교단에서 천벌이라는 말을 해도 죄가 되지 않는다면 우리도 지옥이란 말을 자유롭게 써도 좋다는 뜻이 된다. 마침 나에게 깊은 인상을 주는 구절을 발견했다. 노바루와 크레나르반의 결투에서 노바루가 한 말이다.

"우리들이 또 싸울 때는 그 싸움은 결사적일 수밖에 없다."

내가 1879년 《북미평론》에 논문을 기고했을 때, 숙부는 나에게 편지를 보내어 그 구절을 어디서 배웠는지 알고 있다고 말했다. 그러나 지금 살아 있는 사람 가운데서 이런 일을 알고 있는 사람은 오직 숙부 이외에 아무도 없다.

나의 기억력은 숙부의 교육법에 의해 크게 발달된 것임에 틀림없다. 생각나는 구절을 가끔 암송하게 하는 것만큼 기억력을 좋게 하는 방법은 없다. 나는 친구들을 놀라게 할 정도로 무엇이든 기억해 내었다. 그 놀란 친구들의 표정은 나를 즐겁게 했지만 내 기억력은 깊이 감명받지 못한 것은 몇 시간 후에 잊어버리곤 했다.

뎀퍼린의 학교 시절 몹시 고통스러웠던 것은, 매일 성서의 시편 가운데 두 가지 글귀를 암기하는 것이었다. 내가 연구한 방법은 매일 아침 학교에 등교하면서 5, 6분 동안에 그것을 암기하는 것이다. 시편의 암송은 매일 아침 수업시간 전에 실시되었기 때문에 성공적이었다. 그러나

만일 등교 후 30분이 지나서 외우라고 했으면 거의 실패했을 것이다.

내가 친족 이외의 사람에게서 처음으로 돈을 번 것은 마틴 선생으로부터였다. 그것은 '사람은 슬프게 만들어졌다' 운운하는 번스의 시를 학교에서 암송해 상금으로 받은 것이다. 지금 이 글을 쓰면서 생각나는 일은 런던에서 존 모레와 만찬을 함께 하고 있을 때, 화제가 워즈워드의 생애로 옮겨졌다.

그때 모레는 〈노령〉이라는 번스의 시를 칭찬하면서 그의 시집을 보고 싶어도 공교롭게 찾아낼 수가 없다고 말했다. 그래서 나는 그 시의 일부분을 암송하여 들려주었더니 그는 즉시 내 일생에서의 두 번째 돈을 주었다.

아! 모레도 훌륭하지만 나의 선생 마틴은 더할 수 없이 좋은 사람이었다. 선생은 내가 아는 사람들 중에서 제일 훌륭한 사람이었다. 그러나 호걸을 꼽는다면 확실히 정직한 존 모레, 그가 적당한 인물이다.

나는 종교로 인한 고통은 없었다. 학교에서는 모든 학생들에게 신앙 문답을 강제적으로 배우게 하였으나, 도드와 내게는 그것을 면제해 주었다. 나는 지금도 그 이유를 모르고 있다.

친척 중에 모리슨이나 로다도 신학에 대해 진보적 의견을 가지고 있었으므로 교회의 신앙 문답에 의견이 많았다. 우리 가족 가운데 정통 장로파에 속하는 사람은 한 사람도 없었다. 아버지, 숙모 에이트겐, 숙부 로다 모두가 캘빈의 교리에서 멀어져 버렸다.

그들 대부분은 한때 스웨덴볼그의 교리를 믿었으나, 어머니만은 언제나 종교에 대해서 입을 다물고 계셨다. 어머니는 나에게 종교에 대해 말한 적이 없었고, 그때만 해도 모든 가정 일을 혼자 도맡아 하셨기 때문에 도저히 교회에 나갈 시간도 없었다. 당시 어머니께서는 유니테어리언 파의 저서를 애독하셨다. 어머니는 참으로 신비한 분이셨다.

내 유년 시절은 정치상으로나 종교상으로 매우 혼란한 상태였다. 정계에도 급진적 사상이 등장하여 특권 박멸·만민 평등·공화주의가 고조되었다. 신학에도 여러 가지 논쟁이 일어나 민감한 소년은 성현의 사상을 배울 것도 없이 실제로 그들의 사상을 익힐 수 있었다. 캘빈의 날카로운 교리는 무서운 악마처럼 나의 정신을 억압했다.

내가 어른이 될 때까지 마음속에 오랫동안 간직하고 있던 사실은, 장로교의 목사가 인간은 태어나면서부터 죄를 짓고 있다는 원죄 교리를 설교할 때 아버지가 벌떡 일어나 교회를 나가버리고 만 것이었다. 이것은 내가 교회에 출석하기 시작한 지 얼마 안 되었을 때의 일이었다.

"그것이 과연 당신의 종교이고 신이라면 나는 보다 좋은 종교, 보다 고상한 신을 찾아가겠다."

아버지는 이 한 마디를 남겨놓고 다시는 장로교회에 나가지 않았다. 아버지는 매일 아침 반드시 밀실에 들어가 기도를 드렸다. 아버지는 건실한 신자였고 언제나 경건했다. 아버지에게 있어서 종교는 선을 집행하는 기관에 불과했다.

그리고 신학에는 여러 종류가 있으나 종교는 하나뿐이라는 신념을 피력했다. 신은 하늘의 아버지라고 설명하지 않고 '영원의 가책자'라고 설교하는 목사에 비해 아버지의 신앙이 훨씬 선하다는 생각이 나를 기분 좋게 하였다. 다행히도 현재는 불가사의한 존재에 대한 관념은 대부분 과거의 역사가 되고 말았다.

유년 시절에 제일 재미있었던 일은 비둘기와 토끼를 사육하는 것이었다. 이 기회를 빌려 나의 사랑스런 동물을 위해서 사육장을 지어주신 아버지의 노고에 감사 드린다.

우리 집은 내 친구들이 모이는 본부가 되었다. 어머니는 항상 두 아들이 바른 길로 자랄 수 있도록 가정의 화목에 주의를 기울이셨다. 어머니는 가정을 즐겁게 하는 것만이 화목을 도모하는 최선의 방법이라고 말씀하셨다.

나와 친구들을 위해 어머니와 아버지는 무엇이든지 해주고 싶어하셨다.

그 중 제일 먼저 시도한 일은 내 주도 아래 친구들에게 토끼를 사육토록 한 것이다. 그 대가로는 토끼 새끼가 생기면 한 마리씩 나누어 주기로 했다. 토요일이 되면 친구들은 나와 함께 하루 종일 토끼의 먹이를 구하러 다니곤 했다.

그러나 어린 시절 순수한 친구들을 억압해 작업을 강요하였던 것은 내 양심에 큰 가책을 받게 했다.

하지만 많은 친구들은 빈약한 보수에도 불구하고 오랫동안 클로버 등 먹이를 구해 주었다. 불행하게도 그 당시의 보수는 적을 수밖에 없었다. 그때 나에게는 한 푼도 없었기 때문이다.

나는 이 사업의 조직적 운영방법을 생각할 때마다 인생에 있어서의 물질적 성공은 필경 이때의 능력 발달에 기인한 것이 아닌가 생각한다.

내가 성공할 수 있었던 것은 이치를 잘 깨닫고 실천한 때문이 아니라, 이치를 깨달은 사람을 선별하는 능력이 있었기 때문이다. 이 능력은 성공을 원하는 사람의 귀중한 재산이 된다. 나는 당시 증기 기계에 대한 지식은 전혀 없었으나 그보다도 더 복잡한 기관, 즉 인간을 알기 위해 노력했다.

　1898년 여행 중 어느 여관에 투숙하고 있을 때, 한 신사가 나타나 자기를 소개한 적이 있었다. 이 사람은 스코틀랜드 가구 제조업의 대가인 마킨톤 씨였다.

　"나는 소년 시절에 당신의 토끼를 위하여 사료를 마련했던 사람입니다. 혹시 아직까지 기억하고 있을지 모르지만. 나는 가끔 친구들의 사료를 훔친 적이 있고, 내 이름을 붙여준 토끼도 있었습니다."
라고 웃으면서 이야기하였다.

　토끼 사료를 마련하던 친구 중에서 다시 만난 사람은 이 신사뿐이었기 때문에, 내가 얼마나 기뻐했는지는 상상하고도 남을 것이다. 나는 어떻게 해서든 이 신사와 교제를 계속하고 싶었다(1913년 12월 1일, 이 원고를 읽고 있을 때 소년 시절의 즐거웠던 일을 적은 편지가 이 신사에게서 왔다. 이 편지는 나의 마음을 흔들어 놓았고, 나의 회신이 그에게 보내졌다).

　직물업계는 점차 증기 기계를 사용하기 시작하여 뎀퍼린의 소(小)제조가들은 갈수록 비참한 현실에 직면하게 되었다. 우리 가족도 드디어는 피츠버그에 있는 어머니의 두 자매에게 미국으로의 이주를 고려하지 않으면 안 될 사정을 전했다. 내 기억으로 부모님의 걱정은 당신들의 생활 문제가 아니고 오히려 두 자식 때문인 것 같았다.

　피츠버그에서 만족할 만한 회답이 도착되자 직조기와 가구를 경매하기로 마음먹고 아버지는 아름다운 목소리로 정중하게 우리 가족을 위해 노래를 들려주었다.

　　서쪽으로 서쪽으로 자유의 향토에

미주리의 대하가 모이는 곳에

노동을 해서, 사람은

아무리 가난하더라도 땅의 열매를

거두어들일 수 있는 그 토지에…….

경매 가격은 실망할 정도로 소액이었다. 직물 기계는 아주 싼 값에 팔려서 일가족의 여행 경비로도 20파운드가 부족했다. 나는 여기서 어머니의 죽마고우였던 헨더슨 부인의 도움에 대해 기록해 두고 싶다. 부인은 대단히 진실되고 선했기 때문에 주위 사람들도 언제나 그 부인처럼 의(義)를 위해 최선을 다했다. 이 부인은 에라 화가라는 이름으로 우리 집 식구들에게 알려져 있었다.

그리고 이 부인이 우리 일가의 도미(渡美 : 미국행) 비용 부족액 20파운드를 보충해 주고, 로다와 모리슨의 두 숙부가 신용 보증을 섰다. 로다 숙부는 그외에도 많은 도움을 주어서 1848년 5월 17일 우리는 무사히 뎀퍼린을 출발할 수 있었다. 당시 아버지는 43세였고, 어머니 33세, 나는 13세, 동생 톰이 5세였다. 톰의 눈은 검고 귀여웠으며, 머리카락은 아름다운 흰색으로 가는 곳마다 주의를 끌었다.

나는 이 도미를 계기로 학교를 그만두었으나, 도미한 후 한동안은 야학에 다녔고, 불어를 배우기도 했었다. 그때 강연술을 연습한 적도 있다. 나는 읽기·쓰기·산수는 물론, 대수와 라틴어를 배웠다. 도미 항해 중에 내가 로다 숙부에게 보낸 편지를 보면 그때의 필적이 지금보다 좋았음을 알 수 있다. 나는 영문법을 배우는 것이 몹시 지겨웠지만, 보통 아이들이 배우는 정도의 문법은 거의 알았다.

와레스, 부르스, 번스 외의 것은 읽지 않았으나 유명한 시와 노래는 많이 외우고 있었다. 거기에다 동화, 특히 《아라비안나이트》를 애독하여 마음을 새로운 세계로 이끌었다. 나는 이런 신비스런 책에 끌려 선경에 들어간 느낌이었다.

정든 뎀퍼린을 출발하는 날 아침, 우리는 승합 마차에 몸을 싣고 석탄 운반 때문에 가설된 철도로 차레스톤까지 여행했다. 그때의 일을 지금도 기억하고 있다. 나는 뎀퍼린의 모습이 보이지 않을 때까지 눈에 눈물을 가득 담은 채 창 너머를 바라보았다. 마지막으로 눈앞을 지난 뎀퍼린의 건물은 장엄하고 신성한 옛 사원이었다. 그 후 14년 동안 나는 뎀퍼린을 떠나던 날 아침에 느꼈던 정을 하루도 잊은 적이 없다.

내 가슴속에 자리한 사원의 높은 탑에 새겨진 로버트 부르스 왕의 세 글자를 잊은 날은 하루도 없었다. 소년 시절의 아름다운 추억은 모두 이 사원과 그 만종의 주위에 모여 있었다.

이 만종은 매일 밤 8시에 울렸고, 나는 비로소 종소리가 들리지 않을 때 잠자리에 드는 습관이 있었다. 내 사원의 기사가 〈영국에 있어서 미국식 사두마차〉 중에 이 만종의 이야기가 씌어 있는데, 그 글을 여기에 적어 보는 것도 흥미로운 일이라고 생각된다.

우월르스 시장과 동승하여 앞자리에 앉아 마차를 달리게 하니, 나와 어머니에게 경의를 표하는 듯 사원의 종소리가 울려퍼진다. 나의 무릎은 굽어 있었고, 두 눈에는 눈물이 가득 흘러내린다. 주위에는 아무도 없었기 때문에 이 모습을 보지 못한 것은 다행스러운 일이었으나, 뎀퍼린을 떠나는 비통함 때문에 피가 흐르도록 입술을 깨물었다.

그러나 이때의 종소리처럼 아름답고 부드럽게 가슴을 녹일 듯이 내 마음을 정복한 소리는 두번 다시 들을 수 없었다. 또한 깊숙하게 나의 영혼에 스며드는 소리는 결코 없을 것으로 나는 믿는다.

이 만종은 나의 소년 시절에 달콤한 잠을 잘 수 있도록 이끌어 주기도 했다. 매일 밤 부모님은 내 잠자리에 와서 저 만종 소리가 무엇을 말하는지 이야기해 주었다. 그 소리는 내가 잠들기 전, 그날의 일을 생각하게 하고 잘못한 일을 깨닫게 해 주었으며, 신이 나의 잘못을 아시더라도 내 스스로 깨닫게 알려주는 소리였다. 저 종소리는 오늘도 조용히 깨달음의 소리를 일깨워 주고 있다.

아! 저 종은 지금 정처없이 떠도는 어머니와 아들이 따뜻한 보금자리로 되돌아옴을 환영하는 소리로 울리고 있는 것이다. 이 사원의 종소리가 우리들의 명예를 위해서 울려퍼질 때 우리들의 가슴에 용솟음치던 기쁨은 참으로 위대한 것이었다.

루소는 아름다운 음악을 들으면서 죽고 싶다고 말했다 한다. 나도 임종할 때 만약 듣고 싶은 음악을 선택할 수 있는 자유가 있다면, 저 사원의 종소리를 들으며, 작은 백발 노인이 아들을 부르는 듯한 최후의 소리를 들으며 조용히 저 세상으로 가고 싶다.

이 구절을 읽은 사람들로부터 받은 편지는 대단히 많다. 그 중에는 이 글을 읽고 울었다는 사람도 있으나, 이것은 나의 진정한 마음을 털어놓은 글이기 때문에 자연히 사람의 감정을 움직이는 힘이 있을 것이다.

우리를 실은 작은 배는 항구에 정박해 있는 기선 에든버러호 옆에 닿았다. 작은 배에서 기선으로 옮겨타기 직전, 나는 숙부 로다에게 달려

가 목을 얼싸안고,

"작별하는 건 싫어, 싫어."

하며 울음을 터뜨렸다. 친절한 선원은 나를 숙부로부터 떼어내어 기선의 갑판에 올려놓았다. 오랜 세월이 흐른 후 내가 덤퍼린으로 귀향했을 때 숙부는 그때처럼 서러웠던 작별은 없었다고 이야기했다.

우리는 그라스고의 부르메로부터 8백 톤의 범선 우이스 카셋 호로 출범했다. 7주간의 항해 중 승선할 때 나를 도와준 친절한 선원과 친숙한 사이가 되었고, 범선 줄의 이름을 알게 되었고, 선장의 지시에 따라 승객들을 안내할 정도까지 익숙해졌다.

선원의 손이 모자라 승객들의 도움을 필요로 할 때 나는 서슴없이 그들을 도와주었다. 그 덕택으로 일요일이 되면 선원들은 구라미·무화과 등 좋은 음식물을 나에게 주었다. 나는 선원들과 이미 친밀한 관계였기 때문에 배에서 떠나는 날은 참으로 섭섭했다.

뉴욕에 도착했을 때 우리 일행은 어리둥절했다. 여왕 참관을 위해서 에든버러에 끌려간 일도 있으나 도미 전의 여행으로서는 이것이 제일 큰 행사였다. 그라스고는 출발 전에 시간이 없어서 구경할 수 없었다.

뉴욕은 내가 처음 보는 벌집 같은 대상공업 도시로서 시끄러운 음향 때문에 넋을 잃고 말았다. 뉴욕 체류 중 제일 인상 깊었던 일은 각슬 가덴의 보링 구리닌을 산책하고 있을 때, 우이스 카셋 호로 항해 중에 만난 선원 로버트 바리만을 다시 만난 일이었다. 나는 그렇게 잘생긴 호남(好男)은 이제까지 본 일이 없었다.

그는 나를 한 주점으로 데리고 가서 사사바리라는 술을 사주었다. 나는 특별한 술인 듯 감사하게 마셨다. 오늘날까지 그렇게 훌륭하게 장식

한 유리 그릇에 거품을 담은 술의 매력적인 모습은 일찍이 본 일도 없고, 그때처럼 흡족하게 술을 마셔본 적도 없었다. 그 후 이 거리를 지나갈 때마다 지금도 그대로 있는 주인 노파의 사사바리라의 주점을 바라보며 그 선원을 그려보곤 한다.

지금쯤 그는 자신의 노후를 즐기고 있을 것이다. 나는 그의 노후에 무엇인가 도움이 되고 싶어서 행방을 수소문했으나 아는 사람이 하나도 없었다. 지금 생각해 보면 그는 나의 이상적인 벗이었다. 그래서 그 전부터 아름다운 노랫소리가 들려오면 나는 언제나 나의 그리운 옛 친구 바리만을 눈앞에 그려본다. 배 위에서나 그 어디에서나 그는 같이 배를 탄 한 소년에게 헌신적으로 친절을 베풀어 나의 숭배자가 된 것이다.

내가 뉴욕에서 사귄 친구는 숀, 우이린, 헨리 3형제와 스론 부부 외에 아무도 없다. 스론 부인 유헤미야 더글러는 뎀퍼린에서 어머니의 어린 시절 소꿉친구였다. 또 스론 씨와 나의 아버지는 함께 사업을 했던 친구였다. 우리들은 이 일가를 방문하여 따뜻한 환영을 받았다.

그 아들은 1900년 뉴욕의 내 집에 근접해 있는 요지를 사서 이미 결혼한 두 딸에게 나누어 주었기 때문에, 꼭 옛날 스코틀랜드에서 양가의 어머니들이 소꿉친구로 자랐듯이 우리들의 손자들이 친한 벗이 되니 진실로 기쁘기 그지없다.

아버지는 뉴욕 이민업자의 권유에 따라 지금은 철도로 9시간 정도밖에 소요되지 않는 거리를 그 옛날에는 에리 운하를 지나 바화로와 에리호를 경유하였다. 클리블랜드에서 다시 운하로 내려와 비버그까지 가는 데는 무려 3주일이 걸렸다. 그때는 서부 도시에 철도가 없었는데 마침 여행 중 여러 철도의 공사 현장을 목격할 수 있었다. 소년 시절에 얻은 견문은 무엇이든 유익했다. 나는 운하를 통하는 승객으로서 3주간의 경험을 회상하곤 한다.

그때마다 불쾌한 경험을 잊으려고 노력하지만 오하이오 강변을 역류하며 비버그 행 기선을 기다리는 동안, 어쩔 수 없이 비바의 부두선 속에서 하룻밤을 강제로 머물게 된 그때의 일이 잊혀지지 않는다. 우리들은 그때 처음 무서운 모기떼의 습격을 받았다. 어머니는 밤새도록 모기와 싸우느라 잠을 이루지 못했고, 다음날 아침에는 눈이 보이지 않을 정도로 온 얼굴이 부었다.

우리들은 모두 우스운 모습으로 변해 있었으나, 유독 나만은 지난 밤의 심한 모기떼의 공격에도 아랑곳없이 잠을 잤던 일을 기억하고 있다. 나는 어떤 곳에서도 편히 잠을 이룰 수 있었기 때문에 '지옥의 아들' 이라고 불리어질 정도로 불면에 대한 고통 같은 것은 전혀 없었다.

비버그 친구의 따뜻한 환영으로 우리들은 모든 고통을 다 잊어버리고 말았다. 우리들은 곧 에레니게 시에서 그 친구와 동거하게 되었으나, 숙부 호건의 동생이 레베카 가의 후방에 작은 직물 공장을 세웠고, 그 2층에 방이 두 개 있어서 나의 부모는 그곳에 살림을 차렸다. 이것은 숙모 에이트겐의 소유이기 때문에 무료로 사용할 수가 있었다.

그 후 숙부는 직물 공장의 일을 아버지에게 맡겼고 자신은 식탁보 제조업을 개업했다. 식탁보를 짜기도 하고 나중에는 자신이 직접 세일즈를 하기에 이르렀다. 집집마다 방문하여 판매를 하고 다녔기 때문에 이익은 극히 적었다.

우리 집은 아버지의 벌이가 시원치 않아 어머니가 생활전선에 뛰어 들으셨다. 한 번 시작하면 끝까지 해치우는 것이 어머니의 성품이었다.

어머니는 젊었을 때 외할아버지의 구둣방 일을 돕던 적이 있어서 그 일은 우리 가정을 구하는 일이 되고 말았다. 같은 사원이면서 나의 친구였던 헨리 휩프스의 아버지 휩프스는 나의 할아버지처럼 훌륭한 구두 제조사였다.

그는 에레니게 시의 우리 집 근처에 살고 있었으므로, 어머니는 거기에서 일감을 가져다가 가사 노동과 함께 구두를 재봉하여 1주일에 4달러씩 받으면서 밤늦게까지 일을 했다. 낮이나 밤이나 틈틈이 집안일을 돌보며 어린 동생을 무릎에 앉혀 놓고, 옛날 내게 한 것과 똑같이 하나도 빼놓지 않고 암기해 놓은 스코틀랜드의 노래 중 몇 개를 들려주면서 일을 하셨다. 바늘에 실을 꿰면서 동생에게 교훈이 될 만한 이야기도 들려주었다.

청빈한 가정의 아들이 부유한 가정의 아들보다 훌륭하게 자랄 수 있는 것은 어머니의 아끼지 않는 노고에 기인한 것이다. 어머니는 요리사·가정교사·선생 등 여러 어머니로서의 조건뿐만 아니라 다른 사람의 포괄적인 역할까지 겸비하고 있었다. 아버지는 나에게 있어서 지도자가 되기도 했고 고문 또는 친구이기도 했다. 이러한 분위기에서 자란 나와 내 동생은 상류사회의 자녀들과 비할 수 없을 만큼 훌륭한 유산을 가지고 있는 듯한 뿌듯함을 갖게 되었다.

어머니는 대단히 바빴으나 바쁘다는 그 이유로 이웃 사람들의 부탁을 소홀히 하거나 거절한 적은 없었다. 그들은 얼마 지나지 않아 어머니를 현명하고 친절한 부인으로 인식하게 되었다. 어머니의 도움을 받는 사람은 한둘이 아니었다. 그 후 그 이야기를 들려주신 분들 또한 한둘이 아니었다.

많은 시간이 지난 후에도 어머니의 생활자세는 변치 않았다. 부자와 가난한 사람을 구별하지 않고 곤란을 당한 사람들은 어머니한테서 많은 도움을 받았다.

3

피츠버그와 노동

1. 유년 시절

2. 뎀퍼린과 미국

3. 피츠버그와 노동

4. 앤더슨 장군과 장서

5. 전신국

새로운 곳에서 첫발을 내디뎠을 때의 나는 13세 소년이었지만, 집안 살림에 조금이라도 보탬이 되고자 노력했다. 가난한 집안 환경은 항상 나를 압박하고 있었다. 당시 내 머릿속은 1년에 3달러씩 저축하지 않으면 안 된다는 생각으로 꽉 차 있었다. 즉, 월별로 계산해 보면 25센트만 있으면 다른 사람에게 폐를 끼치지 않고 살 수 있는 액수였다. 그때의 물가는 아주 낮았다.

숙부 호건은 가끔 우리 부모님께 나에 대해서 물어보셨다. 어느 날 내가 일찍이 보지 못했던 광경이 벌어졌다. 나는 이 일을 결코 잊을 수가 없다. 숙부는 친절한 분으로 우리에게 많은 도움을 주셨으나, 그날은 어머니에게 내가 돈벌이를 할 수 있을 정도로 성장했으니 행상 바구니에 여러 물건을 담아 부둣가에서 팔면 틀림없이 돈을 벌 수 있을 것이라고 말했다. 어머니는 마침 뜨개질을 하고 계시다가 두 손을 위로 쳐들며 벌떡 일어나셨다. 그리고는 숙부의 코앞에서 두 손을 흔들며,

"뭐라고요! 내 자식을 부둣가의 행상꾼으로 만들란 말입니까? 그것보다는 차라리 에레니게 하천에서 고기잡이하는 것이 낫겠습니다. 이

제 그만 돌아가 주세요!"

라고 크게 외치며 현관을 손으로 가리켰다. 깜짝 놀란 숙부 호건은 낯을 붉히며 밖으로 나가 버렸다.

어머니는 잠시 비분에 쌓여 한동안 서서 눈물을 흘리셨다. 어머니는 두 아들을 꼭 껴안으며,

"내가 화를 내고 흥분한 모습을 너희들에게 보여준 것을 가슴 깊이 새겨두어서는 안 된다. 세상에는 우리들이 할 수 있는 일이 얼마든지 있으니까 정직하게 일하면 나중에는 분명히 유능한 사람이 되어서 세상에서 존경받으며 살 수 있단다."

라고 말씀하셨다. 그때 어머니의 태도는 꼭 전쟁 포로를 위협하는 듯 격분한 표정이었다. 나는 어머니가 그토록 화를 낸 그 이유를 나중에야 알게 되었다.

숙부가 권한 장사가 결코 나태한 노동이라고 생각했기 때문이 아니라 품위가 없기 때문이었다. 어머니는 어린 아들들에게 행상을 시킬 바에는 차라리 양손에 끌어안고 죽는 것이 낫다고 생각하셨던 것이다.

이 지방에서 자존심을 기르는 가정은 거의 찾아볼 수 없었다. 다행히 우리 집은 명예·독립·자존의 뚜렷한 주관으로 일관해 갔다. 월트 스콧은 번스와 같이 특이한 눈을 가진 사람은 본 일이 없다고 말했지만, 나도 우리 어머니에 대해서 똑같은 생각을 하고 있다. 번스의 시에 있는 것과 같이,

'빈 땅을 쳐다보는 눈이지만 명예의 빛이 반짝거린다.'

저급·비굴·허위·경박·음험 등은 어머니와는 거리가 먼 낱말이다. 동생 톰과 나는 의지가 곧고 다정스런 어머니와 만인으로부터 존경

을 받는 아버지 때문에 품성 좋은 인물로 성장할 수 있었다.

이후에 아버지는 어쩔 수 없이 수직업을 포기하고 브락구 스톡 씨의 면화 공장에서 일하게 되었다. 이 사람은 우리가 살던 에레니게 시의 옛 스코틀랜드 사람이었다. 아버지가 공장에 고용됨으로써 나도 이 공장의 목수로 일하게 되었다. 처음에는 1주일에 1달러 20센트라는 임금으로 생활해야 되었기 때문에 상당히 고통스러웠다. 더군다나 겨울철에는 날이 새기 전에 일어나서 아침을 먹고 해뜨기 전에 공장으로 달려가야 했다.

휴식 시간이라고는 짧은 점심 시간밖에 없었으며, 밤늦도록 노동을 계속해야 했다. 일은 지극히 힘들고 아무런 흥미도 느낄 수 없었지만, 적으나마 생계에 도움이 된다는 생각으로 괴로운 마음을 달랬다. 그 후 나는 수천만 달러를 벌었으나 그 공장에서 최초로 번 돈처럼 귀중하게 느낀 적이 없다.

이것으로써 내 식사 문제는 해결되었으므로 이제 부모님의 신세를 지지 않아도 되었다.

나는 가끔 아버지의 아름다운 뱃노래를 들을 때마다 그대로 실천하고 싶은 생각이 든다.

아, 레그와 조크와 제네디가
커서 학교를 마치면
배를 젓고 일을 하고
우리들을 즐겁게 하겠지.

나는 이 노래처럼 거친 파도 위에 작은 배를 띄워 보려고 했다. 그러나 레그·조크·제네디를 교육시켜야만 한다는 것을 주의시킬 필요가 있다.

어떤 부모에게나 자녀를 교육시켜야 할 의무가 있다. 아마도 옛 공립학교 제도를 만든 것은 스코틀랜드가 제일 먼저인 듯하다. 그 후 얼마 되지 않아 스코틀랜드 출신 목관 제조가 존 헤이 씨가 1주일에 2달러씩 주고 나를 고용하고 싶다고 했다.

그러나 처음엔 그 일이 면화 공장의 일보다 더 싫증이 났다. 그것은 증기 발동을 취급하는 일이었다. 나는 목관 공장의 지하에서 가마솥에 불을 지피는 일을 맡았으므로 그 고통은 참을 수 없을 정도였다. 매일 밤 침대에 앉아서 증기의 미터를 시험하지 않으면 안 되었다. 증기가 약하면 동력이 부족하다고 아우성이고, 증기가 강하면 파열할 우려가 있어서 또 야단이었다.

그러나 나는 이런 고통을 부모님에게 비밀로 했다. 부모님은 그 나름대로의 고통이 있으므로 나는 남자답게 자기의 고통을 인내해야 한다고 생각했다. 내게는 무한한 가능성이 있기 때문에 뭔가 변화가 오리라고 매일 기대했다. 그 변화가 무엇인지 전혀 알 수 없었지만 참고 견디면 언젠가는 내 앞에 펼쳐지리라고 믿었다. 뿐만 아니라 그때 내가 만일 와레스라면 어떻게 하겠는가? 스코틀랜드 남자는 무엇을 해야 하느냐고 자문 자답하는 것을 잊지 않고 있었다. 그래서 '정신만 똑바로 차리면 어떤 어려움도 극복할 수 있다'란 신념과 각오를 다졌다.

마침내 그 기회가 왔다. 어느 날 헤이 씨는 청구서를 만들 필요가 생겼으나 글을 쓸 줄 모르기 때문에, 내가 어느 정도 글을 쓸 줄 안다면 점원으로 고용하겠다고 알려 왔다.

헤이 씨는 내게 청구서를 쓰게 하였다. 나는 또 계산력이 탁월하다고 인정받아 계산도 시켰다. 뿐만 아니라 나에게 동정심을 느껴서 증기 담당을 중지시키고, 좀더 편한 근무처로 바꿔주었다. 그것은 매우 좋은 일이었으나 조금은 마땅치 않았다.

이번에 맡은 일은 기름통에서 새로 나온 실꾸러미를 씻어내는 일이었다. 나는 별도로 방을 마련하여 혼자 일을 하게 되었으나, 기름 냄새가 역해서 참을 수가 없었다. 와레스나 부르스였더라도 그 기름 냄새는 어쩔 수 없었을 것이다.

아침 식사를 먹지 않으면 저녁때는 식욕이 왕성하여 많이 먹고는 맡은 일을 그런대로 해낼 수 있었다. 와레스나 부르스의 참된 제자가 되려면 우선 생명을 버릴 각오가 서 있어야 했다.

이곳에서의 근무는 면화 공장에 비해 조금 나은 편이었다. 뿐만 아니라 친절한 고용주와 친교를 맺게 되었다. 헤이 씨는 단식 부기를 사용했으므로 나도 그것을 할 수 있는 것처럼 가장하지 않으면 안 되었다. 큰 회사에서는 복식 부기를 사용한다는 말을 듣고 나는 친구인 존 휩프스, 토머스 밀러, 윌리엄 카우레 등과 상의한 후 겨울 동안 야학에 다녀 복식 부기를 공부하기로 하고, 나와 네 사람은 피츠버그의 윌리엄으로부터 실력을 연마했다.

1850년 초 어느 날 밤의 일이다. 내가 일을 마치고 집으로 돌아왔을 때, 전신국 지배인 부룩스 씨가 숙부 호건에게 전보를 배달할 적당한 꼬마가 없느냐고 물었다는 말을 듣게 되었다. 부룩스는 숙부와 장기를 두는 적수로서 이 얘기는 장기를 두면서 나온 말이었다. 이러한 사소한 일이 때로는 중대한 결과를 가져오는 인연이 되기도 하는 모양이다.

한 가지의 생각이나 조그만 도움이 개인뿐 아니라 국가의 운명을 좌우할 때가 있다. 작은 일을 얕보고 경시하는 사람은 경솔하고 곧 큰일을 할 수 없게 된다. 청년들이 신의 은총을 받느냐, 못 받느냐는 이 작은 일을 얼마나 주의하여 행동하는지에 달려 있음을 명심해야 한다.

숙부는 나에게 의견을 물어보았다. 물론 나는 좋아서 어쩔 줄 몰랐으며, 갇힌 새가 마치 세상에 자유로이 풀려난 기분 같았다. 어머니는 그 일을 하도록 찬성했지만, 아버지는 나의 희망을 들어주지 않는 방향으로 기울어졌다.

아버지는 내가 너무 어리고 약하므로 그 일이 너무 벅차다는 것이었다. 1주 동안 2달러의 급료라면 더 큰 인물이 적당하다고 느껴지는 것은 당연했다. 밤늦게까지 시골에 전보를 배달하는 것은 위험할 수도 있었다. 그러나 나는 지금의 일자리가 나에게 맞지 않는다고 주장했지만, 그 결정권은 절대적으로 나에게 있지 않았다.

헤이 씨를 찾아가 상의한 결과 그는 새로운 일자리로 옮기는 것이 나에게 도움이 되며, 일자리를 옮기면 자신은 좀 불편하겠지만 만일 그 일이 실패하면 언제든지 복직될 수 있도록 내 자리를 비워두겠다고 친절히 말했다.

나와 아버지는 강을 건너서 피츠버그의 부룩스 씨를 방문하기 위해 변두리에 있는 전신국을 찾아가기로 하였다.

맑게 갠 아침, 행운이 있기를 빌며 아버지와 나는 에레니게 시에서 피츠버그까지 약 2마일을 걸었다. 전신국에 도착했을 때 나는 아버지에게 밖에서 기다려 달라고 부탁했다. 나는 혼자서 2층 기술실로 들어가

브룩스 씨와 면회하면서 나의 뜻을 전달했다. 이러한 용기는 그 무렵 내가 미국 기질에 물들었기 때문인 듯싶다. 처음에는 남자아이들이 나에게 '스코치 아이'라고 불렀으나, 나는 언제나 이렇게 대꾸하곤 했다.

"그렇다. 나는 스코틀랜드 남자다. 그렇게 불리는 것은 나의 유일한 자랑이다."

그러나 늙은 아버지가 혹시 스코틀랜드 눈으로 미소를 지으며 나의 언동을 살피시는 것보다는, 나 혼자 브룩스 씨를 만나보는 것이 활발한 접촉이 될 거라고 생각했기 때문이다.

그 날의 내 복장은 일요일 이외는 거의 입은 적이 없는 푸른 양복 차림이었다. 그때는 단 한 벌의 여름 옷을 가지고 있었기 때문에, 전신국에 출근한 후에도 수주일간 그것만을 입고 다녔다. 그러나 토요일 밤 늦게 귀가하면, 어머니는 이것을 세탁하여 다리미로 반듯하게 다려두었다가 일요일 아침은 새 옷을 입을 수 있게 해주셨다.

어머니는 여장부로서 우리들이 서반구의 신세계에서 새로운 생활에 적응할 수 있도록 세밀하게 보살펴 주셨다. 아버지도 오랫동안 심신이 피로해 있었지만, 우리를 격려하는 데 조금도 소홀한 점이 없으셨다.

브룩스 씨와의 상담은 성공적이었다. 나는 혹시나 하는 생각으로 피츠버그의 지리를 잘 모른다고 대답하였다. 쓸모가 없을지도 모르고 힘이 부족할지도 모르지만, 단 한 가지 일하고 싶은 생각뿐이라고 말했다. 언제부터 출근할 수 있느냐고 묻기에 필요하다면 지금부터라도 근무할 수 있다고 대답했다. 그때의 상황을 회고하면서, 이 문제에 대해 요즘의 젊은이들도 생각해 볼 여지가 있다고 생각한다.

이 일자리는 마침내 내게 제공되었다. 브룩스 씨는 대단히 친절하게 한 소년을 불러 내가 일할 곳을 보여주도록 지시했다. 나는 아버지에게로 달려가 면접에 성공했다고 알렸다.

이것은 1850년 내가 인생의 참된 출발을 시작했을 때의 일이다. 1주일 동안 2달러의 수입으로, 어두컴컴한 지하실의 증기 담당으로 근무할 때는 석탄과 먼지 때문에 온몸이 깜둥이가 되었다. 그러나 지금 당장에는 장래성이 보이지 않지만, 신문·펜·연필·형광등이 밝게 비치는 천국과 같은 곳에 앉혀진 것이다.

나의 지식은 아주 보잘것없었으므로 단 1분이라도 더 배울 수밖에 없었다. 나는 내 다리가 마치 사다리에 얹어져 있는 듯 한 계단 한 계단 올라가야만 할 긴장감을 느꼈다.

한 가지 문제점은 전보를 배달할 상점의 이름을 빨리 외우는 것이었다. 그래서 거의 한쪽 간판을 외우고, 또 반대 쪽에서 다른 상점의 간판을 외웠다. 밤이 되면 상점 이름을 암송하여 기억하는 연습을 했다. 그렇게 연습하다 보니 눈을 감고 거리의 구석구석 상점 순서대로 이름을 술술 외우게 되었다.

다음은 사람의 이름을 외우는 일이었다. 이것은 배달하는 사람으로서는 큰 이익이 되었으며, 점원 또는 고용인을 외워두면 먼 곳까지 가지 않고 일을 마치는 때가 종종 있었다. 상점에 가는 도중 우연히 그 주인을 거리에서 만날 수도 있다. 그러므로 사람 이름을 잘 외워 부지런히 일하게 되면 서로가 기분 좋은 일이었다.

1850년 피츠버그는 그 후의 변화에 비해 아주 낙후된 감이 있다. 1845년 4월 10일 큰 화재로 시의 상업 지역이 재로 변한 이래 그 회복은 부진하였다. 가옥은 대부분 목조 건물이었으므로 화재에 견딜 수 있는 설비를 갖춘 집은 하나도 없었다. 인구도 피츠버그 시내 및 근교를 합해도 불과 4만 명에 불과했다.

시의 상업 지역은 제5시까지 뻗어 있었으나 넓은 길에는 극장만이 있을 뿐 대단히 삭막한 거리였다. 에레니게의 훼터길 스트리트는 군데군데 상점이 있을 뿐, 지금의 제5구역의 중심지에 연못이 있어서 스케이트를 즐긴 기억이 난다. 유니온, 아이론, 미루대 제철공장의 부지는 그 때나 그 후에도 오랫동안 채소밭이었다.

내가 전보를 많이 전해준 로빈슨 대장은 미국의 오하이오 강 서쪽 1번지에 살던 백인이었다. 나는 동부에서부터 시내로 연장된 전선을 처음 보았으며, 그 후 운하에 의하여 에레니게 시에 처음으로 도착한 오하이오 펜실베이니아 철도용 기관차도 보았다. 당시 동부와의 직접적인 철도 연락은 하나도 없었다.

여객은 운하로 에레니게 산록까지 갔다가 산맥 철도로 30마일을 달려 펜실베이니아에 도착한 후, 또 운하로 콜롬비아를 지나 81마일 정도 철도로 피츠버그에 들어간다.

이 여정은 3일 정도 걸린다. 피츠버그를 넘어서 카부엠·암보이 철도가 있고, 피츠버그 쪽으로는 휠드웬·시카고 철도가 있다. 이것들은 우리와는 관계 없는 회사였다. 1904년 처음으로 신시내티에 교통이 발달하여 소증기선이 피츠버그 사이를 왕래하게 되어 일대 큰 사건이 되었다. 그것은 하천에서 운하로 짐을 옮기는 것이었기 때문에 시의 상업도시로서는 동서로 많은 화물을 운반해야 했었다.

제철 공장이 하나 있었으나 제철은 물론 강철 역시 1톤도 생산하지 못한 채 수년이 경과했다. 시에서 수마일 떨어진 곳에 세계 제일의 철강석 용해에 적합한 해화성 석탄층이 무진장 매장되어 있는 사실을 몰랐기 때문에, 제조업은 연료의 결핍으로 실패하고 말았다.

당시 시에서 마차를 타는 사람은 불과 5, 6명에 지나지 않았다. 죄수에게 법복을 입게 한 것도 수년 후의 일이었다. 1861년 무렵, 피츠버그의 재벌급 회사에 관한 대서특필할 만한 사건은 피네스톡 씨가 자신이 속해 있는 조합에서 17만 4천 달러라는 거액의 돈을 받아 실업계에서 은퇴한 사건이었다. 17만 달러는 당시로서는 놀라울 정도의 거액이었다.

배달 소년인 나는 시내 굴지의 지도자층을 알게 되었다. 피츠버그의 법조계 저명 인사로 존경받는 윌스킨 판사, 머컨트레스 판사, 막클레 판사, 치레스, 세라, 종합상사 에드윈 엘스탄톤 등 이들은 후에 링컨 대통령의 오른팔로 알려진 사람들이다. 그 중 스탄톤 씨는 나에게 많은 관심을 보였다.

실업계의 거물로는 토머스 엘, 하우, 제임스 버크, 시지 핫세, 벤자민, 에후 존스, 윌리엄, 레존, 잘른트, 헤론 장군 등으로 우편 배달 소년이 무척 존경하던 인물들이었다.

전보 배달은 나에게 가장 친한 친구를 사귀게 해준 유익한 역할을 했다. 선배 배달부가 다른 방면으로 발탁되어 그 후임으로 온 소년은, 후에 엔게니베레 철도회사의 사장으로서 명성을 떨친 데이빗 마그카크였다. 그러나 이때까지만 해도 그는 나의 동료가 되어 동부에서 온 모든 전보를 배달했고, 그외 두 명의 배달 소년은 서부에서 온 전보를 배달했다.

동서부의 전신회사는 같은 건물 내에 있었지만 내용은 완전히 달랐다. 데이빗과 나는 곧 친구가 되었다. 그도 스코틀랜드 사람이었기 때문에 둘 사이는 아주 쉽게 가까워졌다. 데이빗은 미국에서 태어났지만 말씨는 나의 아버지처럼 완전한 스코틀랜드 발음이었다.

데이빗이 입사한 지 얼마 안 되어 또 다른 배달 소년이 필요했다. 추천을 요구받은 나는 어렵지 않게 한 사람을 추천했다. 그는 다름아닌 나의 친구 로버트 비겐으로, 후일 나의 후임자로서 피츠버그 시에 있는 펜실베이니아 철도회사의 총지배인이 되었다. 그도 스코틀랜드 사람이었고 출생지도 스코틀랜드였다.

데이빗과 비겐, 앤디는 불과 1주에 2달러 50센트의 급료를 받고 피츠버그의 동부 전보를 배달한 스코틀랜드 소년이었다. 매일 아침 사무실을 청소하는 것은 배달 소년의 책임이었으므로 우리는 교대로 청소를 했다. 우리 세 명은 밑바닥부터 시작한 것이다.

올리버 형제 대공업회사 사장, H. W. 올리버 각하, 시의 고문상사 데비드, 모란드 씨 등도 우리 팀에 들어왔다가 출세한 사람들이다. 성공하기 위해서 노력하는 청년에게 두려워하고 경계해야 할 것은 돈 많은 자의 아들도, 그 조카도, 종형제도 아니다. 이들은 사무실 청소부터 시작하는, 밑바닥 인생에서 성장해 가는 미래의 일꾼들이다.

어린 시절 배달 소년들에게는 여러 가지 재미있는 일들이 있었다. 과일 상점에서 전보를 신속하게 배달해 주었다는 사례로 사과를 주기도 하고, 빵집·과자집에서 맛있는 빵을 주기도 했다.

또 어릴 때는 친절한 사람을 만나 언제나 전보를 신속하게 배달해 주어서 고맙다고 경의를 표하고는, 돌아가는 길에 전보 배달을 부탁받는 때도 있다. 출세하려면 주위 사람의 관심을 끌어야 하는데, 배달처럼 주의를 끄는 데 적합한 직업은 없을 것이다. 현명한 사람은 언제나 지혜로운 사람을 찾는다.

이 생활을 하는 동안, 일정 한도 이외의 전보를 배달했을 때는 10센트씩 임금을 더 준다는 허가가 난 이후 큰 소동이 일어났다.

이 10센트 전보는 언제나 배달 소년들의 주목을 받아 배달권 때문에 친구간에 경쟁이 붙었다. 어느 때는 소년들이 자기 차례에 관계 없이 10센트를 얻기 위해 전보를 끌어낸 일도 있었다. 이것이 친구 사이를 멀어지게 하는 원인이 되었다.

나는 그 해결 방법으로서 이 전보 배달 요금을 저축하였다가 주말에 등분하는 것이 어떠냐고 제의했다. 그 제안은 통과되었고 나는 회계 책임자로 임명되었다. 그 해결 방법이 시행되면서부터는 경쟁이 없어졌고 다시 평화와 우애로 충만했다. 참으로 이중 임금 저축제는 협력 정신의 소산으로써 재정 조직에 관한 탁월한 나의 첫작품이라고 평할 수 있을 것이다.

소년들은 이 분배된 돈을 군것질로 전부 써버렸다. 어떤 때는 외상값이 초과되어 회계 책임자인 나는 아이들에게 외상은 주지 말 것을 부탁할 때도 있었다. 망나니처럼 과식하는 소년들의 빚에 대하여 회계 책임자인 내가 책임질 수 없다는 의미의 경고도 아울러 전했다.

로버트 비겐은 외상 거래를 제일 많이 하고 있었다. 어느 날 내가 주의를 주었을 때, 비겐은 자신의 뱃속에 벌레가 생겨서 벌레를 모두 없애 버리려는 생각으로 단것만을 먹는다고 말했다.

4

앤더슨 장군과 장서

2. 템퍼린과 미국

3. 피츠버그와 노동

4. 앤더슨 장군과 장서

5. 전신국

6. 철도 사업

전보 배달을 하는 동안 즐거운 일도 많았지만 그 업무는 매우 힘들었다. 격일제로 근무할 때는 전신국이 문을 닫을 때까지 남아 있어야 하므로 밤 11시 이전에 귀가하는 일은 거의 없었다. 어떤 때는 밤 6시에 교대했다. 일에 쫓기다 보니 공부할 시간도 좀처럼 생기지 않았고, 가정 생활은 쪼들려서 책을 살 여유조차 없었다.

그러나 갑자기 하늘에서 보내준 햇살처럼 독서를 즐길 수 있는 방법이 생기게 되었다. 제임스 앤더슨 장군(나는 이 원고를 쓰면서 그 이름을 축복한다)이 4백 권의 장서를 소년들에게 공개한다는 것이었다. 청소년이면 누구든지 매주 토요일 오후에 책을 빌려볼 수 있으며, 빌린 책은 다음 주 토요일에 다른 책과 바꾸어 볼 수 있었다. 그런데 내 친구 토머스 앤밀러에 의하면 앤더슨 장군의 장서는 원래 노동에 종사하는 소년에게만 공개하는 것으로 배달 소년이나 사환의 경우는 장서를 빌릴 권리가 있는지 알 수가 없다는 것이었다.

이 얘기를 들은 나는 용감하게 《피츠버그 데스바치》지에 배달 소년들도 육체 노동자와 마찬가지로 어려운 환경 속에서 일하고 있기 때문에 노동 소년에서 제외될 수 없음을 역설했다. 이것을 본 앤더슨 장군은 책을 빌려 볼 수 있는 자격을 관대하게 베풀어 주었다.

나와 제일 친하게 지냈던 앤밀러는 앤더슨 장군의 저택 근처에 살고 있어서 나를 그에게 소개시켜 주었다. 내 머릿속은 어두운 곳에 창이 열리고 지혜의 햇살이 흘러 들어오는 듯했다. 나는 책을 옆에 놓고 근무시간 중에도 여가만 있으면 독서에 열중했다. 내가 긴 근무시간 동안 즐겁게 지낼 수 있었던 것은 잠깐잠깐 읽은 책 덕택이었다.

토요일이 되면 다른 책을 읽을 수 있다는 생각으로 가슴이 부풀어오르곤 했다. 이렇게 해서 나는 마코레의 문집과 역사를 통독하고, 특히 반크로후트의 《합중국사》를 정독했다. 라무의 논문은 명쾌하였으나 대문호 사용에 이르러서는, 나는 당시 학교의 교과서에서 발췌한 사람 이외는 별로 아는 것이 없었다.

우리들의 친구인 존 휩프스, 제임스, 알, 윌슨, 토머스 앤밀러, 윌리엄 카우레 등은 나와 같이 앤더슨 장군의 장서를 이용할 권리를 부여받고 있었다. 나의 힘으로는 도저히 구할 수 없는 서적을 장군의 자애로움으로 구해 볼 수 있어서, 나의 취미는 오로지 그 덕택으로 길러진 것이다. 이때 길러진 문학 취미를 수백만의 재산을 가진 사람의 권리와 바꾸자는 제안이 와도 그 권리를 사양하고 싶을 정도이다. 인생은 문학에 대한 취미 없이는 살기 어렵다.

장군의 은혜는 나와 내 친구들의 품행을 바로잡아 주었고, 올바른 인간으로서의 신념을 갖게 해주었다. 훗날 내가 성장하여 마음의 안정과 경제적 평온을 맞이할 때 제일 먼저 해야 할 의무의 한 가지는 이 은인의 기념비를 세우는 일이었다. 내가 에레니게 시에 기부한 다이아몬드 스퀘어에 있는 회관과 도서관 앞에 세워 놓은 기념비에 이런 글을 실었다.

앤더슨 장군의 기념비

장군은 펜실베이니아 무료 도서관의 창립자이다. 장군은 장서를 노동 소년들에게 공개했으며, 매주 토요일 오후, 자진하여 사서가 되었고, 한평생을 이 사업에 바쳤다. 이 기념비는 당시의 노동 소년의 한 사람인 앤드류 카네기가 사은의 뜻에서 세운 것이다. 장군의 은혜로 인해 소년들은 지식과 삶의 지표를 형성할 수 있었다.

장군이 나와 친구에게 베푼 은혜에 비하면 나의 보답은 너무도 작은 것이었다. 도서관의 건립은 나의 어려웠던 소년 시절의 경험으로 보아, 알고 싶고 배우고 싶어하는 어린 소년 소녀들에게 커다란 도움을 줄 더 이상의 가치 있는 투자는 없을 것이라고 생각한다.

나는 확신한다. 내가 설립한 도서관의 장래는 반드시 내 생각이 옳았음을 입증할 것이다. 한 사람만이라도 그 도서관을 이용하여 내가 앤더슨 장군이 소장했던 4백 권의 책을 읽으며 얻은 이익의 절반이라도 그들이 얻을 수 있다면, 그 사업은 결코 무익한 일로 끝나지 않을 것임을 확신하기 때문이다. 묘목이 굽으면 나무가 기울어진다.

당시는 서적을 많이 쌓아 장식하는 것이 유행이었다. 도서관에서 얻은 이익은 이것을 이용하는 사람에게 달려 있다고 말할 수 있다. 스스로 노력하지 않고는 지식을 얻을 수 없다는 것은 옛부터 변치 않는 원칙이다. 나는 아버지가 뎀퍼린에 계실 때, 직장 친구들과 함께 각자 소장한 서적을 모아서 시내에 처음으로 도서관을 설립한 5명 중의 한 사람이었다는 사실을 알았을 때 대단히 기뻤다.

그 도서관에는 재미있는 역사책도 많았다. 그것은 점점 확장되어 7번이나 이전했다. 제일 먼저 옮긴 사람은 창립자로서 앞치마에 책을 넣어 수직 공장에서 안치소로 운반했다. 나의 아버지가 우리 고향에서는 최초의 도서관 창립자 중의 한 사람이었고, 나는 마지막 설립자가 되었다.

이것은 내 평생 제일 흥미있고 보람있는 일이다. 나는 무의식중에도 부전자전으로 아버지의 뒤를 이어 도서관을 설립했으나, 그것은 오히려 하나님의 뜻이었다. 이 사실은 나에게 큰 기쁨을 주었다.

나의 아버지는 사람들의 모범이 될 만한 인물이었다. 그는 선량하고 고결하며 친절한 성격을 가졌다.

전보 배달 시절, 휘스타 씨가 경영하는 구피즈버그 극장은 대성황을 이루었다. 휘스타 씨의 전보는 무료로 취급되었고, 그대신 전신 기술원은 무료 입장이 허용되었다. 이 특권은 배달원에게도 어느 정도 인정되긴 했다. 우리들은 휘스타의 전보를 오후 늦게까지 두었다가 밤에 극장 입구에서 전해주고, 2층 뒷자리에 들어가게 해달라고 부탁하곤 했다. 소년들은 서로 그 임무를 돌아가면서 맡아서 극장에 순번대로 입장하는 것을 몹시 즐거워했다.

이런 계기로 우리들은 극장 무대 뒤의 세계를 알게 되었다. 연극은 대체로 통속적인 것들뿐이어서 문학적 가치는 없었으나, 15세 소년의 눈을 매혹시키기에는 제법 재미있었다. 나는 연극을 전혀 본 적이 없어서 무척 신기하게 여겨졌다. 극장이라는 것을 본 것은 그때가 처음이었고, 연주회조차 가본 일이 없어서 대중 문화를 실감해 본 적이 없다. 데뷔 · 막가고 · 하리 · 올리버 · 홉프 · 비겐 등 모두가 똑같은 처지였다.

우리들은 무대의 매력에 끌려 극장에 입장할 기회를 열심히 찾고 있었다.

그때의 비극적인 역할로 호평이 자자했던 1인 게스트가 피츠버그 극장에서 셰익스피어 작품을 연기할 때부터 나는 셰익스피어에 미쳐 있었다. 셰익스피어를 읽으면서 사람의 언어가 이토록 마력이 있을 줄 미처 몰랐던 것이다. 음률과 곡조가 모두 내 마음에 딱 들어맞아서 저절로 읊을 정도가 되었다. 《맥베드》를 본 후 언어의 무한한 가치를 인식하게 되어 셰익스피어에 더욱더 관심을 갖게 되었다. 나는 그 희곡을 한 번도 잊은 적이 없다.

그 후 수년이 지난 뒤에 로엔그린에서 바그너를 알게 되었다. 그때 나는 뉴욕 음악 학교에서 바그너의 음악을 거의 듣지 않았기 때문에 그의 진가를 알 수 없었지만, 로엔그린의 전주에서 새로운 흥미를 갖게 되었다. 그리하여 나는 셰익스피어와 같은 벗이 또 생긴 셈이었다.

이 시대에 에레니게의 소수의 사람들은 스위덴볼그 협회라는 것을 조직했다. 그 중 가장 뛰어난 활동을 한 인물은 우리의 친족이었다. 아버지는 장로교회를 떠난 후 나를 데리고 스위덴볼그협회에 출석하였다. 그러나 어머니는 스위덴볼그 교에 대해서는 아무런 관심도 갖지 않았다. 종교에 대해서는 언제나 경의를 표할 뿐이었고, 신학의 논쟁에는 가담하지 못하도록 우리들에게 권고하면서 어머니 자신은 침묵을 지켰다.

어머니는 우리들이 교회나 일요학교에 나가는 것은 장려했으나, 스위덴볼그의 저작이나 구신약 성서를 인간 행위의 표준으로 삼아야 한다는 것은 믿지 않는 것이 분명했다. 나는 스위덴볼그의 신비적 교의에 감동하였고, 에이트겐 숙모로부터 나에게는 심령적 의의를 해석하는 기술이 있다는 칭찬까지 받았다. 숙모는 내가 신의 전도자로서 신예루살렘에 명성을 떨칠 날이 가까워지리라고 상상하고 계셨다.

그러나 나는 인위적으로 만들어 낸 신화에서 점점 멀어져 갔고, 숙모의 소망은 쇠퇴했으나, 큰 조카에 대한 애정은 변치 않았다. 숙모는 나의 사촌 동생 리안나 모리스가 스위덴볼그의 목사가 되는 커다란 소망을 가지고 있었으나, 그가 침례교로 개종하자 대단히 실망하고 말았다. 그러나 숙모의 아버지도 에든버러의 침례교회에서 설교한 적이 있었기 때문에 별로 이상한 일은 아니었다.

리안나가 숙모의 뜻을 배반한 후 리안나와 내가 숙모를 방문하였을 때, 숙모는 달가워하지 않았다. 숙모의 입장에서 본다면 스위덴볼그의 제자로서 리안나를 추천한 것을 배반했음은 분명 타락한 사람으로 가문을 더럽힌 것에 틀림없었다. 리안나는 침통하게 말했다.

"숙모님은 어째서 제가 하는 일에 찬성하지 않으십니까? 앤디를 보십시오. 그 사람은 어느 교회의 회원도 아닌데, 숙모님은 나무라지도 않습니다. 침례교회에 다니는 것은 어느 교회에도 안 나가는 것보다 낫지 않습니까?"

"앤디 말이냐. 그애는 옷을 입지 않는 벌거숭이야. 그렇지만 넌 남루한 옷을 입고 있다."

리안나는 숙모 에이트겐과 종래의 관계를 회복하는 것을 단념해야만 했다. 나는 어느 종파도 아니었기 때문에 개선의 희망이 있었는지 모르지만, 리안나는 신예루살렘의 종파가 아닌 다른 것을 선택해서 두 사람의 관계 개선은 어려웠다.

내가 처음으로 음악에 흥미를 갖게 된 것은 스위덴볼그 협회와의 관계에서였다. 협회의 성가집에 성약의 짧은 발췌가 있었다. 나는 목소리는 별로지만 표정이 풍부하다는 평으로 시종 성가대에 참가할 수 있었다.

악장 게샌 씨는 열심히 연습하는 내 모습을 보고 부족한 점을 눈감아 주었다고 생각한다. 음악계의 보배로 인정받고 있는 하이델 작품이 우연하게도 나의 관심을 끌어 즐겨 듣는 음악이 되었다. 나의 음악 연습은 피츠버그의 스위덴볼그 협회의 성가대에서 시작됐다.

그러나 나의 음악에 대한 애착은 어렸을 때, 아버지가 불러주신 고향의 민요에 큰 영향을 받았다. 나는 스코틀랜드 민요는 하나도 빼놓지 않고 음과 가사를 알고 있었다. 아버지는 내가 들어본 그 어떤 사람보다도 가장 아름답고 감상적인 목소리를 소유한 사람이었다. 그러나 나는 아버지처럼 아름다운 목소리를 타고나지 못했다. 그렇지만 음악에 대한 취미는 아버지로부터 유전되었으리라고 생각된다.

이야기가 나온 김에 부모님에 대한 이야기를 몇 가지 더 하고자 한다. 나는 2주일간의 여름 휴가를 얻었다. 나는 모처럼의 이 휴가를 오하이오의 이스트리버풀에 있는 숙부의 집에서 사촌 동생들과 뱃놀이를 하며 지냈다.

나는 스케이트를 대단히 즐겼으나, 지금 내가 이야기하고 싶은 것은 냇가의 얼음이 보기좋게 얼었을 때의 일이다.

나는 일요일 아침 일찍 교회에 가기 전에 얼음을 지칠 수 있는 허가를 얻었다. 스코틀랜드 사람들에게 안식일은 큰 의미가 있는 날이었다. 그렇지만 어머니는 이 문제를 아무렇지도 않게 말씀하셨다.

"네가 좋아하는 대로 얼음을 지쳐도 좋다."

"얼음을 지치는 것도 좋지만, 교회에 가기 전에 집으로 돌아와서 함께 예배 보러 가는 것이 어떻겠느냐?"
라고 말씀하시는 것은 아버지셨다.

생각해 보면 오늘날의 미국 가정 같았으면 1천 가구 가운데 999가구는 이 결정에 찬성할지도 모르지만, 스코틀랜드에 있어서는 그렇지가 못했다.

안식일의 철저한 뜻은 사람을 위해서 만들어졌기 때문에 국민을 위해서 미술관이나 박물관은 개방해야 한다. 그리고 어느 정도는 민중 오락의 날로 지내야 하며, 무리하게 참회의 날로 정하여 자유를 억제할 필요는 없다고 본다.

오늘날의 안식일에 대한 생각도 40년 전의 내 부모 생각보다 크게 진보하지는 못한 것 같다. 스코틀랜드 사람은 안식일에 산책한다든가, 성경책 이외의 독서를 하는 것은 거의 금지하고 있었지만, 부모님은 딱딱한 정통파 신학의 견해를 초월하고 있었던 것이다.

5

전신국

3. 피츠버그와 노동

4. 앤더슨 장군과 장서

5. 전신국

6. 철도 사업

7. 펜실베이니아 철도의 관리

내가 약 1년간 전신 배달부로 근무하고 있을 때의 일이다. 전신국 아래층 사무실의 지배인 존비 구라스 씨가 공사에 관계된 일로 자리를 비우게 될 때면 사무실을 가끔 나에게 부탁하곤 했다.

구라스 씨는 덕망 있는 사람으로 정치에 참여하는 시간이 많아져 오랫동안 사무실을 비우게 되자, 나는 자연히 사무 방면의 일에 숙달하게 되었다. 또한 전보를 받아 그때 그때 소년들에게 분배하여 신속히 배달을 시키기도 했다.

이러한 일들은 나를 매우 난처하게 만들었다. 내가 배달부라는 본업에서 면제된 위치에 있는 것을 분개하는 소년도 생겼고, 소년들 간에 인기도 조금씩 떨어졌다. 그리고 평소 인색하다거나 비열하다는 비난을 받고 있었다. 특별 수입의 단 한 푼도 소비하지 않는 나를 그들은 이해하지 못했다. 나는 단 한 푼이라도 저축하면 반드시 집안 살림에 보탬이 되기 때문에 다른 일에 돈을 쓰지 못했다.

부모님은 나에게 아무것도 숨기지 않았기 때문에, 나는 우리 가족의 수입이 일주일에 얼마인가를 알았고, 생활비의 내용도 자세히 알고 있었다. 초라한 가구와 의복을 살 때는 서로 상의하였다. 어쩌다 새 옷이라도 사게 되면 온 집안에 경사가 난 듯했다. 비록 가난하지만 우리 가정처럼 화목한 집은 다른 어느 곳에서도 찾아볼 수가 없었다.

어머니는 매일 50센트짜리 은전을 쓰지 않고 주머니에 넣어두었다가, 2백 개가 되면 우리 일가가 도미할 때 20파운드를 빌려준 어머니의 친구 핸더슨 부인에게 송금하여 빚을 조금씩 갚았다.

그 날은 우리들의 축하일이었다. 빚을 갚고 그 속박에서 해방되어 자유를 찾은 것이다. 그러나 빚은 조금씩 갚아 나갔지만 영원히 갚을 수 없는 감사의 채무는 그대로 남아 있다. 내가 템퍼린에 있는 부인을 방문하였을 때에는 마치 신전에 참배하는 기분이었다. 나는 결코 부인을 잊을 수가 없다.

나는 수년 전에 쓴 글을 읽으며 비통하게 울었다.

'떠나셨다. 모든 사람이 가는 길을 떠나셨다.'

원하건대 어머니의 귀한 친구의 영혼에게 영원한 평화가 있기를! 명목을 빈다.

전보 배달 시절, 나에게 놀라운 일이 일어났다. 그것은 토요일 밤, 우리 배달 소년들이 월급을 받을 때의 일이다. 구라스 씨는 사무실 앞에 일렬로 선 우리들에게 하나하나 차례대로 월급을 나눠 주었다. 나는 제일 앞에 서 있었기 때문에 구라스 씨가 내주는 11달러 25센트를 받으려고 손을 내밀었지만, 그는 내 앞을 그냥 지나치고는 다른 소년에게 손을 내밀었다.

나는 언제나 제일 먼저 받아 왔기 때문에 무엇인가 착오를 일으켜서 그러리라 생각했다. 그러나 월급은 순서대로 소년들에게 지불되곤 끝나 버렸다.

나는 크게 실망하였고, 내가 무슨 잘못을 저질렀는지 자문해 보았다. 내게 잘못이 있다면 그것은 우리 집안의 불명예스러운 일이었고, 내게는 마음의 상처를 남길 것이다. 소년들이 해산한 후에, 구라스 씨는 나를 사무실 뒤로 데려가 내가 다른 소년들보다 일을 더 착실히 했기 때문에 13달러 51센트씩 지급하기로 했다고 말했다.

순간 나는 머리가 아찔하여 그가 한 말을 믿을 수가 없었다. 구라스 씨가 돈을 세어 나에게 주었을 때 감사하다는 인사를 했는지조차 기억나지 않는다. 아마도 인사를 빠뜨린 것 같다. 나는 돈을 받고 곧바로 집으로 뛰어왔다.

그날은 토요일 밤이었다. 나는 어머니에게 13달러 51센트 중에서 11달러 25센트만을 건네고, 남은 돈 2달러 25센트는 살짝 주머니에 넣었다.

아홉 살 된 동생 톰과 나는 작은 방에서 같이 자면서 이 비밀을 이야기했다. 동생은 어리기는 했지만 내 뜻을 이해하였고, 서로의 장래에 대해 이야기를 했다. 나는 그때 처음으로 우리 형제가 힘을 합하여 경영할 수 있는 사업 계획을 들려주었다. 카네기 형제 회사를 훌륭하게 성장시켜 아버지와 어머니를 우리 마차에 태워드려야 한다고 이야기하였다. 그 당시만 해도 자기 개인 소유의 마차를 갖고 있다는 것은 부귀와 명예를 누리는 것으로서 인생의 성공을 의미했다.

우리 집 근처에는 런던 상인을 사위로 둔 스코틀랜드 노파가 있었다. 딸이 노파에게 자신의 집에 오셔서 마차를 타도록 권했지만, 노파는 자신의 이웃들이 보지 못할 마차는 아무 가치가 없다고 하였다. 이 정도로 당시는 개인이 소유하는 마차를 귀하게 여겼다. 우리들은 성공만 하면 부모들을 좋은 옷차림으로 피츠버그뿐만 아니라 고향 템퍼린까지 마차를 태워드리기로 다짐했다.

일요일 아침 온 식구가 아침 식사를 하고 있을 때, 나는 전날 주머니에 넣어두었던 2달러 25센트를 내놓았다. 식구들의 놀라움은 말할 수 없을 정도로 컸다. 자식에 대한 자랑스러움과 사랑으로 아버지와 어머니의 눈에는 눈물이 글썽거렸다. 이것은 사랑하는 아들이 한 단계씩 향상되어 가는 증거였던 것이다. 이때와 같은 감격은 훗날 찾아볼 수 없을 만큼 감동적이었다.

우리 배달부들은 매일 아침 기술실을 청소하게 되어 있어서 기술자가 출근하기 전에 전신 기계를 만져볼 기회가 있었다. 이것은 나의 일대 전환기였다. 나는 얼마 후 전신 기술을 배울 수 있는 기회를 얻게 되었다. 누구든지 무엇을 배우고 싶어할 때 그것을 배울 수 있는 기회는 순간적으로 아주 짧다.

어느 날 아침, 피츠버그의 전신기가 울리기 시작했다. 사무실에는 아무도 없었다. 나는 두근거리는 가슴을 진정시키며 용기를 내서 전신기를 들었다. 그 내용은 필라델피아 시에서 피츠버그로 사망 전보를 즉시 보내달라는 것이었다.

나는 전보를 받아서 전달해 주고는 브룩스 씨를 기다렸다가 주제넘은 행동을 사과하였다. 다행히도 브룩스 씨는 말을 다 들은 후 나를 꾸짖기보다는 칭찬을 하였다. 나중에는 전신 기술자가 외출할 때 전신을 맡겼으므로 나는 더 많이 배울 수 있었다.

그때의 기술자들은 나태하기만 하였고, 나에게 일을 맡기는 것을 좋

· 1835년 11월 25일 태어난 앤드류 카네기의 생가

아했다.

　그때의 전신 방법은 종이로 받은 다음 기술원이 읽어서 쓰게 하는 방식이었으나, 마침 전신을 직접 귀로 받는 신식법이 발명되었다는 소문이 퍼졌다. 그래서 나는 이 방법을 시험해 보기로 했다. 아클렌 전신국의 기술원은 이 방법에 익숙해 있었기 때문에 그 사람의 성공은 내게 용기를 주었다. 내가 쉽게 새로운 기술을 배울 수 있었다는 것이 나 스스로도 놀랄 일이었다.

　어느 날 이 방법을 사용해 보았으나 기술자는 나의 신기술이 비위에 거슬렸는지, 배달 소년인 나를 위해서 자리를 옮기지는 못하겠다고 했다. 그러나 나는 이 일에 관여하지 않고 연필과 종이를 들고 귀로 전보를 받기 시작했다. 그 순간 기술자의 놀라는 모습은 지금까지도 잊혀지지 않는다. 그 후, 나와 이 기술자는 서로 마찰 없이 친구가 되었고, 충실한 동료가 되어주었다.

　그 일이 있고 난 얼마 뒤에, 피츠버그에서 30마일 떨어진 그린스박의 기술자인 조세후가 2주일간의 휴가로 자리를 비우게 되어 누군가 대리할 사람을 보내달라고 부룩스 씨에게 의뢰해 왔다. 부룩스 씨는 나를 불러서 자신 있는지 물어보았다. 나는 자신 있게 대답을 했다.

　나는 우편 마차에 편승하여 그린스박으로 출발했다. 이 여행은 무척 유쾌했다. 합승객은 유명한 상사 데이빗 부르스와 그 누이였고, 그 선조는 스코틀랜드 사람이었다. 나에게는 이것이 첫 여행으로 시골 풍경도 처음 구경하였다. 또한 처음으로 묵게 된 그린스박 호텔의 요리는 무척 좋았다고 기억된다.

　그때는 1853년으로 마침 펜실베이니아 철도가 건설 중이어서, 그린스박 부근을 산책하다가 공사를 구경하기도 했다. 그러나 그 후 얼마 되지 않아 나는 그 철도회사에 취직하게 되어 인연이라는 것을 신비하게 느끼게 되었다.

조세후 대신 맡은 일은 내가 전신업무에 종사한 이래 처음 맡는 책임 있는 자리로서 절대 자리를 비워서는 안 된다는 책임감으로 폭풍우치는 늦은 밤까지 연락이 끊기지 않도록 주의했다. 그러나 나의 부주의로 화재가 발생할 뻔한 적이 있었다.

그 후 번개치는 날에는 특별히 주의하는 것이 나의 습관이 되었다. 나는 그린스박에서 일하는 동안 상사가 대단히 만족할 만큼 나의 업무를 깨끗이 마치고 다시 피츠버그로 돌아왔다. 그러자 다른 소년들은 나를 무척 부러워했다.

승진할 기회는 왔다. 부룩스 씨는 펜실베이니아 철도의 총관리인인 제임스 디리드에게 나를 기술자로 추천했다. 디리드는 스코틀랜드 사람이었다. 디리드 씨는 부룩스 씨가 나를 적임자라고 인정한다면 기꺼이 상부의 승인을 받아내겠다고 했다. 그 결과 25달러짜리 배달 소년이 처음으로 전신 기술자로 임명을 받게 되었다. 내가 전신 기술자로 승진하게 된 것은 부룩스 씨와 디리드 씨 덕분이었다.

나는 이 소년의 표정이 마음에 들었다. 작지만 의기 충천해 있는 것을 쉽게 볼 수 있다. 1개월이나 나와 함께 일하는 동안 전신법을 가르쳐 주었을 때, 나는 민첩하고 영리한 아이라는 것을 깨달았다. (제임스 디리드 저,《미국의 전신업》)

나는 17세에 한 사람의 기술자로서 하루에 1달러를 받는 신분이 되었다.

전신국의 기술실은 나의 발전에 큰 도움이 되는 학교와 같은 곳이었다. 여기서 나는 연필과 종이로 작문 연습을 했다. 영국과 유럽에 관한 상세한 지식은 좋은 재료를 제공했다. 지식은 반드시 어느 땐가 가치를 발휘하게 된다.

외국의 신문 재료는 레스 해안에서 전송되어 왔는데, 쉴새없이 오는 〈박재신문〉을 전신으로 받는 것은 제일 주의해야 할 업무의 하나였다. 나는 전신 사무실에서도 이 일을 무엇보다도 좋아했기 때문에 어느 사이에 이 일은 나에게 일임되고 말았다.

이때의 전신국은 시설이 매우 빈약하여 폭풍우가 칠 때면 대부분 상상으로 전문을 만들 필요가 있었다. 나는 상상력이 뛰어났기 때문에 한두 마디 말이 빠져서 발신인에게 다시 내용을 문의하는 시간의 낭비를 없애고, 내 생각으로 빈 곳을 채우는 것이 특기였다.

외국 신문의 취급은 별로 위험한 일이 아니었기 때문에 기술자가 자기 재량으로 상상력을 발휘한다 하더라도 궁지에 몰릴 염려는 없었기에 가능한 일이었다. 특히 영국에 대한 나의 지식은 상당했기 때문에 처음의 한두 자만 틀리지 않으면 나머지는 상상으로 충분히 엮어 나갈 수가 있었다.

피츠버그의 각 신문사는 한 사람씩 전신국에 기자를 보내어 신문 전보를 베껴 쓰는 것이 관례였으나, 나중에는 한 사람에게만 그 임무를 맡기기로 했다. 그는 나에게 1주에 1달러의 조건으로 신문 전보가 올 때마다 5통씩 복사해서 달라고 부탁했다.

이것이 내가 신문업에 손대기 시작한 첫걸음이 되었다. 내 보수는 총 30달러였는데, 이 때의 1달러는 대단히 가치가 있었다. 이렇게 하여 나의 사업 기초는 굳어졌고, 장래 백만장자가 될 수 있는 서광이 비치기 시작했다 해도 과언이 아니다.

그외에 내게 커다란 감명을 준 것은 친구들과 같이 〈웨스터〉문학협회에 가입한 일이다. 우리는 유난히 단결되어 작은 토론 클럽을 조직하기도 했다. 그리고 휘그 씨의 아버지 방에서 집회를 가지곤 했다. 그러나 낮에는 날품팔이 구두 직공이 일을 하는 곳이기도 했다.

토머스 밀러는 그곳에서 법관은 민간인 중에서 선출되어야 한다는 문제로 약 한 시간 반 동안 토론했다고 말하였으나, 아마 밀러의 기억이 틀린 것 같았다. 〈웨스터〉는 당시 시내 일류 클럽으로서 그 회원이 된 것은 우리들의 큰 자랑이었다.

이런 클럽에 입회하는 것같이 젊은이들에게 이익이 되는 것은 아마 없을 것이다. 내가 책을 읽게 된 것은 대부분 토론에 관계 있는 자료를 선정하기 위해서였다. 클럽 활동으로 나의 사상은 더욱 확실해졌다. 후일 내가 연단에 서서 침착하게 연설을 할 수 있었던 것은 확실히 〈웨스터〉협회의 활동 때문이다.

그때부터 오늘에 이르기까지 연설의 규칙으로 삼아온 두 가지 조항이 있다. 첫째는 연단에 서서는 너그러운 마음으로 청중과 좌담하는 태도를 갖고 상대를 너무 의식하지 말 것, 둘째는 지나친 과장 없이 순수하게 나의 생각을 밝히는 것이다.

나는 드디어 활자식을 떠나서 음향식 방면의 기술자가 되었다. 그 기술을 숙달하는 것은 드문 일이었기 때문에 구경하러 오는 사람이 많았다. 나는 대단히 인기를 끌었다.

그때 마침 홍수가 나서 스츄벤빌과 훼막그간 45마일의 전선 교통이 완전히 끊어졌을 때, 나는 스츄벤빌로 파견되어 동부와 서부의 전보를 받아 열두 시간마다 배에 실어 훼링그까지 수송하는 임무를 맡았다. 돌아오는 배에 매회 전보를 싣고 와서는 그것을 동부에 전송하는 것으로써, 약 1주일간 피츠버그를 경유하여 동서부 간의 전선 교류를 계속했다.

스츄벤빌에 머무르는 동안, 아버지께서는 직접 짠 식탁보를 판매할 목적으로 훼링그와 신시내티에 가신다는 말을 듣고, 나는 저녁 늦게 도착한 배를 타고 아버지를 만나러 갔다. 그때 아버지는 배 운임이 비싸 일등실을 단념하고 갑판 여객을 택하기로 결심하신 모양이었다. 나는 훌륭하신 아버지가 가난하게 여행을 할 수밖에 없는 우리의 처지에 분개했다.

"아버지! 조만간 어머니와 함께 우리 마차를 태워드리겠어요."

라고 위로해 드렸다. 아버지는 평소에 말이 없으신 편으로 좀처럼 칭찬을 하지 않는 분이셨으나, 조그마한 일에도 곧잘 감격스러워하신다. 아버지는 나의 손을 꼭 잡으면서 조용히 말씀하셨다.

"앤드류야, 나는 너를 자랑스럽게 여기고 있단다."

아버지의 목소리는 떨렸다. 아버지는 자신의 처지를 부끄럽게 여기는 것 같았다. 밤이 되자 아버지는 작별 인사를 하시며 흐르는 눈물을 닦으셨다. 나를 자랑스럽게 여기신다는 아버지의 그 말씀은 늘 내 마음 속에서 사라지지 않고 용기를 주었다. 우리 부자는 서로 흉금을 털어놓고 지내 왔다.

원래 스코틀랜드 남자는 말이 없고 무뚝뚝하다. 그러나 과묵함에 깊은 뜻이 포함되어 있음은 두말할 필요도 없다.

침묵은 차라리 말이 많은 것보다 낫다. 아버지는 여러 사람으로부터 존경받는 분이셨고, 친구 사이에서는 사랑받는 분이셨다. 종교심은 지극히 깊었으나, 종파적이거나 신학적이지 않았으며, 속세를 초월한 사람 같았다. 그리고 말은 없으나 온정이 넘쳐흐르는 분이셨다. 그러나 우리들이 여유 있는 생활을 할 수 있을 때는 안타깝게도 이미 고인이 되고 말았다.

나는 피츠버그에 되돌아가자마자 토머스 스콧이라는 비범한 인물과 친분을 맺게 되었다. 이 사람은 철도 사업에 대해서 천재라고 불러도 과언이 아닐 것이다.

그는 펜실베이니아 철도회사의 피츠버그 지역 관리국장으로서 피츠버그 시로 부임한 것이다. 그는 애리조나의 관리총장 로버트 씨에게 전보를 보내야 할 때가 있었다. 이 일 때문에 스콧 씨는 밤중에 전신국에 찾아와서 가끔 나에게 그 전신을 부탁한 적이 있다.

어느 날 로버트 씨의 부하 직원에게 내가 스콧 씨의 서기 겸 전신 기술자로 일하도록 주선해 주도록 건의했다는 이야기를 듣고, 무척 기뻤다. 로버트 씨의 부탁에 청년은 답하기를,

"그것은 할 수 없습니다. 그 사람은 단지 기술자일 뿐입니다."
라고 이야기했다 한다.

"너무 성급하게 내용도 모르고 결정지어서는 안 된다고 생각합니다. 제가 그 일을 못할 것도 없습니다. 사무실에만 있는 생활을 떠나서 넓은 세계로 나가고 싶습니다. 부디 스콧 씨에게 나의 참된 뜻을 전해주

십시오."
라고 나의 분명한 의사를 밝혔다.

    그 결과 나는 스콧 씨의 서기 겸 기수로서 월급 35달러를 받기로 하고, 1853년 2월 1일에 취직되었다. 월급 25달러에서 35달러로 일약 승진한다는 것은 이제까지 상상도 못해본 일이었다. 펜실베이니아 철도 회사는 당시 건설 중인 회사의 전신선이 완성될 때까지 일반 사무에 지장이 없는 범위 내에서 임시 채용이 허용되었다.

# 철도 사업

6

4. 앤더슨 장군과 장서

5. 전신국

6. 철도 사업

7. 펜실베이니아 철도의 관리

8. 남북전쟁 시대

제2편 회로 시뮬

나는 전신국의 넓은 세계에 발을 들여놓긴 했으나, 그 변화된 생활 속에는 유쾌하지 못한 일들도 많았다.

18번째 생일이 지난 지 얼마 안 되는 나는 사회에 대해서 아는 것이 별로 없었다. 18세 소년으로서 나처럼 순수하게 자란 사람도 드물 것이다. 나는 태어나서 지금까지 나쁜 말을 해 본 기억도 없고, 또 들어 본 적도 별로 없다. 또한 비열한 짓은 전혀 알지도 못한 채 자랐다. 그것은 다행히도 나는 선한 사람들하고만 접촉하면서 자라왔기 때문이다.

그런데 지금은 조잡하고 난폭한 분위기 속에 묻혀 있다. 그 이유는 내가 일하는 사무실이 임시로 일하는 화물 차장·전철 운전사·화부 등이 모여드는 곳이기 때문이다. 이런 사람들도 관리국장인 스콧 씨나 나와 똑같이 사무실에 자유로이 출입하고 있었다. 이것은 내가 종래 살아오던 세계와는 전혀 다른 세계였다. 나는 매우 불쾌했다.

나는 결단코 선악을 가려서 좋은 것만을 먹어야 했다. 원래 내가 자라난 곳은 어떠한 악이나 간사함이 침입할 수 없었던 곳으로 아름다움과 순결함만이 가득했다. 나의 옛 친구들 또한 존경받는 시민이 되려고 노력하는 훌륭한 청년들뿐이어서, 이런 교양 없는 사람들과 함께 산다는 것은 전혀 다른 세계에서 살고 있는 기분을 갖게 했다.

나는 원래 타고난 성격과 어려서부터 받은 교육의 내용과 거리가 먼 일체의 것은 싫어하고 평생을 그 방면은 기피하였다. 그러나 사무실에 근무하면서부터는 여러 부류의 사람들과 접촉해야 함은 스코틀랜드 사투리로 '타기'를 하는 것같이 몹시 언짢았다. 우리는 흔히 담배를 피운다거나 신을 모욕하는 언사를 함부로 한다든지 하는 종교의 규율에 어긋나는 행동을 '타기한다'라고 말한다.

나는 스콧 씨의 사무실에 출입하는 사람들이 반드시 타락한 사람들만 있다고 생각하고 싶지는 않다. 그러나 신을 모욕하는 말을 함부로 내뱉는 습관이나 비열한 언사나 담배를 자근자근 깨무는 못된 버릇이 한층 더 유행하여 금할 수조차 없게 되었다.

철도는 그때까지만 해도 많은 사람들이 신기하게 여겨 뱃일을 하던 사람들까지도 직업을 바꾸어 이곳으로 많이 들어왔다. 그렇지만 그 중에는 훌륭한 청년도 많이 있어 오늘에 이르기까지 존경받는 시민으로서 책임 있는 지위에 있기도 하다. 그들은 나에게 무척 친절했음을 말해 두고 싶다.

지금도 가끔 그들의 소식을 들을 때마다 나는 많은 애정을 느낀다. 그러나 스콧 씨가 개인 전용 사무실을 만들어 나와 같이 사용하게 됨으로써 사정은 변하고 말았다.

그 뒤에 스콧 씨는 나를 엘데유너에 보내어 월급 장부와 수표를 가져오게 했다. 당시는 에레니게 산을 넘는 철도가 완성되지 않아서 다른 교통 수단으로 가파른 산을 넘어가야 했다. 그래서 나는 이 여행을 잊을 수 없었다. 당시의 엘데유너는 집들이 몇 채 없었고, 상점은 건축 중이어서 지금의 당당한 대도시의 면모는 전혀 찾아볼 수가 없었다.

그곳은 미국 철도계의 거물, 관리총장 롬바드 씨와의 첫 대면 장소이기도 했다. 그 당시의 서기는 내 친구인 로버트 비겐이었다. 그는 내가 알선한 철도회사에 취직하고 있었다. 그래서 데이빗과 보브 로버트, 엔디 등 셋은 함께 펜실베이니아 철도회사에 취직해 있었다.

롬바드 씨는 스콧 씨와는 대조적인 성격으로서 말 붙이기가 어렵고 무뚝뚝한 편이었다. 어쩌다 롬바드 씨가,

"너희들, 오늘 밤 우리 집에 와서 함께 차를 들자꾸나."

라고 말하면 로버트와 나는 깜짝 놀라곤 하였다. 나는 우물쭈물 승낙은 하였지만, 마음속으로는 겁이 나서 어쩔 줄을 몰랐다. 이때 초대받았던 일이 세상에서 제일 영광스러웠다고 생각하고 있다.

롬바드 부인은 대단히 친절한 사람이었으며, 스코틀랜드 출신이었다. 나는 스코틀랜드 출신으로 인정받는 것을 무한한 영광으로 생각하였다.

이 여행 중에 나는 커다란 실수를 저지를 뻔했다. 다음날 아침, 나는 월급 장부와 수표 꾸러미를 가지고 피츠버그로 돌아오는 길이었다. 이 꾸러미를 주머니에 넣기엔 너무 컸기 때문에 옷 속에 단단히 집어넣고 출발하였다.

그때 나는 철도업에 미친 사람이었기 때문에, 기관차에 타는 것이 좋아서 철도의 접합 지점인 호리에스버그까지 타고 왔다. 그곳은 대단히 거친 선로였다. 어느 한 지점까지 왔을 때 갑자기 불안한 느낌이 들어 월급 장부를 찾다가 열차가 심하게 흔들리는 바람에 수표 꾸러미를 아

래로 떨어뜨리고 말았다.

　월급 장부와 수표를 잃어버린 것이었다. 일신의 파멸을 가져올 이런 큰 실수를 은폐하기에는 참 어려운 일이었다. 이 출장의 목적인 월급 장부와 수표 꾸러미를 잃어버렸다는 것은 세상에 낯을 들고 다닐 수 없는 일이었다. 나는 열차 기관사에게 사정 이야기를 하고는 지나온 길을 다시 되돌아가도록 부탁했다.

　나는 그가 내 부탁을 들어줄지 의심했지만 그를 믿는 수밖에 없었다. 그런데 그는 고맙게도 내 부탁을 들어주었다. 천천히 후진하는 열차에서 선로에다 온 신경을 집중하여 찾아보았더니 그 꾸러미는 냇가 옆에 떨어져 있었다. 나는 허겁지겁 뛰어내려가 꾸러미를 집어 안았다. 나는 피츠버그에 도착할 때까지 꾸러미를 꽉 붙잡고 놓지 않았다. 내 실수를 아는 것은 기관사와 화부뿐이었다. 나는 이 비밀이 알려지지 않도록 몇 번이고 당부했다.

　내가 이 비밀을 털어놓은 것은 아주 먼 훗날이었다. 만일 그 꾸러미가 몇 미터 더 멀리 떨어져 물 속으로 들어갔더라면 어떻게 됐을까? 그 조그마한 부주의를 만회하려고 나는 얼마나 더 열심히 근무를 해야 했을까? 그 실수가 만회되지 않았더라면, 신용은 하루아침에 땅에 떨어졌을 테고, 성공의 열쇠를 잃고 말았을 것이다.

　그때 이후 나는 자라나는 젊은이들이 한두 가지 잘못을 저질렀다고 해서 너무 호된 꾸지람을 해서는 안 된다고 생각했다. 나는 타인의 실수를 볼 때마다 잃어버렸던 꾸러미를 찾았을 때를 회상하여 본다. 만일 그것을 찾지 못했더라면 나에게는 어떠한 변화가 있었을까를 항상 생각한다. 나는 지금도 그 꾸러미를 떨어뜨렸던 장소를 기억하고 있다.

그래서 그 선로를 지날 때마다 내 실수의 장면들이 눈에 선하게 떠오르곤 하였다. 그때마다 나는,

'너는 안심해도 된다. 신이 너를 돌보고 있으니까. 그렇다고 결코 자만해서도 안 된다.'

라고 나에게 경고하는 것 같은 생각이 들었다.

젊은 시절, 나는 반노예론자였다. 1856년 2월 22일 피츠버그 공화당의 제1회 국민대회 때, 나는 어렸으므로 선거권은 없었으나 열광적으로 환영했다.

나는 민중 운동을 하는 원로원 윌신 씨나 헤루, 기타 인물들을 흠모했다. 또 철도업자의 〈백인 클럽〉을 조직하여 뉴욕 주간지 《도퓨엔》의 기자로 있는 호레스 씨에게 짧은 논문을 보내기도 했으나, 그는 민중 운동의 활성화로 무척 바빴다.

자유주의를 외치던 기관지에 처음으로 내 논문이 실렸을 때는 마치 내 일생에 일대 전환기를 맞는 느낌이었다. 나는 그 주간지를 지금도 가지고 있다. 오늘날 회고해 보면 노예제도를 폐지하기 위해 치른 남북전쟁이라는 대가는 너무 컸다.

그러나 폐지해야 할 것은 비단 노예제도뿐만은 아니었다. 주권에 중점을 둔 연방조직과 같은 형태는, 강력하고도 건실한 중앙정부를 세우는 것에 적합하지 않을뿐더러, 그 성립을 지연시킬 가능성이 있다(수년 전에 쓴 이 원고지를 1907년 7월에 다시 읽어 보니 마치 예언 같았다).

이 일은 현재 꼭 해결해야 할 시급한 문제이다. 그 후 얼마 안 되어 철도회사는 독자적인 전신선을 건설하게 되어 그 곳에 기술자를 파견할 필요가 생겼다. 그 대부분은 피츠버그의 전신국에서 교육받은 사람

을 채용하였다. 전신 업무는 놀라운 속도로 진행되었다. 그러나 아무리 노력하여도 요구되어지는 수요에 충분하고 신속하게 응하기는 어려웠다. 전신국의 증설이 시급했다.

나는 나의 배달 친구였던 데이빗 마그카크 등을 1859년 3월 11일에 전신 과장으로 임명하였다. 소문에 의하면 젊은 여자를 처음으로 철도의 전신 기수로 채용한 사람은 데이빗과 나라는 것이었다. 어떻든 우리들은 부지런한 젊은 여자를 각 사무소에 채용하여 교육시키며, 필요에 따라 일을 맡겼던 것이다.

첫번째로 채용된 사람은 나의 사촌 누이동생 미스 마리아 호건이었다. 그녀는 피츠버그 화물의 전신 기술자로서 그 밑에 많은 조수를 선발하여 그의 사무소는 하나의 학교 같았다. 나의 경험에 의하면 젊은 여자 기술자는 젊은 남자 기술자보다 믿음직했다. 비록 여자가 남자의 직업에 뛰어들긴 했다지만, 전신 기술처럼 여자에게 적합한 일은 없다고 생각한다.

스콧 씨는 상급 간부로 누구에게나 유쾌한 인물이었으므로 나는 곧 그와 친해질 수 있었다. 나에게 있어 그는 대단히 훌륭한 인물로 여겨졌다. 나는 소년 시절에 가졌던 영웅에 대한 무조건적 숭배자로 그를 생각했다. 펜실베이니아 대철도회사의 사장 또한 스콧 씨와 비슷한 사람일 것이라고 상상했다.

나는 점차 내 담당 외의 일까지 손대기 시작했다. 내가 철도 업무에 단연 두각을 나타낼 수 있었던 것은 뜻하지 않은 돌발 사태가 일어났기 때문이다. 그 사건은 지금도 역력히 나의 뇌리에 남아 있다.

그 당시에는 단선 철도였기 때문에 열차로 전보를 운반하는 법은 없었으나 간혹 전보 명령을 내려야 할 때가 있었다. 그러나 펜실베이니아뿐만 아니라, 어디에서나 관리국장 이외는 그 누구도 열차 명령을 내릴 권한이 없었다. 그때의 철도 운영체계는 지극히 미비했다.

직원에 대한 교육이나 훈련도 충분치 않았기 때문에 전보 명령을 함부로 내리기도 위험하였다. 그때의 우리 철도회사는 선로의 파손이나 붕괴 사고가 연달아 일어나 스콧 씨는 재해 작업 때문에 매일 밤 현장에 나가 있었다. 그래도 피곤에 지친 몸을 이끌고 이튿날 아침 출근을 하곤 했다.

어느 날 아침, 내가 출근하였을 때 동부선에 중대 사고가 일어나서 동부행의 급행 열차가 지연되고 있었다. 동부행 여객 열차는 정류장마다 기술자를 보내 사고를 정리하고 있어서 철도의 화물열차는 움직이지 못한 채 서 있었다.

스콧 씨는 그 날따라 보이지 않았다. 나는 이 광경을 그냥 바라만 볼 수 없다는 생각으로, 책임지고 명령을 내려서 사태를 해결하고 싶었다.

'자멸이냐, 웨스트민스터 사원에 매장당하는 명예인가?'

번갯불처럼 스쳐가는 생각이었다. 실수하면 그야말로 파면과 치욕을 초래하며, 형사범으로 구속된다는 것을 알고 있었다. 그러나 한편으로 내가 사고 현장의 지휘를 맡음으로써 피로에 지쳐 있는 화물 열차 직원들을 좀더 빨리 쉬게 할 수 있다고 생각했다. 모든 일을 순조롭게 진행시킬 수 있다는 자신을 가지고 있었다.

그것은 내가 스콧 씨를 대신하여 가끔 열차 명령을 내린 경험이 있었기 때문이었다. 나는 이러한 때 내가 알고 있는 모든 방법을 실행에 옮기기로 했다. 전신 기계의 소리에 일일이 주의하며 스콧 씨 이름으로 명령을 내렸다. 각 열차가 천천히 역에서 역으로 움직였다. 모든 것에 주의를 기울이지 않으면 안 되었다. 결국 스콧 씨가 출근했을 때는 일체의 일은 원활히 마무리된 뒤였다. 스콧 씨는 열차 연착 사정을 듣고 있었다.

그는 나에게,

"자! 어떻게 되었나?"

라고 말하면서 천천히 내 곁으로 왔다. 그 물음에 나는 무언가 이야기하지 않으면 안 된다는 생각으로 그에게 조심조심 다가가서,

"스콧 씨, 당신이 보이지 않아 아침 일찍부터 당신의 명의로 명령을 했습니다."

라고 말하자 스콧 씨는 이렇게 물었다.

"다 잘 진행되고 있는가? 동부 급행은 어디에 있나?"

나는 전문을 보여주고 선로상의 각 열차의 위치, 즉 화물 객차 등을 설명하여 각 열차로부터 회신, 또 열차의 최후 통과 보고까지 보여주었다. 스콧 씨는 한참 동안 나의 얼굴을 쳐다보았으나 나는 스콧 씨의 얼굴을 쳐다볼 용기가 없었다. 지금까지의 일들을 낱낱이 보고하였는데도 어쩐 일인지 그는 아무 말이 없었다. 몇 분 후, 스콧 씨는 자신의 자리로 되돌아갔을 뿐 일은 그것으로 끝났다.

그는 내가 한 일을 시인하는 것을 두려워하고 있었지만, 그렇다고 굳이 꾸짖지도 않았다. 일이 사고 없이 잘 진행되었으면 그것으로 된 것이었고, 순조롭게 진행되지 않았으면 책임은 나에게 돌아오는 것이 당연한 것으로 생각되었다. 그 후 한동안을 나는 매일 아침 정각에 출근하였다. 물론 열차에 대한 이야기는 누구에게도 하지 않았다.

열차 직원 중에 그때 그 일을 스콧 씨가 명령한 것이 아니라고 알고 있는 사람은 한 명도 없었다. 나는 앞으로 이와 비슷한 사건이 일어나더라도 허가가 없는 한 절대로 그때처럼 일을 저지르지 않기로 결심하였다. 이 즈음 나는 내가 한 일에 대해서 고민하고 있었다. 그때 피츠버그의 화물과 주임으로 근무하던 프란시스 씨로부터 대단히 기쁜 이야기를 들을 수 있었다. 사고가 있었던 이튿날 밤에 스콧 씨가 그에게 한 말을 나에게 전해주었다.

"자네, 우리 사무실에 있는 스코틀랜드의 작은 은발 소년이 한 일을 알고 있는가?"

"아니오."

"그애가 만일 나의 허가를 기다리느라고 열차를 움직이지 않았더라면…… 내가 처하게 됐을 난감함이란……."

"그가 잘 해냈습니까?"

라고 프란시스가 물었다.

"물론, 잘 해냈지."

이 말을 듣고 나는 무척 흡족했다. 또 이것을 계기로 내 실력에 확신을 갖게 되었다. 스콧 씨도 그 후에는 이 일을 나에게 맡겨서, 그가 직접 열차 명령을 내리는 일이 거의 없었다.

그때 나의 눈에 뜨인 사람은 펜실베이니아 철도 총재 존 에드가 톰슨 씨였다. 나중에 우리들이 설립한 철강 제조공장은 이 사람의 이름을 따서 명명하였다. 내가 알고 있던 사람들 중 그랜트 장군을 제외하고는 톰슨 씨가 제일 무게 있고 과묵하며 신중한 사람이었다. 그러나 그랜트 장군은 친한 친구와 어울릴 때는 말도 많고 아주 재미있는 사람이었다.

에드가 총재는 정기적으로 피츠버그를 돌아볼 때에도 아무 말 없이 돌아다녔다.

나중에 나는 톰슨 씨의 이 성격이 아무도 흉내낼 수 없는 독특한 기질인 것을 알았다. 총재가 스콧 씨의 사무실에 왔던 날, 그가 전신 기계 옆에 있는 나에게 다가와 '스콧의 앤디'라고 부르며 인사를 건넬 때, 나는 깜짝 놀라지 않을 수 없었다. 나중에 들은 바에 의하면, 총재는 나의 열차 진행에 대한 비밀을 알고 있었다고 했다.

인생의 도전 중에 고급 역원과 친숙하게 지낼 수 있으면 승리의 절반을 차지한 것과 마찬가지이다. 젊은이들의 목표는 무엇인가를 성취하는 데 있다. 사람의 관심을 끌 수 있는 큰일을 해냈을 때 그 목표는 이룰 수 있다.

그 후 스콧 씨는 일주일 동안 여행을 떠날 생각으로 롬바드 씨에게 철도 관리를 나에게 일임할 수 있는 허가를 요청했다. 20세를 갓 넘은 청년에게 이 큰 임무를 맡긴다는 것은 지극히 대담한 일이었다. 그러나 허가가 나왔다. 아무리 원해도 맡기 어려운 인생의 좋은 기회는 드디어 오고 만 것이다.

스콧 씨의 부재중에 바라스 열차 승무원의 용서할 수 없는 태만한 행동으로 발생한 사고 외에는 만사 평온하였다. 그러나 승무원의 불찰로 발생한 이 일이 나에겐 고민이었다. 나는 직책상 내가 할 일을 충실히 수행하기로 결심하고 관계자를 심문하여 중죄를 범한 사람은 해임했고, 기타 재해에 관계 있는 두 사람은 휴직을 명하였다.

스콧 씨는 여행을 마치고 돌아와 사건을 자세히 조사한 뒤에 처리하겠다고 말했다.

나는 너무 심하게 처벌했다는 생각이 들었지만, 일단 종결된 사건을 들출 수는 없다고 보고하였다.

그들 중에는 스콧 씨에게 재심을 청구한 사람이 있었지만 나는 재심사에도 전혀 동의할 수 없다고 강력하게 맞섰다. 사건 상황과 나의 태도를 안 스콧 씨는 말보다는 표정으로 나의 감정을 양해하고 그 일을 종결지었다.

스콧 씨는 나의 처사가 너무 가혹하다고 걱정하는 듯싶었다. 수년 후 내가 관리국장에 취임하였을 때, 일시의 휴직을 당했던 당시의 사람들에게 항상 미안한 마음을 갖고 있었다. 이 미숙한 나의 행동에 대해 스스로 채찍질하지 않을 수 없었다.

새로 등용된 책임자는 자칫하면 몸이 굳어져 융통성을 잃는 수가 많다. 온화의 위력을 배우려면 경험하는 것밖에는 없다. 가혹한 처분은 필요한 때에 한해서 유효하다. 적어도 처음 잘못을 범한 자에 대해서는 아량으로 용서하는 것이 좋다.

6명이나 되는 우리 친구들은 지식과 수양을 쌓아올림으로써 현 세상에 관한 심각한 문제에 접촉하여 깊이 생각하고 고민하는 지식인이 되는 것은 어쩔 수 없는 추세였다. 우리들은 모두 선량하고 정직하며, 자존심이 강한 부모의 지도를 받고 자랐기 때문에, 각각 한 종파에 속한 신자였다. 우리는 피츠버그의 장로교회 목사 맥밀런 씨 부인의 감화로 인하여 그 교회의 사교장을 떠날 수밖에 없었던 적이 있었다.

1912년 7월 16일 스코틀랜드의 별장에서 내가 이 원고를 읽고 있을 때, 80세의 고령이 된 맥밀런 부인이 런던에서 부친 편지가 눈앞에 있었다. 편지의 내용은 따님 두 분이 런던에서 대학 교수와 결혼하여 한

분은 영국에 남아 있고, 또 한 분은 초빙을 받아 보스턴에 가 있는데, 두 분 다 명사라고 씌어 있었다. 이처럼 같은 국어를 사용하는 한 민족은 서로 통하는 것이다.

맥밀런 씨는 구학파에 속해 있는 선량하고 충실한 캘빈교도로서 타고난 청년 지도자였다. 우리들은 그 부인이 주최하는 단란하고 즐거운 가정의 집회를 유쾌하게 여겼다. 그래서 우리들은 자연스럽게 부인의 교회에 출석하는 날이 많았다.

내 친구 밀러가 들었던 제일 강경한 예정설의 설교는 우리들에게 신학상의 문제를 토의케 하는 동기가 되었다. 밀러는 교리를 그다지 열심히 공부하지 않았으나 예정설은 믿었다. 거기엔 영아 신벌설(아기로 태어날 때 이미 운명이 결정되어 있다는 설)이 포함되어 있으나, 어떤 사람은 태어나면서부터 영광을 얻도록 예정되었고, 또 어떤 사람은 반대의 운명에 떨어진다는 것으로, 괴상한 학설이라고 생각했다. 내가 밀러에 대한 이야기를 듣고 놀랐던 것은, 밀러가 맥밀런 씨에게 예정설에 대한 반발을 하면서 덧붙였던 그의 언사 때문이었다.

'맥밀런 선생, 선생의 생각이 옳다면 선생의 신은 악마군요.'

이렇게 말하고 밀러는 뛰쳐나갔다. 목사님은 이 이야기에 놀라 눈이 동그래졌다. 그 후 밀러는 사라지고, 이것이 원인이 되어 당분간은 매주 토요일 오후에 간담회를 갖기로 했다.

예정설이 진리인지 그렇지 않은지 밀러의 결말을 궁금해하면서, 우리들은 맥밀런 부인의 손님으로 초대받지 못하게 될까 염려했다. 목사가 없어지는 것은 참을 수 있었지만, 부인의 유쾌한 사교장에서 쫓겨난다는 것을 우리는 좋아할 수 없었다. 이런 종류의 문제에 대해서 카라

어루가 그전에 고민한 것이 우리들을 움직여, 지금 그의 결심에 따라가지 않으면 안 될 시기가 온 것 같았다.

"믿기 어려우면 단연코 배척하는 것이 옳다."

우리에게 자유를 주는 것은 오로지 진리뿐이다. 참된 진리만이 우리가 구해야 하는 것이다. 물론 일단 문제가 된 이상 그 문제에 대한 고민을 그칠 수는 없다. 구석 교리는 한쪽에서부터 토론해서 옛날의 잘못된 생각을 하나하나 평가해서 결정하였다. 누가 주로 발표했는지 잊어버렸지만, 제2의 격언이 논제가 되었다. 이것은 우리가 몇 번이고 강력히 주장한 것으로,

'용서하는 신은 인간의 제일 고상한 제작품이다.'

라는 것이다. 우리들은 증명이 끝난 진리로서, 사람은 문명의 진보에 따라 그 시대에 알맞은 신을 창조한다는 것, 또 인류가 발전하여 개선되면 사실을 알지 못하는 사람은 그 생각이 개선되어야 함을 인정하였다. 그 후 나는 신학에 별로 열중하지 않았다. 다행히도 우리들은 맥밀런 부인의 사교장에서 쫓겨나지는 않았고, 오히려 밀러의 주장을 단호히 저지하여 맥밀런 부인과 절교해야 하느냐의 문제에 봉착하였다. 우리들은 차라리 더 나쁜 결과가 초래되더라도 주장을 바꾸지 않기로 결심했다.

우리들은 종교 그 자체에 대해서는 진실로 경건하였으나, 신학이나 교리에 대해서는 어리석은 경향이 있었다.

존 휩프스가 말에서 떨어져 죽은 것은 우리들의 최대의 손실이었다. 우리들은 매우 비통해했었지만, 언제까지 슬픔에 잠겨 있을 수만은 없어서, 마음속으로 조용하게 존을 위로했다.

"존은 자기의 고향 영국에 되돌아간 것뿐이다. 우리들은 바로 그의 뒤를 쫓는다. 그래서 같이 언제까지나 함께 사는 것이다."
라는 생각으로 꽉 차 있었다. 이런 생각은 항상 우리들 마음속에 자리하고 있던 친구간의 우애였다.

'번민하는 속에서 이와 같이 마음을 가라앉힐 수 있는 여유를 가질 수 있는 사람은 참으로 행복하다.'

'우리들은 모두 플라톤의 충고를 받아들여 영생의 희망을 포기해서는 안 된다.'

'희망은 고상하고 그 보람이 컸을 때 언제나 마력과 같이 우리들을 이끈다.'

이 말에 동감한다. 진정 사랑하는 친구들과 함께 현세에서 끝까지 즐기는 행운에 비교해 보면, 내세에서 그들과 한없이 같이 사는 것은 별로 이상한 일은 아닐 것이다. 현세와 내세에는 한정된 사람의 지혜로써 해석할 수 없는 깊은 뜻이 있다. 그러므로 우리는 플라톤에 따라 내세의 영원성에 희망을 가지고 자기 자신을 위로하면서 현세의 의무는 누구에게나 있다는 것을, 천국은 우리 마음속에 있다는 것을 절대로 잊어서는 안 된다.

그 후부터 우리들 사이에 하나의 격언이 되었던 것은 미래는 자신이 희망을 갖고 있느냐의 여하에 달려 있는 것이기 때문에, 미래가 없다고 단정하는 사람은 어리석은 사람으로 생각했다. 우리들의 표어는 '우리 집은 천국'이었다.

내가 이상과 같이 이야기할 때는 우리 집 형편이 조금씩 향상되고 있을 때였다. 내 월급은 35달러에서 스콧 씨의 호의로 나의 의사와는 무관하게 40달러로 증액되어 있었다. 매월 직원의 급료를 지급하는 것이 나의 직무 중 일부였다.

월급은 은행 수표로 지불하게 되어 있었으나, 나는 반드시 20달러짜리 금화 두 개로 받았다. 이 금화는 나에게 세계 최고의 미술품처럼 보였다. 형편이 좀 나아지자, 가족 회의의 결정에 의하여 대지와 가옥 두 채를 사들이기로 하였다. 한 채에는 우리 가족이 살고, 다른 또 한 채에는 호간 숙부 부부가 살다가 얼마 안 되어 다른 곳으로 이사하였다.

우리들이 직물 공장의 2층에 살 수 있었던 것은 친절한 숙모 에이트겐의 도움을 받은 것이어서, 이제는 숙모님에게 옛 집으로 돌아오시라고 이야기할 수 있게 되었다. 이와 같이 방이 네 개 있는 집은 호간 숙부가 세상을 떠나자, 우리들이 일주나에 이사한 후 숙모 에이트겐에게 되돌려 줄 수 있었다.

매입금 중에서 100달러는 현금으로 지불하였으나 전액은 700달러로 기억하고 있다. 이때부터 빚을 정리하는 데 많은 노력이 필요했다. 이자는 수개월씩 모아서 정리했고, 원금은 일시불로 정리해 나갔다.

나는 얼마 되지 않아서 부채를 모두 정리할 수 있었으며, 이제 비로소 부동산의 소유자가 될 수 있었다. 그러나 빚 정리가 아직 완전히 끝나기도 전에 가정에 큰 우환이 생겼다.

1855년 10월 2일, 존경했던 아버지가 별세하였다. 다행히 남은 세 사람은 각기 자신의 일에 쫓기고 있었다. 슬픔과 일에 대한 책임감이 공존하였으나 나는 일하지 않을 수 없었다. 아버지의 장례비를 벌지 않으면 안 되었다. 나에게는 경제적 여유가 없었기 때문이었다.

우리들이 미국 생활을 시작하던 때에 하나의 미담이 있다. 스위덴볼그 협회의 주무 회원인 데이빗 마가렛은 우리 부모님과는 별로 친밀하지 않았다. 일요일날 교회에서 마주치면 눈인사만 나누는 사이였다. 그러나 숙모 에이트겐과는 친숙한 사이로 우리 어머니께서 금전상의 협력을 요청하신다면 기꺼이 도와주겠다고 알려 왔다. 그녀는 내 어머니 이야기를 어디에서 들은 모양이었다.

사람은 남의 도움을 받을 때보다는 그 도움을 받을 필요가 없을 때, 또는 남의 호의에 보답할 수 있게 되었을 때가 오히려 더욱 순수한 마음으로 그 은혜에 보답하고 싶어한다. 남편을 잃게 된 가련한 우리 어머니는 세상에 아직 익숙하지 못한 장남과 갓 열 살 넘은 차남뿐이어서, 데이빗 마가렛 씨는 우리 어머니에게 용의주도하게 이 불행을 극복할 수 있는 방법을 제시해 온 것이다. 그러나 어머니는 모처럼의 이 호의를 거절하고 말았다.

그러나 말할 나위도 없이 데이빗 마가렛 씨는 우리들의 가슴속에 영원히 지워지지 않을 깊은 인상을 남겼다. 나는 경제적인 어려움으로 도움을 필요로 하는 상황에 놓여 있는 사람은 반드시 도움을 받게 된다는 것을 굳게 믿고 있다.

세상에는 훌륭한 사람이 많다. 그들은 가치가 돋보이는 사람들에게 도움을 주는 것에 만족할 뿐 아니라, 그 사람에게 영향을 주길 원한다. 원칙적으로 타인에게 의지하지 않으면서 도움이 되고자 하는 사람은 타인의 도움을 꺼릴 필요가 없다.

아버지가 별세한 이후, 나에게는 경제적 책임이 맡겨졌다. 어머니는 계속해서 구두 수선에 종사하셨고, 톰은 변함없이 학교에 다녔다. 스콧 씨와 나는 철도회사에 근무하고 있었다.

그 즈음 마침내 우리 집에 행운이 찾아들었다. 스콧 씨는 나에게 500달러가 있다면 투자하도록 권하였다. 그러나 나의 자본은 겨우 500센트 정도로서 50달러의 투자도 할 수 없는 형편이었다. 그러나 나는 나의 지도자와 재정 관계를 맺는 좋은 기회를 잃고 싶지는 않았다. 나는 구해 보겠다고 대답했다. 스콧 씨는 윌킨스 바크의 역장 레널드 씨의 소유로 팔려고 내놓은 주식을 10주 정도 살 수 있다고 하였다.

나는 그날 밤 우리 집의 가장이신 어머니에게 이야기를 하였다. 어머니는 오래 생각하지 않으시고 그 정도면 좋은 방법이 있다고 말씀하셨다. 어머니가 생각한 방법은 실패한 예가 없었다. 마침 집세 5백 달러 지불이 끝났기 때문에, 어머니는 이 집을 담보로 돈을 빌릴 수 있다고 말씀하셨다.

이튿날 아침 어머니는 배를 타고 이스트리버풀에 가셨다. 밤중에 도착하신 어머니는 외삼촌에게 부탁하여 돈을 마련하셨다. 외삼촌은 그때까지만 해도 작은 도시 이스트리버풀에서 치안 판사직에 있었기 때문에 농가의 투자용 자금을 많이 맡고 있었다.

그래서 어머니는 집을 담보로 5백 달러를 빌렸다. 스콧 씨는 그토록 기다리던 주식 10주를 내 손에 쥐어주었다. 그러다 예상치 않은 할당금 100달러를 지불할 일이 생겼으나, 스콧 씨는 친절하게도 언제든지 형편되는 대로 지불하라고 했다. 이것이 나의 최초의 투자였다.

그때는 세월이 좋아서 배당금은 지금보다는 고액으로 매달 배당을 해 주었다. 어느 날 아침 흰 봉투가 내 책상 위에 놓여 있었다. 그 봉투에는 '앤드류 카네기 에스콰이아'라고 씌어 있었다. 에스콰이아라는 신사의 명함을 받은 것은 처음이었기 때문에 소년들과 나는 재미난 듯이 웃어댔다.

　봉투의 한구석에는 아담 익스프레스 회사의 원형 도장이 찍혀 있었다. 속에는 뉴욕 골드 엑스스크지 은행의 10달러 수표가 한 장이 들어 있을 뿐, 그외에는 아무것도 없었다. 그 수표와 존 콕크의 필적으로 씌어진 '회계 제시! 바부 콕크의 문자는 매우 인상적이었다. 자본에 의해서만 생긴 수입, 즉 땀흘리지 않고 얻은 수입으로는 이것이 처음이었다. 나는 나도 모르게 소리쳤다.

　"이건 얼마나 기쁜 일인가! 황금 알을 낳는 닭이 여기 있다."

　일요일 오후에는 뒷산에서 노는 것이 우리들의 일과였다. 나는 처음 받은 수표를 감추어 두었다가 뒷산의 나무 밑에 앉아서 처음으로 내보였다. 친구들은 모두 입을 벌리며 놀란 표정이었다.

　어느 누구도 내가 그 많은 돈을 투자할 수 있다고는 꿈에도 생각지 못했다. 그 후 우리는 서로 부지런히 저축하여 공동 투자할 기회를 엿보았다. 그래서 수년 후에는 영세한 자본을 출자하여 모두 협력하는 공동사업을 경영했다.

　그때만 해도 사교 범위가 아직 넓지 못해서 화물계 프란시스 부인과 친하여, 가끔 피츠버그의 자택으로 초대되어 놀러간 정도였다. 부인은 내가 스콧 씨에게 전보를 배달하기 위해 처음으로 현관 벨을 눌렀을 때의 이야기를 가끔 들려주었다.

　부인은 그때마다 나를 방으로 안내하였으나, 내가 부끄러워서 이를 거절하자 여러 방법으로 나의 부담을 덜어주었다. 부인은 나를 만찬에 초대했으나 도저히 응할 수가 없었다.

· 앤드류 카네기

나는 늙어서도 남의 집을 방문하는 것을 부끄럽게 생각했다. 스콧 씨는 가끔 자신의 집에서 함께 식사하자고 했다. 물론 내게는 중요한 기회였다. 지금까지 가장 인상적으로 남아 있는 것은 프란시스 씨의 집을 처음으로 방문하던 때였다. 그때 나에게는 시가지에 현관만 있으면 가장 훌륭한 저택으로 보였다.

내가 태어나서 처음으로 남의 집에 머물렀던 것은 펜실베이니아 철도회사의 고문 그린스버그의 스토크 씨가 일요일날 시골의 웅장한 저택에 초대했을 때였다. 나는 스토크 씨처럼 훌륭한 학자의 대화 상대가 될 수 있다고 생각한 적은 없었기 때문에, 왜 나를 초대했는지 이상하게 생각되었다. 그러나 그가 나를 초대했던 이유는 내가 〈피츠버그 저널〉지에 투고를 했기 때문이었다.

나는 20세 미만에, 신문 잡지에 투고를 하여 신문 기자가 되기를 갈망했다. 〈호레스레〉와 〈도리비윤〉은 인생의 성공을 그린 작품으로써 나의 이상이었다. 내가 〈도리비윤〉을 매수하려고 마음먹었으면 쉽게 될 수 있는 시기가 있었으나, 그때는 이미 그 빛을 잃고 있었다. 우리들의 꿈은 나이를 먹은 후에야 이룰 수 있지만, 그때가 되면 왕년의 매력을 잃고 마는 것이다.

나의 투고는 펜실베이니아 철도회사에 대한 시 당국의 태도를 비평한 것이었다. 익명으로 투고했으나, 편집 주간이었던 바드 앤리틀 씨가 〈저널〉지에 이것을 게재했다.

나는 당시 스토크 씨가 스콧 씨에게 한 통의 전보를 보낸 것을 알고 있었다. 스콧 씨에게 〈저널〉지에 투고한 사람이 누군지를 알아봐 달라는 부탁이었다.

그러나 스콧 씨는 투고자를 모르기 때문에 회답이 불가능할 것으로 믿고 있었으나, 만일 스콧 씨가 리틀 씨에게 원고를 보여준다면 투고자가 누구인지를 알아차릴 것 같아서 몹시 걱정했다. 그리하여 스스로 내가 그 필자임을 밝혔다.

그는 그날 아침 〈저널〉지를 읽고 누가 썼는지 알 수 있었다고 하였다. 그의 사려 깊은 눈초리는 나를 한순간도 놓치지 않았다. 그 무렵부터 펜은 차차 나의 무기가 되기 시작했다.

스토크 씨는 그로부터 얼마 지나지 않은 일요일 나를 초대했다. 이 방문은 일평생 동안 찬란하게 빛나는 위대한 행운의 날이었다. 그 이후 우리는 친숙해졌다. 집 주위가 잘 정리된 스토크 씨의 저택은 나를 감동시켰다. 그 중에서도 특히 내 관심을 끈 것은 도서실에 있는 대리석으로 된 난로였다. 활궁형 중앙에는 책이 한 권 펼쳐져 있었고, 그 대리석에는 좌우명이 새겨져 있었다.

'담론하지 못하는 자는 멍청한 사람이다. 노력하지 않는 자는 미친 사람이며, 행하지 않는 자는 노예이다.'

이 숭고한 문구는 나의 피를 끓게 하였고 결심을 굳히게 했다.

'머지않아 나도 도서관을 만들 것이다. 전도의 희망, 그리고 이 문구를 난로 장식에 새겨둘 것이다.'

나는 스키보에서 이 결심을 실현시켰다. 수년 후 나는 다시 스토크 씨 댁에서 하루를 보냈다. 그때 나는 펜실베이니아 철도 피츠버그 관리국장직에 있었다. 남부의 여러 주(州)는 북부에서 이탈하였으며, 나는 국위 옹호에 열정적으로 봉사하고 있었다. 그러나 스토크 씨는 명사(名士)로서 연방을 유지하기 위해서라면 폭력에 호소할 권리가 있음을 주장했다. 그가 나의 감정을 뒤흔드는 말을 했기 때문에 나는 도저히 참을 수 없어서 버럭 소리를 지르고 말았다.

"스토크 씨, 우리들은 6주일 이내에 당신과 같은 사람들을 교살 될 것으로 생각합니다."

이 글을 쓰는 순간에도 스토크 씨가 옆방에 있는 부인을 부르며 크게 웃는 소리가 들리는 것 같다. 그는 부인을 향하여 말했다.

"어이! 낸시! 낸시! 이 풋내기 젊은 청년의 말을 한번 들어봐. 지금 이 청년이 6주일 이내에 우리와 같은 사람들은 교살될 것이라고 말하고 있잖아!"

그 후 얼마 지나지 않아서 스토크 씨가 워싱턴에서 자기를 지원병 담당관에 임명되도록 노력해 줄 것을 요청해 왔다. 그때 나는 육군성에서 정부를 위하여 군용 철도와 전신에 관한 관리를 맡고 있었다. 그는 그 임관에 성공하여 그때부터 스토크 담당관이 되어서 연방 기지 문제로 전쟁에 임하는 북부의 주장에 반대하던 사람이 자진하여 정의를 위해서 칼을 뽑게 되었던 것이다.

미국 사람들은 처음에는 헌법상의 권리에 대하여 논의했으나, 국기에 공세를 취하게 되어 형세가 일변했다.

소위 '종이 헌법'은 화염에 유린되었다. 연방과 국기, 이것이 전 국민이 염려하는 것으로서 연방과 국기만 갖추어지면 충분하다고 생각하고 있었다.

헌법은 원래 한개의 국기를 옹호하는 것을 목적으로 한 것으로, 엔가솔 장군이 설명한 것처럼 미국 대륙에는 결코 두 개의 국기가 나부낄 수 없었다.

7

펜실베이니아 철도의 관리

5. 전신국

6. 철도 사업

7. 펜실베이니아 철도의 관리

8. 남북전쟁 시대

9. 교량 건설

스콧 씨는 1856년에 롬바드 씨의 후임으로 펜실베이니아 철도 관리총장에 임명되었다. 스콧 씨는 그때 23세가 된 나를 피츠버그에서 아르튜나로 데리고 갔다.

나는 피츠버그의 사교장을 떠나는 것이 무척 괴롭고 슬펐다. 그러나 내가 맡고 있었던 업무는 잠시도 중단할 수 없는 일이었기 때문에 눈물을 머금고 떠날 수밖에 없었다. 어머님께서도 괴로워하셨지만 어쩔 수 없었다. 뿐만 아니라 스콧 씨 같은 좋은 친구이자 훌륭한 지도자를 따르는 것은 당연히 내가 택해야만 될 길이었다.

스콧 씨가 관리총장에 취임한 것을 질투하는 사람도 있었다. 게다가 스콧 씨가 취임하자마자 노동자들의 파업이 일어났기 때문에 당황해하는 눈치들이었다. 이곳에 오기 전까지 함께 지냈던 사랑하는 아내의 죽음으로 새로운 거주지인 아르튜나에서 보내야 하는 스콧 씨는 전혀 아는 사람도 없이 몹시 쓸쓸한 나날을 보내야만 했다.

나는 몇 주일 동안 스콧 씨와 함께 철도 여관에서 머물고 있었는데, 그는 그 동안에 집을 마련하여 아이들을 피츠버그에서 데리고 왔다. 나는 스콧 씨의 요청대로 넓은 침실에서 함께 지내게 되었다. 그는 나를 언제까지나 자기 곁에 두고 싶어했다.

파업은 날이 갈수록 더욱더 험악해졌다. 어느 날 밤, 나는 화물 열차 종업원들이 미프린에서 열차를 버려둔 채 떠나버렸다는 보고를 받았다. 선로는 폐쇄되고 일체의 교통이 마비되었다는 보고였는데, 그때 스콧 씨는 깊은 잠에 빠져 있었다. 지나친 노동과 걱정, 그리고 근심에 싸여 있는 그분을 깨우는 것이 마음에 걸렸으나 일이 다급하여,

"제가 가서 일을 처리할까요?"

하고 물어보았다. 스콧 씨는 채 잠에서 깨어나지도 못하고 건성으로 승낙한다고 했다. 나는 곧 사무실로 나가 스콧 씨의 대리인 자격으로 노동자 대표자들과 논의했다. 그 결과, 이튿날 아르튜나에 가서 사정을 조사하겠다고 약속하여 그들을 다시 일자리로 돌아가게 하는 데에 성공했다.

열차 직원들은 불만을 포기하기 시작했지만, 공장의 근로자들이 파업에 돌입한다는 정보를 들었다. 이 정보로 나는 기묘한 인연을 맺을 수 있었다. 어느 날 밤 나는 어두운 길을 혼자 걸으며 집으로 돌아가고 있었는데, 한 남자가 나를 미행했다. 그러다가 그 남자는 내게 다가와서 가만히 속삭였다.

"내가 당신과 함께 서 있는 것을 다른 사람이 보아서는 안 되지만, 당신의 은혜를 입었기 때문에 언제든지 기회만 있으면 꼭 그 은혜에 보답하려고 결심하고 있었습니다. 나는 예전에 피츠버그 사무실에 찾아가 대장간 일을 시켜달라고 부탁한 일이 있었죠. 그 때 당신은 피츠버그에는 그런 일은 없지만, 아르튜나엔 일이 있을 테니까 잠시만 기다려 준

다면 전보로 문의해 주겠다고 말씀하셨었죠. 당신은 시간이 요하는 일인데도 귀찮은 내색 없이 내 이력을 조사하고는 이리로 보내주셨죠. 제 아내도 어린애도 지금 여기에서 같이 살고 있습니다. 이제까지 이렇듯 여유 있는 생활을 해 본 일은 한 번도 없습니다. 그래서 이번에는 당신의 은혜를 갚기 위해서 그 얘기를 당신께 들려드리는 것이죠."

나는 그의 말에 귀를 기울였다.

"근로자들은 다음 월요일을 기하여 파업을 단행하려고 전단을 돌리며 계속 서명을 받고 있습니다."

때를 놓쳐서는 안 된다고 생각한 나는, 다음날 아침 일찍 스콧 씨에게 그 사실을 전했다. 그는 즉시,

'파업 전단에 서명한 사람은 전부 파면시킨다. 임금은 사무실에 오면 즉시 지불하겠다.'

라는 벽보를 공고했다. 그리고 얼마 후에 파업에 동조하여 서명한 명부가 우리 손에 들어오게 되어 이 명부까지도 공표했다. 공장은 공포 분위기가 감돌았으나 파업은 일이 터지기 직전에 막을 수가 있었다.

친절에 대한 보답

나는 앞에서 말한 대장장이와 같은 사람을 자주 만났다. 아랫사람에게 베푼 사소한 호의나 친절한 한 마디 말이 생각지도 않은 커다란 보답으로 되돌아오는 일이 종종 있다. 친절을 베푸는 행위는 절대로 헛되지 않는 법이다. 오늘날에도 나는 때때로 내가 잊고 있는, 언젠가 돌봐주었던 사람들을 만난다.

특히 남북전쟁 시절에 워싱턴에서 정부의 철도 전신을 관리하고 있

었을 때, 전쟁터에서 부상당한 병사의 부친에게 통화할 수 있도록 알선해 주거나, 유해를 받아갈 수 있게 주선해 주었다. 때문에 훗날 이 일들을 잊지 않고 기억하고 있는 사람들로부터 뜻하지 않은 치하의 말을 들었다. 나는 이처럼 아주 작은 일로 기쁜 일을 경험하는 경우를 회상하면서 감사하는 마음으로 베풀었다.

뜻하지 않은 기쁨에는 사사로운 마음이 깃들여 있지 않으며, 그에 대한 보답은 물질로써 얼마든지 보답할 수 있는 억만 장자가 베푸는 것보다도 몇 배나 더 가치가 있다. 워즈워드는 그의 시에 인생의 참모습을 그대로 담고 있다.

착한 사람의 생애에서 가장 좋은 부분은
하찮은 이름도 기억할 수 있는 친절과
인자한 사람의 행위이노라.

아르튜나에서 스콧 씨와 함께 지냈던 2년 동안에 일어난 최대의 사건은, 우리 철도회사를 상대로 제기한 소송에 내가 주요 증인으로 법정에 출두한 일이었다. 그때 재판을 담당했던 판사는 스토크 대령이었는데, 뛰어난 재능을 가졌다는 소문이 자자했다.

침대차에 투자하다

원고가 나를 소환해 달라고 청했으므로, 대령은 사건을 연기하기 위해 스콧 씨에게 빨리 나를 주 밖으로 내보내도록 권고했다. 이 사건은 오하이오의 크레스트린 철도회사에 근무하고 있는 내 친구 밀러와 윌슨을 오랜만에 만날 수 있게 해주었다.

나는 크레스트린으로 가는 기차의 맨끝에 앉아 선로를 바라보고 있었는데, 농부인 듯한 한 남자가 다가왔다. 그 남자는 작고 푸른색 가방을 들고 있었다. 그는 제동수로부터 내가 펜실베이니아 철도회사의 사원이라는 말을 들었다면서 자기를 소개했다. 그리고 야간 열차로 쓰기 위해 자기가 발명한 침대차의 모형을 보여주었다.

이 사람이 바로 침대차의 발명자 티이 위드라프였다. 나는 이 문제를 매우 중요하게 생각했기 때문에, 위드라프에게 아르튜나에 와달라고 요청하게 될지도 모른다고 했다. 어쨌든 나는 회사로 돌아가는 대로 스콧 씨와 상의해 보겠다고 약속했다.

나는 그 침대차에 대한 일이 몹시 마음에 걸려 초조해지기 시작했다. 그래서 어떻게 해서든 내 의견이 받아들여지게 해야겠다고 생각하여 아르튜나로 돌아가고 싶은 마음이 간절했다.

마침내 아르튜나에 도착하여 스콧 씨에게 침대차에 관한 이야기를 하자, 그는 내가 대단한 기회를 잡았다고 칭찬해 주었다. 스콧 씨는 침대차를 제작하는 일에는 대찬성이었으므로 그 특허권을 갖고 있는 사람에게 즉시 전보를 치도록 명령했다.

위드라프 씨는 즉시 왔다. 그리고 제작되는 대로 침대차를 선로에 올려놓기로 계약을 맺었다. 계약서에 서명이 끝나자 그는 나에게 새로운 사업의 공동 경영을 요구하면서 8분의 1의 권리를 주겠다는 제의를 하는 바람에 나는 정말 놀랄 수밖에 없었다.

나는 즉시 그 제의에 응했다. 두 침대차의 대금은 차를 인도해 준 후 할부로 지불하겠다고 약속이 되었다. 제1회 불입금 중에서 나에게 할

당된 금액은 217달러 50센트였다. 나는 이 돈의 조달을 은행가인 로이드 씨에게 상의하기로 결심하고, 그에게 사업의 내용을 설명해 주고는 돈을 빌릴 수 있는가를 상의했다. 그러자 키가 6피트 34인치나 되는 로이드 씨가 그 커다란 팔을 벌려 나를 껴안고는,

"아, 물론 즐거운 마음으로 빌려주겠네. 조금도 염려할 것 없네. 앤드류."

하던 말을 나는 지금도 기억하고 있다.

그래서 나는 제11회 증서를 써서 은행가에게 건네주었다. 이 순간은 청년의 진로로서는 더할 수 없이 자랑스러운 순간이었다. 침대차의 운행은 대성공이었다. 매달 거기에서 나오는 수익금은 월부로 불입하는 금액과 맞먹었다. 내가 최초로 돈벌이를 하여 엄청난 금액을 벌게 된 것은 바로 이 사업에서였다(1909년 7월 19일, 결혼한 로이드 씨의 딸이 나에 대한 그의 아버지의 애정이 무척이나 깊었었다는 내용의 편지를 보내왔을 때 나는 기쁘기 한량없었다).

가정과 고용인

어머니와 동생이 도착한 후 아르튜나의 생활에는 하나의 중요한 변화가 생겼다. 그것은 오손도손 가족끼리만 지내던 우리 가정에 고용인을 한 사람 채용해야 되겠다는 필요성을 느낀 일이었다. 가정에 다른 사람을 둔다는 것은 어머니께서 퍽 싫어하시는 일이었으나 결국은 승낙하시고 말았다.

이제까지 어머니는 우리들을 위해서 모든 역할을 맡아 왔고, 또 모든 일을 손수 하셨는데, 이것은 어머니의 생명과 마찬가지였다. 가족 이외

의 다른 사람에게 집안일을 일임하게 된다는 것은 여성만이 갖고 있는 특유한 감정 때문인지, 그것은 어머니께서 꺼리시는 일이었다.

어머니는 우리를 위해서 식사를 준비하셨고, 모든 일을 돌봐주셨다. 빨래나 바느질에서부터 침실을 정돈하고 잠자리를 보살펴 주시는 일, 그리고 또 집안 청소까지도 전부 혼자서 하셨다. 이러한 특권을, 즉 어머니의 삶의 보람이 되는 일을 아무도 뺏을 수는 없었다. 그러나 도리 없이 가정부를 한 사람 둘 수밖에 없는 처지가 된 것이다. 그러나 이 일 때문에 우리 가정의 순수하고 진실했던 행복은 거의 무너지고 말았다.

남의 손길을 어머니의 따뜻한 보살핌과 비교하면 그것은 참으로 시시한 일이었다. 좀처럼 얼굴도 볼 수 없는, 아무런 친밀감도 느낄 수 없는 요리사가 만든 거창한 요리를, 돈으로 산 고용인의 시중을 받아 가면서 식사를 한다는 것은 아무래도 정겹지가 않았다. 이것은 헌신적이며 무조건적인 어머니가 손수 만드신 식사에 비교하면 너무나도 맛없는 것일 수밖에 없었다.

내가 받은 많은 혜택과 행복 중에서 특별히 감사해야 할 일은, 어렸을 때 유모나 가정교사에 의해 자라나지 않았다는 사실이다. 가난한 집에서 자란 어린이가 가족 관계에 있어 더할 나위 없는 인정미를 갖고 있으며, 가정에 대한 애착심도 강하게 나타난다. 이들은 세상에서 행복한 사람이며, 다른 사람들보다도 몇 배나 더 강한 효도심을 갖는 것은 결코 놀랄 일이 아니다.

그들 가난한 집안의 어린이들은 감수성이 강한 어린 시절을 부모님의 끊임없는 사랑 속에서 지내며, 그 부모는 아이들에게 있어서 절대적이며 그 누구도 끼어드는 것을 용서치 않는다. 아버지는 교사이자 친구이고 상담자이며, 어머니는 유모나 가정교사·학교 선생·친구의 역할을 한다. 이런 가정에서 자라난 어린이는 부유한 집안에서 자란 어린이들이 도저히 상상조차 할 수 없는 한 집안의 전통을 이어받게 된다.

자식에 대한 사랑으로 가득 찬 어머니에게는 자식의 성장한 모습이 제대로 보이지 않겠지만, 때가 오면 성인이 된 아들이 어머니를 껴안고,

"무엇이든 어머님께 도움이 될 수 있는 일을 하겠습니다."

하는 아름다운 순간이 올 것이다.

어머니도 사회에 진출하여 사람들과 교제하게 되면 지금까지 해오던 일을 조금쯤은 바꾸어 보고 싶다고 생각하게 되는 때가 있다. 젊은 아들들에게 생활의 형식도 얼마쯤은 변경할 필요가 있다는 것과, 집에 친구들이 찾아왔을 때 불편하지 않게 구조를 바꾸거나 설비를 갖출 필요가 있다고 느낄 것이다.

특히 가정부보다 애쓰면서 일해 오신 어머니도 이제부터는 편안한 생활을 누리며, 지금까지보다 더 많은 사람을 찾아다니며, 친한 사람들을 집으로 초대하는 생활을 누려야 할 것이라고 생각한다.

물론 생활방식을 바꾸는 것이 어머니에게는 퍽 괴로운 일이었지만, 그렇게 해야만 하는 필요성을 인정하셨다. 이때 처음으로 장남이 출세길에 접어들었다는 것을 알고 계셨기 때문이었을 것이다. 나는 어머니의 손을 잡으며 나의 소원을 말했다.

"어머님, 어머님께서는 저와 톰을 위해서 무엇이든 다 해주셨으며, 우리들이 해야 할 일을 전부 도맡아 주셨습니다. 그런 어머님께 이번에는 우리들이 무엇인가 해드릴 수 있는 기회를 주십시오. 이제는 서로 힘을 합해서 함께 생활해 나가야 되지 않겠어요? 어머님께서나 저희들

이나 최선의 방법을 선택해서 지내야 합니다. 어머님은 귀부인으로 대접을 받으실 때가 온 것입니다. 머지않아 어머님께서도 자가용 마차를 타실 수 있게 되었습니다. 그러니까 지금은 가정부에게 집안일을 맡기세요. 저희 모두는 그렇게 해주시기를 바라고 있습니다."

나의 간곡한 설득으로 마침내 어머니의 마음을 움직일 수 있었다. 어머니는 차츰 우리들과 함께 외출도 하시고 이웃집을 방문하기도 했다. 어머니는 일부러 위엄을 부리기 위해 새삼스럽게 행동을 꾸미거나 예의범절을 배우지 않아도 되었다.

어머니께서는 천성적으로 기품이 있었기 때문에 상식·교양·온화함에 있어서도 따를 사람이 드물었다. 나는 드물다는 말 대신, 절대로 없다고 하고 싶었지만 '드물다'로 고쳐 썼다. 그러나 나의 개인적인 생각으로는 '절대로 없다'는 말을 쓰고 싶다.

나는 스콧 씨의 조카딸 리베카 스튜어트 양 덕분으로 아르튜나에서의 생활은 더욱 유쾌했다. 리베카 양은 내게 더없이 좋은 누나였으며, 스콧 씨가 필라델피아나 그 외의 지방으로 출장을 가고 없을 때는 내게 더욱 잘해 주었다.

우리는 좋은 친구였고 가끔 함께 숲속으로 산책을 하곤 했다. 우리들은 몇 년간 매우 친하게 지냈다. 1906년에 그녀의 편지를 받고는 내가 그녀로부터 받은 영향이 무척 컸음을 새삼 느꼈다. 리베카 양은 나보다 나이가 그다지 많은 편은 아니었지만 굉장한 연장자로 생각되었다. 리베카 양은 분명히 나보다도 훨씬 성숙해서 누나로서의 역할을 하는 데 충분했다.

그 무렵에 나는 리베카 양을 성숙한 귀부인으로서 숭배하고 있었다.

그러나 말년에 안타깝게도 그녀와 나는 전혀 인연이 먼 길을 걷게 되었다. 그 후 리베카는 출가하여 어머니가 되었고, 그녀의 딸은 어느 후작과 결혼하여 딸과 함께 그 만년의 대부분을 해외에서 보냈다.

1909년 7월 19일, 우리 부부는 리베카 양이 4월 말 그녀의 남편과 사별한 후 여동생과 딸과 함께 파리에서 살고 있다는 것을 알았다. 세 분은 퍽 건강하였고 또 몹시 행복해 보였다. 이 일은 내게 더할 수 없는 기쁨을 안겨주었다. 진실한 친구보다도 더 귀한 사람은 아마도 이 세상에 없을 것이다.

승진

스콧 씨는 약 3년간 아르튜나에서 재직 중 그 인물됨이 인정되어 승진 발령을 받았다. 1859년에 스콧 씨는 부사장으로 승진, 필라델피아에 부임하였다. 그래서 나는 내 거취에 문제가 생기게 되었다. 그분을 따라 필라델피아로 갈 것인가, 아니면 새로 부임해 올 총장 밑에서 일하며 그대로 아르튜나에 머물러 있을 것인가 하는 문제 때문에 한시도 마음을 놓을 수가 없었다.

스콧 씨와 헤어진다는 것은 생각만 해도 괴롭고 가슴 아픈 일이었으며, 그분의 후임으로 오는 총장을 모시고 일한다는 것 자체로도 도저히 견딜 수 없는 고통스러운 일이었다. 이때는 마치 태양이 스콧 씨의 머리 위에 올라왔다가 다시 서편으로 지는 듯이 생각되었다. 그분이 없으면 내 승진 같은 것은 전혀 생각해 볼 수조차 없을 것으로 여겨졌다.

스콧 씨는 필라델피아로 가서 사장을 만난 후 다시 돌아왔다. 그는 사무실 옆에 붙어 있는 자택으로 나를 불러 자기는 필라델피아로 옮기

기로 결심했다고 말했다. 그리고 자신의 후계자는 예녹 리위스 국장이 될 것이라고 했다. 그리고 마지막으로,

"자네 이야기인데, 피츠버그 관리의 임무를 자네에게 맡긴다면 잘 해낼 수 있겠는가?"

라고 내게 물었다.

나는 나 자신이 무슨 일을 맡든지 충분히 임무를 완수할 수 있는 나이가 되었다고 믿고 있었다. 무슨 일이든 못할 게 없다는 자신감으로 늘 마음을 다지고 있었으나, 다른 사람, 특히 스콧 씨가 나를 국장 지위로 추천해 주리라고는 꿈에도 생각지 못했었다. 나는 갓 스물네 살에 불과한 청년이었지만, 그때 그 순간 내 마음은 러셀 경의 평소의 각오처럼 자신감에 차 있었다.

와레스나 부르스도 나와 같을 것이라고 생각하면서 나는 스콧 씨에게,

"할 수 있을 것으로 생각합니다."

라고 대답했다.

"좋아. 포츠 군(당시의 피츠버그 국장)을 필라델피아 운수국장으로 전임시키기로 되어 있으니까 내가 그 후임으로 자네를 사장에게 추천하겠네. 봉급은 얼마 정도면 좋은가?"

라며 스콧 씨는 내게 물어보았다.

나는 다소 발끈하여 대답하였다.

"봉급이요? 액수에 대해선 별로 생각해 본 일이 없습니다. 나는 많은 봉급은 바라지 않습니다. 내가 희망하는 것은 다만 그 지위입니다. 당신의 전임지인 피츠버그로 되돌아가는 것만이 저에게는 분에 넘치는 영광입니다. 월급은 제게 물으실 것 없이 적당히 결정해 주십시오. 지금

제가 받고 있는 것보다 구태여 인상시키려고 애쓰실 필요는 없습니다."

그때 내가 받은 월급은 45달러였다. 스콧 씨는 다시 말을 이었다.

"자네도 잘 알고 있는 것처럼 내가 이곳에 있을 때의 연봉은 1,500달러였네. 그런데 포츠 군은 지금 1,800달러 선으로 올리는 것이 좋겠는데 자네 생각은 어떤가? 그것으로 만족할 수 있겠는가?"

"네. 금전 문제는 더 이상 말씀하시지 않는 것이 좋겠습니다."
라고 나는 스콧 씨에게 딱 잘라 말했다. 이것은 단순히 임명이나 봉급에 관한 문제만은 아니었다. 그 곳에서 내 승진 문제가 확정되었다. 나는 하나의 국을 지배하는 자리에 앉아 피츠버그와 아르튜나 사이의 모든 명령에 이제까지 쓰이던 TAS(토머스 에이 스콧의 약자) 대신에 AC(앤드류 카네기의 약자)라고 서명을 하게 된 그 사실만으로도 더없이 만족스러운 일이었다.

나는 1859년 12월 1일, 피츠버그의 관리국장 임명을 받고 곧 이사 준비를 했다. 이 변화를 전 가족은 환영했다. 아르튜나의 집이 아무리 좋고, 특히 교회의 아름다운 풍경 속에 넓은 땅이 있는 큰 집으로 전원 생활이 즐거웠다고는 하지만, 피츠버그의 옛 친구들을 만나고 그 사교장으로 되돌아갈 수 있다면 그보다 더 좋은 일은 없다고 생각되었다. 동생 톰은 아르튜나에 사는 동안 전신 기술을 배웠기 때문에 나와 함께 피츠버그로 돌아와 서기가 되었다.

관리국장

내가 관리국장에 취임하던 해는 유난히 추웠다. 선로의 부설 상태는 몹시 빈약했고, 설비가 잘 갖추어지지 않아서 밀어닥치는 화물을 도저히 수송할 수가 없었다. 레일을 큰 바위만한 돌 위에 깔고 다시 그 레일을 지탱시키기 위해서 주조된 좌철(座鐵)을 사용했었는데, 그것이 하룻밤에 47개나 파손된 일을 나는 지금도 기억하고 있다. 이런 상태였으므로 철도 사고가 자주 일어났던 것도 무리는 아니었다.

그 무렵 국장은 한밤중에라도 전보를 받으며, 열차를 손수 운전해 보거나 파손된 부분을 수선하고 장애물을 제거하는 등 하나에서 열까지 일을 직접 해야 했다. 어느 때는 파손이나 고장 등 사고가 계속 일어나 8일간이나 밤낮없이 선로 위에서 작업을 할 때도 있었다. 지금 생각해 보면, 대사업의 지배인으로서 나처럼 분별 없는 사람은 없었던 듯싶다.

책임에만 신경을 곤두세워 다소 긴장한 탓도 있었겠지만, 내가 피로를 느끼지 않는다 하여 아랫사람들의 인내력의 한계를 생각해 보지도 않고 무리하게 일들을 시켰다. 나는 피로하면 한 30분씩 화물차 안에서 틈틈이 자는 것으로도 충분했다.

남북전쟁이 일어나자 펜실베이니아 철도의 수요가 갑자기 크게 늘어났기 때문에, 나는 어쩔 수 없이 야근반을 조직할 수밖에 없었다. 그러나 발차 부서에 야간 선로의 사용 문제로 상사의 승낙을 얻기란 매우 곤란했다. 또 실제로도 확실한 승낙을 얻을 수는 없었지만, 나는 임의로 야간 열차에 책임자를 임명하였다. 이것은 아마 미국에서 처음 있었던 일로 생각되는데, 적어도 펜실베이니아 철도계에서는 이것이 최초였다.

새 가정과 새로운 친구들

1860년 피츠버그로 돌아왔을 때, 나는 지금의 8가인 한코크 가에 집을 마련하여 그곳에서 11년 남짓 살았다. 그 무렵 피츠버그의 모습을 묘사한다면 사람들은 내 말을 믿으려 하지 않고 쓸데없이 과장한다고 말할지 모르겠으나, 정말 그곳은 매연에 찌들어 있었다. 사다리의 손잡이에 손을 대기만 하면 금세 손이 새까맣게 되고, 세수를 한 지 1시간도 못 되어 먼지투성이의 더러운 모습이 되고 만다.

머리털은 그을음을 뒤집어쓴 것 같고 피부는 몹시 따가웠다. 그래서 가끔 아르튜나의 맑은 공기를 회상하면서 이곳 생활에 다소 싫증을 느끼기도 했다. 우리들은 전원 생활을 즐길 수 있는 방법을 여러 모로 연구했었는데, 다행스럽게도 당시 화물계의 관리자인 디 에이 스튜어트 씨가 홈우드의 자택 근처에 집이 한 채 있다고 알려주었다.

우리는 즉시 그 집으로 이사를 하고는 전선을 끌어들여 그 후부터는 집에 있으면서 회사의 사무를 처리할 수 있게 되었다.

여기에서 새로운 생활이 시작되었다. 그곳에는 시골 특유의 작은 오솔길과 정원이 있었다. 그 주변의 주택들은 어느 집이든 집 둘레에 작은 토지가 딸려 있었다. 우리 집에도 아담한 정원이 있었고, 집 주위에는 꽤 넓은 토지가 있었다.

이즈음 어머니는 당신의 생애 중 가장 유쾌한 세월로 꽃과 가축이 있는 전원적인 환경 속에서 보내게 되었다. 꽃에 대한 어머니의 사랑은 일종의 열정과 같았다. 어머니는 좀처럼 꽃을 꺾으시는 일이 없었다. 아주 심한 예를 들어 보면, 내가 어느 날 잡초를 한 포기 뽑은 일이 있었다.

그것을 보신 어머니는,

"푸른 것이지 않니?"

하고 꾸중을 하실 정도였다. 나는 이러한 성격을 어머니로부터 물려받

· 워싱턴 카네기 협회의 전체 망원경 앞에서

왔기 때문에 때때로 단추 구멍에 꽂을 꽃을 찾아 대문까지 걸어나갔다가, 꽃을 꺾는다는 것이 어쩐지 못할 일인 것 같고 아까워서 그대로 되돌아오곤 했다.

이 전원 생활의 변화와 함께 새로운 친구들이 무척 많이 생겼다. 이 지방의 재산가들 중 많은 사람이 즐거운 전원 생활을 보낼 수 있는 주택들을 가지고 있었다. 말하자면 귀족적인 지역이었다. 청년 관리국장인 나는 이 부호들의 파티에 자주 초대되었다.

이 지방의 대부분의 청년들은 음악 애호가들이어서 밤 음악회가 자주 열렸다. 그런 모임이 증가될수록 나는 이제까지 알지 못했던 이야기를 들을 기회가 많아서, 그때마다 무엇인가 연구해 보려는 마음을 갖곤 했다. 나는 매일 무엇인가 새로운 것을 배우고 있다는 것을 깨닫고 몹시 기뻐했다.

밴더 보르트 가의 벤자민과 존을 처음 만난 것이 바로 이곳에서였다. 존은 내가 만년에 여기저기로 여행을 다닐 때 함께 여행한 다정한 친구였다. 사랑하는 밴더는 내게 매우 소중한 친구였다. 이웃집에 살던 스튜어트 부처는 날이 갈수록 정이 두터워져 마침내 우리는 영원한 친구가 되었다. 그 후 우리들과 함께 실업계에 진출하여 공동으로 사업을 추진하는 반려자가 되었다.

한편, 우리의 가정에 큰 이익은 펜실베이니아의 명가인 윌킨스 판사의 집안과 친교를 맺은 일이었다. 판사는 그때 이미 80세의 고령이었지만, 키가 크고 약간 야윈 듯한 얼굴에 용모는 수려하고 청년 못지않은 왕성한 정신력의 소유자였다.

또 풍채가 우아하고 나와 친분 관계에 있는 사람들 중에서도 놀라울 정도로 지식과 이력이 풍부한 사람이었다. 그분의 부인은 미합중국 부통령 조지 W. 덜레스의 딸이었고, 당대의 전형적인 귀부인이었으며, 내가 가장 흠모하는 분이었다. 또한 그녀는 아름답고 애교가 넘치는 노부인이었다.

그의 딸 윌킨스 양은 여동생 선더스 부인 및 아이들과 함께 홈우드의 넓고 큰 저택에서 살고 있었다. 그 저택이 있는 지방은 영국에서 남작댁이라고도 할 수 있을 정도로 교양·문화·권력 등 모든 세력의 중심지였다.

내가 이러한 상류사회 사람들과 친밀히 교제를 할 수 있었던 것은 참으로 즐거운 일이 아닐 수 없다. 윌킨스 양이 개최하는 음악회나 퀴즈 대회·소인극 등은 내게 좋은 자료를 제공해 주었다. 판사는 내가 알고 있는 역사적인 인물 중에서 가장 훌륭한 사람이었다. 서로 이야기를 주고받던 중,

"잭슨 대통령은 내게 이런 말을 했었지."
"나는 윌링턴 후작에게 이렇게 말한 적이 있었어."

라는 말이 나에게 깊은 인상을 주어 평생 잊을 수 없다.

판사는 중년 시절 1834년, 잭슨 대통령 집권 당시 러시아 공사였으므로 러시아 황제를 배알했던 때의 이야기도 재미있게 들려주었다. 나는 그런 얘기를 들을 때면 마치 역사 그 자체를 직접 체험하는 것 같은 기분이 되곤 하였다. 그 가정은 내게 참으로 유익하고도 새로운 세계였다. 그 가족들과의 교제는 나에게 정신과 행동을 개선해 나가도록 촉구하는 강력한 자극제였다.

윌킨스 집안과 내가 유일하게 의견의 대립을 보인 것은 정치에 관한

것이지만 말로 표현하지는 않았다. 그 당시에 미국인들이 노예 폐지론자에 대해 취했던 태도는 영국인들이 공화 정치론자들에게 취했던 태도와 비슷했다.

내가 열렬한 자유 해방주의자인 반면, 윌킨스 집안은 남부의 세력가들과 긴밀한 관계에 있었고, 남부에 동조하는 열렬한 민주당원이었다. 어느 날엔가 홈우드의 윌킨스 댁 객실에 들어갔을 때, 가족들이 최근에 일어난 무서운 사건에 대해서 격앙된 감정으로 토론하는 광경을 본 적이 있었다. 윌킨스 부인은 분개하면서 말했다.

"당신은 어떻게 생각하고 계십니까? 달라스(부인의 손자)의 편지에 의하면 내 손자가 웨스트포인트의 사령관 명령으로 인해 억지로 흑인 노예 밑에 차석으로 취임되었다는데, 당신께서도 그런 말을 들으신 일이 있으신가요? 정말 면목 없는 일이잖아요. 흑인을 웨스트포인트에 입학시키다니 정말 잘못된 일이에요."

나는 냉정하게 대답했다.

"네, 부인. 그보다도 훨씬 더 좋지 못한 일이 있습니다. 흑인 노예 중에서도 천국에 들어간 사람이 있다는 말을 들어본 적이 있으십니까?"

방 안은 갑자기 조용해지고 말 한 마디 하는 사람이 없었다. 잠시 침묵이 지난 후 윌킨스 부인이 숙연해지면서,

"카네기 씨, 그것은 다른 일이잖아요."

라고 말했다.

그 무렵 나는 가장 귀중하고 많은 우여곡절이 담긴 선물을 받았다. 윌킨스 부인은 털실로 목도리를 짜고 있었는데, 뜨개질이 계속되고 있는 중에 저 목도리는 누구에게 주려는 걸까 하는 의문이 자주 오갔다.

부인께 물어보아도 도무지 말해 주지 않았다.

몇 달 동안 그 비밀은 아무도 몰랐었는데, 크리스마스가 가까워진 어느 날 뜨개질이 완성되자, 정성어린 카드를 넣어 포장을 하고는 딸에게 일러 그 물건의 겉면에 나의 주소와 이름을 쓰게 했다. 나는 그 목도리를 뉴욕에서 받았다. 이때 받은 귀중한 선물은 때때로 친구가 찾아왔을 때 보여줄 뿐 그다지 사용한 일은 없었지만, 아직까지 소중하게 보관하고 있다.

레이러 에디슨

나는 피츠버그에 사는 동안 에디슨 박사의 따님 레이러 에디슨을 만난 것을 퍽 행운으로 생각한다. 박사는 내가 따님을 만나기 얼마 전에 세상을 떠나셨다. 에디슨 양은 뛰어난 재원이었다. 나는 곧 그 가족들과도 친해졌는데, 그로 인해서 많은 도움을 받았기 때문에 감사하는 마음으로 여기에 기록하는 것이다. 또한 품위 있는 교양을 지닌 사람들과 친교를 맺은 또 다른 이유가 있다.

에디슨은 에든버러 출신이었으므로 한때 칼라일 부인의 가정교사로 있었다. 부인은 외국에서 교육을 받았기 때문에 프랑스어·스펜인어·이탈리아어 모두를 모국어처럼 유창하게 구사했다. 이 가족과의 교제에서 나는 처음으로 고상한 교육을 받은 사람들과 나 자신과는 하늘과 땅만큼 차이가 있다는 것을 깨닫게 되었다. 그러나 에디슨 가정과 나 사이에는 스코틀랜드 인의 피가 흐르고 있다는 한 가닥 공통점이 친교 관계를 유지해 갈 수 있었던 중요한 요소였다.

이상적인 친구

만약 나를 금강석으로 표현한다면, 에디슨 양은 그 야생의 금강석을 갈고 닦아 빛을 내게 한 진실되고 이상적인 친구였다. 에디슨 양은 내게 있어 가혹하리만치 엄한 비평가였기 때문에 가장 좋은 친구가 될 수 있었다. 나는 에디슨 양의 혹독한 지적 때문에 말할 때는 항상 세심한 주의를 기울였고, 또 그 무렵 심취해 있던 고전 문학에도 남다른 주의를 쏟을 수 있었다.

나는 이때야 비로소 목소리나 동작 등을 온화하게 할 것, 모든 사람에게 겸손하고 정중하게 대하고 예의바르게 행동할 것 등, 한 마디로 말해서 행동을 개선하는 것이 내게 얼마나 중요한 것인가를 깨달았다. 그 이전에는 나는 복장 같은 것에는 도무지 마음을 쓰지 않았다.

크고 무거운 구두, 헐렁한 칼라로 전체적으로 촌스러운 멋을 풍기는 것이 그 무렵 서부의 특색이었기 때문에, 그렇게 하는 것이 우리들 사회에서는 남성적이라고 생각하고 있었다. 몸치장은 전부 경멸하였다. 그러나 나는 홈우드로 이사 온 이래 에디슨에게 감동을 받아서인지 이런 모든 점을 고쳐나갈 수 있었다.

8

남북전쟁 시대

6. 철도 사업

7. 펜실베이니아 철도의 관리

8. 남북전쟁 시대

9. 교량 건설

10. 제철업

1861년 남북전쟁이 일어나던 해, 육군성에 취임하여 운수 관계를 담당하고 있던 스콧 씨로부터 소환을 받은 나는, 즉시 워싱턴으로 가게 되었다. 내가 할 일은 정부의 군용 철도 전신을 처리하고 철도를 조직하여 스콧 씨를 보좌하는 일이었다. 이것은 전쟁 초기에 가장 중요한 직무 중 하나였다.

볼티모어를 통과한 연방 측의 연대는 적의 공격을 받았으며, 볼티모어선과 안나포리스선 사이의 철도가 끊어져 워싱턴과의 교통이 두절되어 있었다. 나는 필라델피아에서 출발하는 워싱턴행 철도에 간선을 접속하기 위해 직원을 거느리고 필라델피아에서 안나포리스행 열차를 탔다.

우리의 첫째 임무는 이 철도를 수리하여 열차가 통과하는 데에 지장이 없도록 하는 일이었는데, 이것은 시일을 요하는 작업이었다. 베틀러 장군과 그가 지휘하는 몇 개의 연대는 우리보다 며칠 늦게 도착하여 우리들은 장군 휘하에 있는 전 부대를 워싱턴으로 수송할 수 있었다.

나는 워싱턴행 열차의 기관실에 함께 타고서 용의주도하게 일을 진행시켰다. 워싱턴으로부터 그리 멀지 않은 곳에서 전선을 나무에 묶어 땅에 박아 놓은 것이 발견됐다. 나는 열차를 정차시키고 그곳으로 달려가 전선을 뽑아냈다. 그 순간, '펑' 하는 소리와 함께 줄이 튀어오르면서 내 얼굴을 세차게 후려쳤다. 전선을 뽑기 전 나무에 전선이 한데 뒤엉켜 있는 걸 주의하지 않았기 때문이었다.

나는 볼의 부상으로 피가 흐르는 데도 불구하고 선발 부대와 함께 워싱턴으로 갔다. 수일 전 볼티모어 시를 통과할 때 12명의 병사들이 부상당했던 것 외에 국가 방위를 위해서 피를 흘린 나는, 내게 많은 도움을 준 이 국토를 위하여 적으나마 공로를 세울 수 있었던 것을 영광스럽게 생각하면서 남부로의 교통을 열기 위하여 낮과 밤을 가리지 않고 일을 계속했다. 이것은 나의 거짓 없는 고백이다.

나는 얼마 후에 버지니아 주에서 알렉산드리아로 주거지를 옮겨 불행한 브루런 전투가 일어났을 때까지 그곳에 있었다.

북군의 패전 소식이 처음 전해졌을 때는 믿어지지 않았으나 증거가 뚜렷하여 의심할 여지가 없었다. 우리에게는 모든 기관차와 차체 전부를 동원시켜 전선에서 후퇴하는 패잔병들을 수송해야 하는 긴박한 문제가 생겼다.

당시 이곳에서 가장 가까웠던 기차역은 버그였는데, 나는 그곳까지 출장 나가서 부상당한 지원병들을 열차에 태워 기차를 출발시키고 있었다. 그때 적군이 바로 우리 등 뒤에 이르렀다는 급보를 받게 되었다. 할 수 없이 버그역을 폐쇄하고는 나와 전신 기사는 마지막 열차를 타고 알렉산드리아를 향해 출발했다. 그런데 막상 알렉산드리아에 도착해 보니 인심이 흉흉했다.

(카네기가 워싱턴에 도착하여 제일 먼저 한 작업은 알렉산드리아에 도선을 설치하고 볼티모어와 오하이오 철도 선로를 워싱턴의 옛 정거장에서부터 연장시켜 메릴랜드 마베누에를 따라 포토맥 강을 지나가게 하는 일이었다. 이 철도는 버지니아에서 사용할 기관차나 기타 차량을 강 건너로 수송하기 위한 것이었다.)

워싱턴과 알렉산드리아 간의 철도가 지나갈 수 있는 포토맥 강을 횡단하는 긴 다리를 가설하는 공사가, 카네기와 R. F. 모레의 지휘 아래 불과 7일 만에 완전 개통을 한 일을 나는 기억하고 있다. 카네기와 혼연일체가 되어 밤낮을 쉬지 않고 이 작업을 신속하게 해냈다(베즈 지음, 1907년 《전신 사무에 있어서의 링컨》).

우리 철도 요원 중 생사를 알지 못한 사람도 있었으나, 다음날 아침식사 점호 결과 뜻밖에도 낙오자가 없다는 것이 확인되자 그때의 감격은 이루 말할 수 없었다. 몇 사람의 차장과 기관사 등은 배를 입수하여 포토맥 강을 건넜는데, 부대의 대부분은 추격해 오는 적의 포성이 밤낮을 가리지 않고 점점 가까이서 울려오는데도 이 땅에 계속 머물렀다.

링컨 대통령과의 접견

그 후 얼마 안 되어 나는 워싱턴으로 돌아가 스콧 대령과 함께 육군성에 자리를 잡았다. 나는 철도와 전신부를 담당하고 있었기 때문에 자연 링컨 대통령과 스워드 씨, 육군장관 카메룬 씨와 만날 기회가 종종 있었다. 때때로 이들 명사들을 직접 만날 수 있는 것에 나는 흥미를 느끼곤 했다. 링컨 대통령은 가끔 우리 사무실을 찾아와 책상에 앉아서 전보의 회답을 기다리거나, 또는 어떤 정보를 얻고 싶어할 때도 있었다.

이 비범한 인물의 초상은 어느 것을 보아도 한결같이 똑같은 모습이다. 그의 용모는 너무도 특이하기 때문에 어떤 사람이 그를 묘사하여도 똑같은 실물 그대로의 모습을 그릴 수밖에 없다.

그가 아무런 감정도 나타내지 않고 있을 때는 극히 평범한 인물같이 보이지만 감정이 표정에 나타날 때, 특히 담화를 할 때는 순간적으로 눈이 번뜩이며 얼굴에 가득 고이는 지혜로운 모습은 내가 지금껏 만나본 어떤 사람들한테서도 느껴보지 못한 신기한 것이었다.

그의 행동은 지극히 맑고 빈틈이 없어서 사무실에서 가장 어린 급사에게까지도 친절하게 말을 걸었다. 그는 사람을 대할 때는 결코 귀천의 구별이 없었다. 모든 사람이 그의 앞에서는 평등하였고, 한낱 심부름꾼이라 할지라도 그는 국무장관 스워드 씨를 대하는 것과 마찬가지로 매우 공손했다.

그의 장점은 높은 지위에 있는 대부분의 사람들이 거들먹거리는 것에 반하여 그는 전혀 그렇지 않다는 데 있었다. 그가 사람들의 마음을 사로잡는 비결은 그의 화술에 있었다. 나는 그가 사용하던 화술을 주의해서 기록해 두지 않은 것을 유감스럽게 생각한다. 예사로운 일에 대해서도 그는 독창적인 방법으로 말하곤 했다.

또한 링컨 대통령처럼 모든 사람에게 차별을 두지 않고 친절하게 대하는, 진정 평등을 존중한 사람을 난 여태껏 본 일이 없다. 국무장관 헤이 씨가 말하길, 링컨에게는 하인이나 심부름꾼이 없다고 하였다. 그는 하인을 자신의 친구처럼 여겼다고 하니 그의 한 마디, 하나의 행동에까지도 인간의 행동을 제시한 가장 완전한 평등주의자였던 것이다.

중대 사건

1861년 메이슨과 슬라이딜이 영국 선박 트렌트 호에게 납치되었다는 소식을 접했을 때, 이 방면에 조예가 깊은 사람들은 영국의 선박 피난권을 침해하는 줄 알고 모두들 염려했다. 나도 역시 그 사건에 대해 몹시 걱정을 했다. 포로들을 즉시 석방하여 송환하지 않으면 영국과 미국 사이에 반드시 전쟁이 일어날 것이라고 생각되었다.

이 사건을 해결하기 위해서 회의가 열렸을 때, 마침 육군장관 카메룬 씨가 부재중이어서 스콧 차관이 출석하게 되었다. 나는 이 회의에 따라 영국이 전쟁을 시작할 수도 있다는 것을 극력 주장하여 그를 이해시키려고 했다.

특히 선박 수색을 면제하는 원칙을 표방하고 있는 미국의 입장에서 메이슨과 슬라이딜을 인도해 주도록 강력히 주장하라고 역설했다. 그러나 스콧 씨는 외국 사정에 어두웠기 때문에 포로 보류설에 기울고 말았는데, 내각 회의를 마치고 나에게 말하기를, 스워드 씨가 나의 말처럼 포로의 인도를 보류할 경우에는 반드시 전쟁이 일어날 거라고 내각에 경고했다고 한다.

링컨 대통령도 처음에는 포로 인도의 보류설에 솔깃했지만, 마지막에는 스워드 씨의 의견에 찬성하게 되었다. 그러나 내각은 다음날 아침 부재중인 카메룬이나 그 밖의 각료가 회의에 참석할 때까지 회의를 연기하기로 결의했다.

스워드 씨는 스콧 씨에게 포로 보류설을 주장하고 있는 카메룬 육군장관이 돌아오기를 기다렸다가 그를 설득시켜 이 문제를 정확히 이해시킨 후에 회의에 출석할 수 있도록 하라고 했다. 다음날 회의는 순조롭게 진행되었다.

당시 워싱턴 정부의 혼란은 그 광경을 실제로 목격하지 못한 사람에게는 도저히 상상할 수 없을 정도였다. 나 역시 그 광경에 대한 느낌을 펜이나 입으로는 도저히 표현할 수 없다. 당시의 총사령관이던 스콧 장군은 사무실에서 나와 마차를 탈 때까지 두 사람의 부축을 받아야만 길을 걸을 수 있을 정도로 고령이어서 의식이 거의 마비되어 있었다. 고령의 노인에게 대공화국 군대의 실권이 쥐어져 있는 형편이었다.

테롤 장군도 스콧 장군과 마찬가지로 고령이었다. 우리가 철도를 개설하고 군대나 군수품을 수송할 때에도 이들 노쇠한 사람들과 상의하지 않으면 안 되었다.

이들은 모두 활발하게 일할 수 있는 연령을 이미 넘어 융통성이 전혀 없었다. 질풍처럼 처리를 해야 할 긴급한 문제에 대해서 이들의 허가를 얻어내자면 제때 일을 처리할 수가 없어서 시기를 놓치기가 일쑤였다. 적어도 내 기억에는 어느 부문에서든 젊고 유능한 간부가 한 명도 없었다. 계속된 태평 세월에 행정부는 화석이 된 것이었다.

해군의 실정

해군도 역시 같은 형편이었다. 이것은 전해들은 것일 뿐, 사실을 밝힐 기회는 없었다. 전쟁 초기 해군은 그리 중요한 역할을 하지 못했었다. 중요한 것은 이런 사태 속에 각 군대의 지휘자를 바꾸지 않는 한 틀림없이 전쟁에서 질 것이 분명했다.

그러나 이런 중대사를 하루아침에 처리할 수는 없는 노릇이었다. 중대한 임무를 짊어지고 있는 정부가 필승을 얻기 위한 결단을 내려야 하는데도 이에 주저하는 행정부의 쇠퇴함에 국민은 더이상 참을 수 없었다. 이렇듯 각계 각처가 엉거주춤 혼란스럽기만 하더니 순식간에 질서가 회복되었다.

우리들의 사무 취급에도 큰 편법이 주어졌다. 육군장관 카메룬은 토머스 스콧 씨에게 특권을 주어, 장관의 부하 고관들의 우둔한 행동은 돌아보지도 말고, 필요하다고 믿는 것에 대해서는 신속히 처리해도 좋다는 허락을 내렸다.

전쟁이 일어났던 당시부터 정부의 철도 전신부가 항상 중요한 임무를 수행할 수 있었던 것은 육군장관 카메룬의 특권이 있었기 때문이었다. 장관 카메룬은 의기충천하였고, 문제를 푸는 요령을 신속하게 잡아내는 능력이 있었다. 또한 육군 내부의 모든 장성과는 비교도 안 될 만큼 탁월했다.

국민의 빗발치는 여론에 의해 결국 링컨은 카메룬을 면직시켰다. 그러나 만약 일의 진상을 꿰뚫어볼 수 있었던 사람이라면 각 행정부가 카메룬이 이끌고 있는 육군 정도만큼 통속력을 보였더라면 능히 어려운 문제들을 타개하여 참사의 대부분은 피할 수 있었을 것이다.

카메룬은 정이 많은 사람으로서 '로치엘'이라고 불리는 것을 좋아했다. 90세가 된 그가 우리를 방문했을 때, 마차의 앞자리에 앉아 계곡의 경치에 마음을 빼앗겨 공손히 모자를 벗었다. 그와 우리는 마차를 타고 많은 얘기를 하였다.

"관직에 있는 자는 항상 그 직책에 부끄럽지 않도록 최선의 노력을 해야 한다."

라고 그는 말했다. 또한 자신의 직위를 빙자해서 아무 사람이나 채용하는 잘못을 범해서도 안 된다는 얘기를 했다. 이때 우리는 링컨의 제2기 대통령 후보전에 대한 화제를 꺼냈다.

로치엘 숭배자의 말은 다음과 같았다.

정치가로서의 링컨

카메룬이 펜실베이니아 주의 하리버그에 가까이 있는 고향집에 머무르고 있던 어느 날 링컨 대통령으로부터 급히 만나자는 연락이 왔다. 그는 즉시 워싱턴으로 달려가 대통령을 만났다. 두 사람의 대화는 다음과 같은 것이었다.

대통령 : 카메룬, 제2기 대통령 후보에 내가 입후보하는 것을 어떻게 생각하나? 세상에서는 이 나라를 구할 수 있는 사람은 우리들 외에는 없다고 말하고 있는데, 기분이 좀 우울하네, 자네 의견은 어떤지 좀 말해 줄 수 있겠나?

카메룬 : 네, 그러십니까. 한 가지 생각나는 일이 있는데, 28년 전 잭슨 대통령께서 방금 각하께서 말씀하신 것과 똑같은 내용의 편지를 저에게 보내신 일이 있습니다. 저는 뉴올리언즈에 있을 때였는데, 그 편지를 받고 10일간의 여행 끝에 워싱턴에 도착했습니다.

그리고 잭슨 대통령의 그 질문에 대해서 '주의회에서 풍랑이 심할 때에는 파일럿(뱃길 안내인)은 배를 내보내서는 안 된다는 의안을 제출하여 통과시킨다면, 곧 다른 주에서도 이것을 본떠서 그대로 실행할 것입니다'라는 저의 의견에 찬성하셨기 때문에 저는 하리즈버그에 가서 안건을 작성해서 주의회에 제출하고 그것을 통과시켰습니다. 그랬더니 예상한 그대로 전례에 따라서 아시는 바와 같이 잭슨 씨는 제2기 후보

전에서 승리하게 된 것입니다.

대통령 : 흠, 그래. 그렇다면 자네 다시 한 번 그 방책을 해주지 않겠는가?

카메룬 : 아닙니다. 그것은 안 됩니다. 저는 각하와 너무 가까운 사이이기 때문에 그것은 안 됩니다. 그러기를 원하신다면 제 친구에게 그 일을 맡겨서 수행하도록 조처하겠습니다.

대통령 : 그래, 그럼 그 일은 자네에게 일임하겠네.

그래서 포더 군(카메론 씨와 같은 고향 사람이며, 우리들의 손님이었던 분)을 불러 '잭슨 결의안'을 찾아내게 하여 그 결의안을 현재의 정세에 알맞게 수정하여 통과시켰다. 마침내 잭슨 씨의 경우와 똑같은 결과가 되었다.

얼마 후 내가 워싱턴으로 가서 대통령을 공식 방문하였을 때, 넓은 연회실이 넘칠 정도로 방문객이 많았는데, 링컨은 수많은 사람 속에서 나를 발견하고는 긴 다리로 성큼성큼 걸어와서 두 팔을 벌리며,

"카메룬 군, 오늘도 둘이 왔나?"

라고 말했다.

이 일화는 정치라는 것이 어떤 것인가를 보여주는 아주 좋은 자료가 된다. 그밖에 미합중국의 두 대통령이 28년이라는 세월의 차이에도 불구하고 같은 사람에게 의뢰하여 똑같은 방법을 써서 제2기 대통령에 무난히 당선된 일은 퍽 신기하고 드문 이야기이다. 즉, 정계에서 성공하는 것은 작전과 계획을 얼마만큼 치밀하게 세우느냐에 달려 있어서 정계의 사정을 잘 설명해 주고 있다.

그랜트 장군

그랜트 장군은 내가 워싱턴을 떠날 때까지 서부에 있었기 때문에, 우리가 만날 수 있는 기회는 전혀 없었다. 그러나 장군은 가끔 동부로 이동할 때면 필요한 물건을 준비하기 위하여 워싱턴에 오곤 했는데, 그때마다 피츠버그에 들렀다. 나는 가고 오는 동안에 언제나 열차에서 장군을 만나 피츠버그로 안내하여 식사도 함께 했다.

그 무렵은 아직 식당차는 운행되지 않았다. 장군은 높은 지위에 있는 사람치고는 매우 평범한 용모였다고 생각된다. 한쪽 눈을 감고 보아도 도저히 비범한 인물이라고 할 수 없으리만치 극히 평범한 용모였다. 나는 다음과 같은 일을 기억하고 있다.

스텐턴 장군이 서부에 주둔 중인 각 부대를 검열하기 위해 왔을 때, 그랜트 장군은 부하와 함께 서서 스텐턴 장군이 탄 기차를 기다렸다. 마침내 기차가 도착하고 스텐턴은 기차에서 내리며 일일이 부하들의 얼굴을 들여다보다가 그랜트 장군을 보고는 혼잣말로,

"여기 있는 사람 중에서 누가 그랜트 장군인지는 모르겠으나 이 사람만은 장군 같지 않은데."

라고 말하며 한 사람을 가리켰다. 그런데 그 사람이 바로 그랜트 장군이었다.

그때는 전쟁 중이었기 때문에 우리들끼리 만나도 전략에 대한 것과 장군의 작전 계획이 주로 화제에 올랐다. 그랜트 장군은 내게 아무런 거리낌없이 군 작전 계획에 대해 얘기했으므로 나는 퍽 당황해 했다. 장군은 내가 육군성에 근무한 적이 있었던 것과 육군 장성 스텐턴 씨와 친한 사이였다는 것을 알고는 시국에 관해서 부담 없이 나를 대했던 듯

싶다. 그러나 다음과 같은 이야기를 했을 때 나는 정말로 놀라지 않을 수 없었다.

"나는 대통령과 스텐턴으로부터 동부 지역의 총사령관이 되어 달라는 부탁을 받아서 그것을 승낙했지. 그래서 지금부터 서부로 갈 준비를 하려고 하네."

나는 진심으로 그를 축하하며,

"저 역시 그런 일이 있으리라고 생각하고 있었습니다."

라고 대답하였다. 장군은 셔먼을 사령관으로 임명하려 한다고 말했다(카네기 씨는 스텐턴 대학에 8만 달러를 기부하고 1906년 4월 26일에는 이 육군 장성에 관하여 스텐턴 대학에서 연설을 하였다. 이 연설은 1906년에 《스텐턴 기념일 앤드류 카네기 연설》로 간행되었다).

"그것은 국민들을 놀라게 할 것입니다. 모두들 토머스 장군이 후임이 되리라고 보는 것이 일반적인 관측입니다."

"그래. 나도 그런 것쯤을 알고 있지만, 그러나 많은 부하들 중에서도 우선은 셔먼이야말로 가장 적임자라고 말할 수 있네. 그것은 한 치의 여지도 없는 일이며, 실은 서부 끝에 있는 부대가 상당히 멀리까지 포위해 들어가고 있으므로 우리들이 해야 할 일은 동부 끝을 조금 진격시키는 일이지."

라고 장군은 말했다.

장군은 그의 말대로 실행하였다. 장군이 갖고 있는 화술의 특성은 바로 엉뚱한 데 있었다. 반면 장군과 친교를 맺은 것은 나의 특권이었다. 진지하면서도 모든 일에 나서지 않는 사람이 있다면 그랜트 씨야말로 바로 그런 부류의 사람일 것이다.

링컨까지도 이런 점에 있어서만은 그를 따르지 못하였다. 그랜트는 여유 있는 침착한 사람이었지만, 링컨은 항상 발랄한 활동가였다. 나는 그랜트가 큰소리를 치면서 호언장담하거나, 또는 위엄을 과시하는 것을 본 일은 없지만, 원래가 말이 없는 성품이라는 일반인들의 생각은 잘못된 판단이다.

그는 때로는 놀라울 정도로 쾌활하며 달변가이기도 했다. 또한 기회가 있을 때마다 말하기를 좋아했다. 그의 말은 언제나 간단명료하며 요령이 있다. 사물을 관찰하는 눈도 아주 예민하다. 말이 필요치 않을 때에는 한 마디도 하지 않는다.

그러나 그는 전시 때, 부하들의 공적을 추천하는 일에 조금도 게을리 하지 않았다는 점에 나는 주목했다. 그는 항상 자기 부하들의 이야기를 할 때는 인자한 아버지가 사랑하는 자식들에게 이야기를 들려주듯 애정이 넘쳐 있었다.

들리는 말에 의하면, 서부 전선에서 고군분투할 무렵, 그랜트 장군이 술을 과음하기 시작했다고 한다. 그의 충실한 참모인 로린그스는 주저하지 않고 그를 힐책했다. 그것이야말로 참다운 친구가 취할 수 있는 행동임을 그랜트 장군은 너무도 잘 알고 있었다.

"자네, 제정신으로 그렇게 말하는가. 나는 전혀 모르고 있었네. 정말 놀랐는데……."
라고 장군은 말했다.

"물론 저는 진실을 말씀드리고 있는 것입니다. 부하 장교들 중에서는 당신을 비판하는 사람도 있을 정도입니다."

"어째서 나에게 더 빨리 그런 말을 해주지 않았는가. 나는 이제부터 결단코 한 방울의 술도 마시지 않겠네."

그는 언행일치의 사람이었다. 후에 나는 뉴욕에서 그랜트 일가와 자주 만찬을 했는데, 한 번도 장군이 술잔에 손대는 것을 보지 못했다. 일단 결심한 것은 끝까지 실행하는 그의 굽힐 줄 모르는 굳은 의지는, 내가 겪어본 사람들 중에서 보기 드문 불굴의 정신이었으며, 진실한 언행일치의 모범이었다.

일시적으로 금주를 하는 사람도 있기는 하다. 나의 사업 친구로 1년간 금주를 실천하여 유명해진 친구가 있었는데, 슬프게도 그의 원수였던 술은 그를 다시 엄습하여 죽음에 이르게 하고 말았다.

정치계의 부대

그랜트가 대통령으로 재임하고 있을 때, 사람을 관직에 임명할 때나 혹은 행정적인 문제가 있을 때, 금품을 받았다는 악성 루머가 떠돌았다. 그러나 그의 친구들은 상례적인 공식 만찬회조차도 취소할 정도로 그의 집안 살림이 궁핍한 것을 잘 알고 있었다.

한 번의 만찬회를 베푸는 데에도 800달러의 비용이 필요했으므로, 그의 봉급만으로는 너무 큰 액수였다. 대통령의 봉급이 2만 5천 달러에서 5만 달러로 증액되어 그가 제2기의 재직 중에 있을 때는 다소나마 저축할 수 있게 되었으나, 그는 자기의 군복에 마음을 쓴 일이 전혀 없었던 것처럼 금전에 대해서도 지극히 담백했다.

제1기 대통령 임기 말에 그의 호주머니에는 한푼의 돈도 남아 있지 않았던 것을 나는 잘 알고 있다. 그런데도 불구하고 최고 관리들의 주변에는 그랜트 장군이 임관을 미끼로 뇌물을 받아 치부하고 있다는 악

선전이, 그럴 듯한 증거가 있는 것처럼 퍼져나가는 것을 내가 유럽에 머무르는 동안 들을 수 있었다.

미국에는 이런 악선전을 믿는 사람이 거의 없다는 것을 알고 있었지만, 다른 나라에서는 이런 일을 사실로 믿을 수 있기 때문에 자기 나라 사람의 명예를 훼손하는 경거 망동한 행동은 삼가야 할 것이다.

미국의 정치가 부패하고 공화제가 반드시 부패를 낳게 하는 정치 체제라는 것은 영국의 주장으로, 미국에서도 다소 그 영향을 끼쳤다. 이 주장이 다른 무엇보다도 민주주의에 심한 타격을 주었다.

영국과 미국 두 나라 정치에 대해 다소나마 알고 있다고 생각하는 나로서는, 새로운 공화국의 정계 인물 중 부패자가 있다고 한다면 군주제에도 그만한 부패가 또한 있었다고 믿는다. 다만 다른 점은 부패의 형식일 뿐이라고 잘라 말할 수 있다.

영국에서 주고받는 뇌물은 달러가 아니다. 두 나라 다 관직에 임명한 사람에게 적당한 보수를 준다. 그러나 군주제는 공화국과는 다른 하나의 장점이 있다. 즉, 그것은 뇌물로 공공연하게 주어지는 칭호에 대해 일반 국민들조차도 뇌물을 주고받았다고는 생각하지 않는다는 점이다.

내가 1861년, 워싱턴 정부의 부름을 받고 갔을 때 지금이라도 곧 전쟁이 끝날 것이라 하였지만, 그 후 얼마 안 되어 전쟁은 수년간 계속될 것이 확실해졌다.

펜실베이니아 철도회사는 스콧 씨를 계속해서 정부 일을 할 수 있게 내버려 둘 수 없는 형편이었다. 스콧 씨는 정부 측으로부터 이 철도가 절대적으로 필요하다는 요구를 받았기 때문에, 내게 그 임무를 맡기기 위해 피츠버그로 돌아가도록 조처했다. 우리들은 워싱턴에서 맡고 있던 의무를 다른 사람들에게 인계시켜 주고자 각자 옛 직위로 복귀하게 되었다.

일사병에 걸리다

내가 워싱턴에서 돌아왔을 때, 나는 생전 처음으로 몸에 이상이 생긴 것을 알았다. 그래도 일을 하려고 악전 고투해 보았지만 기운을 완전히 잃어 휴양할 수밖에 없었다. 버지니아로 가는 기차 여행 중 나는 일사병에 걸려 매우 고생했다.

그 후 병이 치유되기는 했으나 더위를 견딜 수 없게 되어 햇볕을 쬐지 않도록 주의해야 했다. 그리고 더운 날에는 도저히 기운을 낼 수가 없었다. 스코틀랜드 고지의 서늘한 기후와 맑은 공기가 내게는 만병 통치약이었던 모양이었다. 나의 주치의는 미국의 무더운 여름 날씨가 몸에 해로우니 피서를 하도록 강력히 권고했다.

뎀퍼린 방문

펜실베이니아 철도회사에서는 내게 병가를 내주어 나의 오랜 숙원이던 스코틀랜드를 방문할 수 있는 좋은 기회를 얻었다. 어머니와 나의 친구 토머스 밀러는 내가 27세 되던 날, 1862년 6월 28일에 여객선 에트너호를 타고 출발했다. 리버풀에 도착하자 곧 뎀퍼린으로 향했다.

이번 여행처럼 나를 감동시킨 적은 없었다. 나는 마치 꿈을 꾸는 듯한 기분이었다. 스코틀랜드에 가까워질수록 그 감동은 더욱더 깊어졌다. 어머니도 나와 똑같은 심정이었을 것이다. 지금은 추억으로만 남아 있는, 어머니의 그 감동어린 눈에 그렇게도 그리워하던 스코틀랜드의 노란색 관목이 비쳤을 때, 어머니는 소리를 높여 탄성을 질렀다.

"어머, 옥수수가!"

어머니는 목이 메었고 빛나던 눈에서는 눈물이 한없이 흘러내렸다. 내가 위로하고 달랠수록 어머니는 더욱 감격에 넘치는 듯하였고, 나 역시도 이 거룩하고 아름다운 땅 위에 뜨거운 입맞춤을 하고 싶은 충동을 느꼈다(나는 스코틀랜드의 남자로 태어난 것을 하나님의 깊으신 은총이라고 믿고 있다).

"다른 어떤 행운도 이처럼 나를 만족시킬 수는 없었다. 우리들을 낳은 이 거룩한 국토는 사랑스러운 고집쟁이이며, 만사를 자기 뜻대로만 설계하기도 하고, 또한 그것을 멋있게 실행하기도 했다.

전체적인 국면을 주시하면서도 정에는 약하고, 사랑의 노래나 정다운 이야기를 좋아하며, 곧 그에 마음을 빼앗겨 버리고 만다. 미담에는 감격하고 의기는 하늘을 찌르며, 충성되고 용맹스러우며, 그리고 진실하다. 아아, 스코틀랜드여! 너는 나의 마음을 빼앗은 자이다. 나는 너에게 태어난 아들임을 자랑하노라." (앤드류 카네기 저, 《우리들의 마차 여행》 중에서)

고향의 아름다운 추억

억제할 수 없는 기쁨으로 우리는 뎀퍼린에 도착했다. 도중에 우리가 본 것들은 모두가 옛날을 회상하게 하는 것이었으나, 어떤 것을 보아도 내가 상상하고 있었던 것들보다는 모두가 작아 보여 마치 옛 기억이 잘못된 듯 의심했다.

· 앤드류 카네기

마침내 로다 숙부 집에 닿았다. 그리고 숙부께서 도드나 내게 여러 가지를 가르쳐 주던 그 옛날 그리운 방에 들어가는 순간, 나는 그만 소리를 지르고 말았다.

"모두 여기 계셨군요. 모든 것이 옛날에 내가 보던 그대로인데, 당신들은 함께 어울려 장난감을 갖고 놀고 계셨군요."

내가 그리 나쁘지 않다고 생각했던 큰길 하이스트리트, 뉴욕에 있는 큰 상점과 비교했던 숙부의 상점, 일요일에 함께 놀았던 냇가 근처의 조개무지, 거리들, 집 높이, 이 모든 것들이 다 줄어든 듯이 보였다. 그야말로 작은 도시처럼 느껴졌다.

내가 태어난 집은 손을 올리면 처마가 닿을 듯하였고, 토요일 날 그래도 멀리 간다고 소풍 갔던 바다는 겨우 3마일밖에 되지 않았다. 내가 굴을 따면서 놀았던 바닷가의 바위도 이제는 보이지 않고 갯벌만 남아 있을 뿐이었다.

학교는 나의 초등학교 시절 추억의 중심이었으며, 나에게는 단 하나의 모교라고도 할 수 있는 곳이다. 운동장에서는 전쟁놀이와 경주도 했었다. 그런데 이제 와 보니 모두가 우스울 정도로 작아 보였다.

아주 훌륭하게 보였던 저택 볼룸홀이나 포델, 그 중에서도 특히 돈브리슬 온실 등은 한결같이 작고 재미없는 것이 되고 말았다. 말년에 일본을 구경하였을 때, 장난감처럼 작은 집들만 있는 나라에서 받은 느낌을 고향에서 되풀이하는 듯이 생각되었다.

무엇을 보아도 작은 것뿐이었다. 나의 소년 시절 고향의 첫 무대였던 무디 가에 있는 해묵은 샘까지도 내가 마음속에 그리고 있었던 광경과는 퍽 달랐다. 그러나 내가 꿈에도 잊지 못했던 단 하나 변하지 않은 것이 있었다.

여러 광채가 뒤섞여 눈부시게 아름다웠던 오래된 사원과 그 옆의 계곡만은 내게 조금도 실망을 주지 않았다. 그 위용과 규모는 여전했고, 나의 마음을 충족시켜 주기에 충분했다. 그리고 탑 위에 있는 로버트 부르스 왕은 옛날 모습 그대로 나의 눈과 마음에 커다랗게 빛나고 있었다.

고향에 돌아와서 처음 들은 사원의 종소리도 나를 실망시키지는 않았다. 옛 모습 그대로 남아 있는 것들은 내게 원기를 회복할 수 있는 계기를 만들어 주었고, 옛 사원의 둘레에 있는 왕궁의 고적과 계곡은 보면 볼수록 옛날 정경을 되살아나게 해주었다.

친척들은 나를 무척 친절히 대했다. 그 중에서도 제일 연세가 많으신 사랑하는 숙모 샤롯데는 기쁨에 넘쳐 소리를 질렀다.

"너도 이젠 여기로 돌아와 점포를 갖고 장사를 하겠지."

숙모의 생각으로는 하이스트리트에 상점을 내는 것이 대성공으로 보였다. 숙모의 사위 두 사람은 나와 직접적인 친척 관계는 아니었지만, 숙모의 딸과 결혼했으므로 사촌 사이가 되었다.

그들은 하이스트리트에서 점포를 경영하고 있었으므로, 숙모는 앞날이 기대되는 조카에게 이 정도의 대성공을 예언하는 정도는 조금도 나쁠 것이 없다고 생각했다. 하이스트리트에서 청과물상을 내고 장사를 하는 데에도 귀족주의가 있어서, 무디 가의 동업자들과 동등하게 교제하는 것을 결코 좋게 생각하지 않았다.

숙모는 옛날 이야기를 하는 것을 퍽 좋아하셨다. 내가 아주 어렸을 때 수저 하나로는 만족하지 않았으며, 꼭 두 개의 수저로 식사를 해야 하는 말썽꾸러기 아이였다고 말씀하셨다. 후에 내가 경영한 강철 공장

의 감독이 된 존 대위는 나에 대해서,

"보통의 아이들은 이가 두 줄로 나지만 구멍이 뚫린 채 태어난 아이."
라고 하였다. 나의 어린 시절의 식욕은 훗날 사업욕으로 변하여 새로운 사업과 생산 증가에 대한 욕망으로 가득 찼다. 내 또래의 친척 중에서 내가 가장 먼저 태어난 아이였고, 지금은 가장 존경을 받는 노인이 되었다.

그 무렵에는 아이를 원하는 사람들이 많았는데, 숙모도 그 중의 한 분이었다. 그들은 노인이 되면서부터 장난꾸러기였던 나의 어린 시절의 이야기와 말버릇 등에 대해서 자주 말씀하셨다. 숙모들이 기억을 더듬으면서 내 이야기하는 것을 들을 때면, 어쩐지 어린아이치고는 꽤 어른스런 소년이었던 것처럼 느껴졌다.

나는 격언을 들으면서 성장하였는데, 그 교훈은 곧 실천으로 옮겨지곤 했다. 아버지는 3마일쯤 떨어진 해변에 갔다가 돌아올 때면 언제나 어린 나를 업어 주곤 하셨다. 해는 저물고 재를 넘어야 되므로 힘이 든 아버지는,

"네가 너무 무겁구나."
하고 말씀하셨다. 아버지께서는 당신이 그렇게 말하면 내가 '걷겠습니다'라고 말하리라 생각하셨던 모양이었지만, 나의 대답은 아주 기상 천외한 것이었다.

"아버지 참으세요. 인내와 참을성은 훌륭한 사람을 만든다고 하지 않으셨어요?"

아버지는 무거운 나를 업고 그대로 걸으셨지만, 몸을 추켜올리면서 웃으실 수밖에 없었다. 당신이 늘 쓰는 무기로 아버지 자신이 한 대 얻

어맞은 셈이었으나, 그래도 이 말을 들으신 아버지는 내가 갑자기 가벼워진 것처럼 느끼신 듯싶었다. 이것이 진정한 아버지의 사랑이라고 굳게 믿고 있다.

우리 집에는 물론 가정교사·지도자·격려자였던 숙부가 있어서 8세 때부터 나를 영웅적인, 또는 애국적인 시민다운 사람으로 길러내려고 정성을 다했다. 나는 이미 27세의 청년이 되었지만 숙부 로다에게는 아직 철부지 소년으로 보이는 것 같았다. 나의 눈에 비친 숙부는 여전히 옛날 그대로였으며, 나의 마음속에 자라고 있는 숙부의 지위를 그 누구도 차지할 수 없었다. 숙부와 나는 꼭 붙어서 함께 산책을 했다.

숙부에게 나는 여전히 애기였다. 숙부는 나를 부를 때 이 이름 외엔 다른 이름으로 부르신 일이 절대로 없었고, 또 다른 이름으로는 부르려고도 하지 않았다. 한없이 사랑스러운 숙부! 이 숙부는 세상에서 말하는 단순한 숙부가 아니라, 그 이상의 특별한 분이었다.('자유란 용감한 조상이 남겨준 이상이기 때문에 이것을 지극히 사랑했다. 숙부는 남북전쟁이 미국의 천지를 뒤덮고 있을 때, 스코틀랜드에 머물면서 링컨이 주장한 이상을 실행하였다.' 《센츄리》지 제6권 헤밀턴 메이비의 기고 기사 중)

다시 돌아오다

나는 아직도 꿈속에서 헤매는 것처럼 신경이 날카로워져 잠을 이룰 수 없었고, 여러 가지 증세가 겹쳐 감기에 걸리고 말았다. 나는 숙부의 집에서 6주 정도 누워 있었는데 중태에 빠졌다. 스코틀랜드의 약품은 그 무렵의 스코틀랜드의 신학처럼 엄격하기만 했다. 나는 출혈을 했다. 미국에서 자란 나의 허약한 체질은 출혈을 하자 혈액이 엷어져서 회복기에 들어도 제대로 일어서지 못했다. 이렇듯 심하게 병을 앓아서 고향에 머무르는 기간은 갑자기 끝나고 말았는데, 미국으로 돌아오는 중에 바다의 맑은 공기로 충분히 원기가 회복되어 일할 수 있게 되었다.

근무지로 돌아왔을 때 나를 환영하던 그 광경을 잊을 수가 없다. 동부의 종점에 있던 사람들은 대포를 설치하고 열차가 통과할 때에 축포를 쏘아 나를 맞아주었다. 이것은 아마도 나의 직원들이 내게 공식적으로 경의를 표한 최초의 행사라고 기억되는데, 이 환영 행사는 나에게 영원히 잊을 수 없는 인상을 남겨주었다.

나는 나 자신이 그들에게 성의를 다 해서 진실하게 대했다는 것을 알고 있었다. 나는 그들이 나의 그 두터운 성의에 보답하기 위해서 대대적으로 환영해 주었다는 것을 깨닫고 참으로 기뻤다.

노동자들은 온정에 반드시 보답하려는 깨끗한 마음을 갖고 있다. 적어도 진실로써 다른 사람을 대하고, 어떤 문제가 발생했을 때 성의를 다 해서 전력한다면 그들이 우리에게 어떻게 대할 것인가 하는 염려 같은 것은 전혀 할 필요가 없다.

덕은 외롭지 않은 것이다. 덕은 베풀면 반드시 결과가 있는 것으로, 바로 이런 경우를 두고 하는 말이라 믿어진다.

9

교량 건설

7. 펜실베이니아 철도의 관리

8. 남북전쟁 시대

9. 교량 건설

10. 제철업

11. 본거지로서의 뉴욕

目次

레일 제조공장 건설

남북전쟁 중에 철값이 뛰어올라 1톤에 약 130달러나 되었다. 그렇게 비싼 값으로도 수요자는 많았지만 공급이 문제였다. 미국의 철도는 새 레일이 필요해 시시각각으로 위험한 상태에 빠져들고 있었다.

형세를 간파한 나는 1864년 피츠버그에 레일 제조회사를 창설하려는 생각을 갖게 되었다. 사업을 같이 할 사람이나 자금을 얻는 문제는 조금도 어렵지 않았으므로 우수한 레일 공장과 용광로를 건설했다.

그리고 기관차의 수요도 굉장히 컸으므로, 나는 토머스 N. 밀러 씨와 공동으로 출자하여 1866년에 피츠버그 기관차 공장을 세웠다. 이 사업이 성공하여 신용도 두터워졌고, 우리 공장에서 만든 기관차는 전 미국에서 굉장히 호평을 얻었다.

우리 회사의 주가는 1906년 3천 달러에 불과했는데, 지금은 약 30배로 뛰어올랐다. 해마다 거액의 배당금을 주주들에게 줄 정도로 회사의 경영은 대성공이었다. 이것이야말로 가장 좋은 상품 외에는 아무것도 만들지 말라는 상술을 실제로 증명해 주는 것이다. 우리는 최우량품 외에는 아무것도 만들지 않았다.

사실 우리는 1861년에 밀러와 공동으로 회사를 설립하여 조그마한 제철 사업체를 경영하고 있었다. 그 사업은 날로 번창해 나갔다.

철교 제조회사 설립

나는 아르튜나에서 근무하는 동안, 펜실베이니아 철도회사에서 처음으로 철교 만드는 것을 보았다. 그 철교는 대단한 성공을 거두었다. 나는 그때 나무로 가설되는 다리는 영구적인 시설이 되지 못함을 알게 되었다.

이보다 앞서 펜실베이니아 철도의 중요한 다리가 타 버려 8일간이나 교통이 두절된 일이 있었다. 그러므로 필요한 것은 철이었다. 나는 앞에서 말한 철도 설계자 H. I. 린빌 씨와 펜실베이니아 철도의 교량계를 맡고 있는 시펠라 씨, 그리고 그 제휴자인 존 파이퍼를 피츠버그에 초빙하여 철교 제조회사 창립에 관해 상의했다.

이것이 이 회사의 시초였다. 나는 펜실베이니아 철도회사의 스콧 씨에게 우리 회사에 입사해 줄 것을 권고하여 그의 승낙을 받아냈다.

다섯 사람은 각기 총 자본금의 5분의 1씩, 즉 1,250달러씩을 불입하였는데, 내가 불입해야 할 자본금은 은행에서 얻어 놓았다. 지금 생각해 보면 아주 적은 금액이기는 했지만, 울창하게 하늘을 찌르는 상수리 나무도 떡잎부터 성장하는 법이다.

1862년에 파이퍼 시플러 회사가 창립된 것은 소위 상수리가 싹을 터서 나무로 자라는 시초였던 것이다. 그 이듬해 1860년에는 키스톤 교량 회사에 합병되었다. 이 회사의 이름은 내가 붙인 것으로, 키스톤 주(중요한 돌의 산출지)로 알려져 있는 펜실베이니아 주에 있는 교량 제작회사의 이름으로서는 가장 훌륭한 것이라고 나 스스로 자랑스러워하고 있었다. 이것이 발단이 되어 그 후부터는 미국, 아니 전세계적으로 철교를 사용하게 되었다.

피츠버그의 제철업자들에게는 내 편지 한 장만으로도 새로운 회사의 주를 사게 할 수가 있었다. 드디어 목조로 작은 공장을 몇 개 짓고는 그곳에서 철교의 제작에 착수했다.

주재료로는 주철을 사용했는데, 당시 제작된 것과 비교도 되지 않을 정도로 더없이 견고하고 우수하였다. 그 후 운반량이 증가하여 가공한 철교는 오늘날에도 여전히 남아 있다.

첫번째의 중요한 주문에서 우리는 왕창 돈을 벌려고 벼르고 있었다. 그러나 통화 팽창 때문에 공사가 완성되기도 전에 물가가 뛰어올라 거의 이익을 보지 못했다. 이 사실을 전해 들은 펜실베이니아 회사 사장 에드가 톰슨 씨는 손실을 지불했다. 이는 톰슨 씨의 공평한 처세관을 증명하는 한 가지 좋은 예이다.

계약 당시에는 양쪽 다 장래를 꿰뚫어보지 못했다. 에드가 톰슨은 보기 드문 위인이며 군자였다. 그는 펜실베이니아 철도회사를 위해서 엄밀한 계약 작성자가 되어주기도 했다. 그의 위대한 점은, 법률이 지니고 있는 정신을 표현한 문자보다는 더욱 귀중하게 그 이상을 깨닫고 있었다는 데 있다고 할 수 있다.

세 사람의 위대한 인물

링빌과 파이퍼 · 시플러는 그 시대의 위대한 인물이었다. 링빌은 기사였고, 파이퍼는 민첩한 기계사였으며, 시플러는 극히 실질적인 인물이었다.

파이퍼 대령은 비범한 사람이었다. 펜실베이니아 회사의 사장 톰슨 씨는 만약 교량이 파괴되거나 타버리는 일이 생긴다면, 복구 작업반 전체를 동원하는 것보다도 파이퍼 한 사람만을 파견하는 편이 오히려 안심이 된다고 말하곤 했다.

그러나 그에게도 한 가지 약점이 있었다. 말(馬)에 대한 이야기를 꺼내기만 하면 하던 일도 내버려두고 그에 열중하는 것이다. 사업적인 논의가 너무 열을 띠게 되면 파이퍼 대령은 영락없이 화를 내버리고 만다. 그럴 때면 말 이야기가 나오고, 곧 화가 풀려 어떤 일이든지 순식간에 해내고 만다.

특히 말의 털에 대한 이야기만 나오면 그는 정신을 잃을 정도로 열중한다. 그가 과로로 휴양을 가야 할 필요가 생기면 우리는 일부러 그를 켄터키로 보내서 말을 사고 싶으니 좋은 말을 골라 달라고 부탁한다.

그 일은 그에게 무엇보다도 즐거운 일로서, 말의 선택에 대해서 우리는 대령 이외의 사람에게는 절대로 부탁하지 않았다. 그런데 너무 지나치게 말을 좋아하는 것이 때때로 곤란한 일에 부딪치게 되는 원인이 되기도 했다.

어느 날, 그는 모자를 잃어버린 채 한 손에는 회초리를 쥐고 얼굴에는 온통 뽀얗게 먼지를 뒤집어쓴 채 옷은 갈기갈기 찢겨진 몰골로 찾아왔다. 유명한 말을 타려다가 말 고삐가 끊어져 떨어지는 바람에 그 모양이 되었다고 했다.

철도교

한편 스츄벤빌에서 오하이오 강에 철교를 가설해야 될 필요성이 생겨 300피트의 철교를 제작할 수 있는지에 대한 조회가 왔다. 이 정도의 공사로 회사의 능력을 평가된다는 것은 오늘날에는 우스운 이야기처럼 들리겠지만, 그 무렵에는 아직 강철이 대중화되기 전이었고, 연철을 사용하는 일조차 드물었기 때문에 그런 의심은 당연했다.

상현(上弦)과 받침기둥의 재료도 모두 주철이었다. 나는 주문을 받아 제작을 해야 한다고 사원들에게 강력하게 주장하여 마침내 계약을 맺게 되었다. 나는 지금도 그 때의 광경을 생생하게 기억하고 있다.

팬 핸들 철도회사의 사장인 주에트 씨가 우리 공장에 왔을 때, 무겁게 보이는 주철의 재료를 쌓아 놓은 것을 보고는 내게 말했다.

"이렇게 무거운 주철을 재료로 써서 교량을 만든다면 그 다리 자체의 무게를 지탱하는 일조차도 어려울 것이라고 생각되는군요. 하물며 오하이오 강 위에 교량을 가설해서 열차를 운행하게 한다는 것은 상상조차 할 수 없는 절대 불가능한 일입니다."

그런데 주에트 씨는 이 세상에 있는 동안에 자기의 생각을 바꾸지 않을 수 없었다. 이때에 건설된 다리는 그 후에 다소 수리는 했지만 최근까지 훌륭하게 제구실을 다해 왔다.

파이퍼 대령

그는 대장부다운 풍모를 가진 건강한 사나이였다. 우리는 그를 파이프라고 불렀는데, 한번 자기 마음에 들기만 하면 언제까지나 유대 관계를 지키는 의리의 소유자였다. 내가 파이프와 함께 지내다 뉴욕으로 옮기고 나서부터는 그의 애정이 내 동생에게로 옮겨져 동생을 톰이라고 부르지 않고 토머스라고 불렀다.

나에 대한 그의 애정도 무척 깊었다고 생각했는데, 내 동생에 대한 애정이 더 깊었던 것 같았다. 그는 동생을 마치 신을 떠받드는 것처럼 숭배하였고, 톰이 무엇을 말해도 그것은 법률이요, 성서였.

우리들이 경영하는 사업에 대해서 자신과는 아무런 관련이 없는데도 대단한 관심을 가졌다. 키스톤 회사에 철제를 공급해 주는 공장 일이 그 좋은 예였다. 품질이나 가격, 그밖의 일에 관해서 공장 간부와 대령 사이에 여러 번 분쟁이 일어났다.

어느 때인가 그는 내 동생한테 1년간의 광재(鑛材) 공급 계약서를 잘못 옮겨 썼다고 꾸짖은 적이 있었다. 가격 단위를 '정미'라고 기록했는데, 계약을 맺을 때 정미라는 말에 대해서 아무런 보충 설명이 없었다. 그는 정미라는 말이 무엇을 뜻하느냐고 다그쳐 물었다. 동생은,

"대령님, 그것은 1센트도 더 하지 않는다는 뜻입니다."

라고 자신 있게 대답해 주었다.

"그래, 좋아 토머스."

하면서 대령은 만족한 미소를 지었다. 말은 어떻게 하느냐에 따라 크게 달라진다. 만일 1센트도 빼지 않는다는 뜻이라고 말했더라면 단번에 언쟁으로 번졌을지도 모를 일이었다.

한번은 흥신소의 신용록에 대해서 그가 굉장히 화를 낸 일이 있었다. 그는 원래 그런 종류의 책을 접해 본 일이 한 번도 없었기 때문에, 자기의 회사를 어떻게 평하고 있는지 궁금해했다.

그런데 그 책에는 키스톤 교량회사가 BC라고 적혀 있었다. 즉, B는

나쁘다는 뜻이고, C는 신용이라는 약자이다. 다시 말해 신용이 나쁘다는 뜻이었다. 이것을 본 파이퍼는 머리끝까지 화가 나서 편집인을 고소하겠다는 것을 간신히 달랬다. 톰은 말로써 그를 설득시킨 것이다.

"신용이 약하다는 것은 키스톤 회사는 돈을 빌리지 않았기 때문에 빌려주는 쪽에서 보면 나쁜 상대가 되는 것입니다."

톰의 설명에 대령은 점차 화가 풀렸다. 대령은 빚을 지지 않는 것을 자랑으로 여겼다. 어느 때인지 잘 모르지만 재계가 불황에 빠져 파산하는 곳이 속출한 적이 있었다. 그때 나는 유럽으로 떠나려고 했는데 대령이,

"당신이 없는 사이 우리들이 차용 증서에 서명만 하지 않는다면 파산은 없겠지."

"네, 물론입니다."

라고 나는 대답했다.

"좋아. 그렇다면 당신이 올 때까지 우리들은 여기에 있겠네."

이즈 대위

교량을 건설·제작하던 시절 우리들과 친하게 지냈던 특이한 인물이 있다. 그 사람은 이즈 대위로서 미시시피 출신이었다. 그는 미시시피 강에 다리를 건설하여 유명해진 바로 제임스 B. 이즈 대위이다. 그는 뛰어난 두뇌를 가진 천재였지만 과학적인 지식이 부족하여, 자신의 불규칙한 생각을 하나로 집결시키는 능력이 없었다. 그러나 무엇이든지 자기의 독창적인 계획으로 실천하려고 노력하는 인물이었다.

그는 한번 시도하였던 것은 무엇이나 새로움이 없다고 생각하여 그

것을 배척했다. 그가 미시시피 강에 세울 다리의 설계도를 우리에게 보여주었을 때, 우리는 그 설계도를 이 방면의 제1인자인 린빌 씨에게 보였다. 린빌 씨는 설계도를 검토한 후 엄격하게 말했다.

"이 설계대로 다리를 건설하면 자체 중량 때문에 결국은 넘어지고 맙니다."

"그래요. 그렇다면 이즈 대위를 당신에게 보낼 테니 이해할 수 있도록 말씀해 주시고, 다른 사람에게는 절대로 말하지 않도록 해주십시오."

라고 나는 그에게 말했다.

이 교섭은 성공했다. 드디어 다리가 완공되었을 때, 제작 주임인 파이퍼 씨는 대위의 엉뚱한 요구에 응할 수 없게 되었다. 처음에는 두 번 다시 있을 수 없는 큰 공사의 계약을 맡아 정신없이 기뻐하면서 이즈 대위에게 갖은 애교를 다 떨었다.

처음에는 대위라는 호칭으로는 부족하다고 생각했던지 '이즈 대령님, 이즈 대령님' 하면서 추켜세웠는데, 교량 건설에 대한 이야기가 복잡해지자 이즈 대위에 대한 대우가 소홀해지는 것을 느낄 수 있었다. 그래도 그때에는 '안녕하세요, 이즈 대위?' 정도였다.

그런데 어느 순간에 이즈 대위는 이즈 씨로 격하되어 불려지는 것에 우리는 놀랐다. 담판이 뜻대로 진척이 안 될 때에는 대령에서 짐 이즈로까지 격하되었는데, 실은 공사가 공장도(工場渡)가 되기 훨씬 이전부터 짐의 커다란 D자(댐, 즉 보기 싫은 놈이라는 말의 머리글자)를 붙이고 있었다.

사람은 아무리 뛰어난 기량을 지니고 유쾌하고 재미있는 성격을 가지고 있다 하여도, 다른 사람이 과학적인 지식과 실제적인 경험을 적극적으로 이용하려고 하지 않았다면 미시시피 강을 가로지르는 1,500피트의 최초의 다리를 제작할 수는 없었을 것이다. 이 다리는 길이가 515피트로 그 무렵에는 활 모양의 세계 최고의 철교로 인정받았다.

공사가 준공되었을 때 우리가 공사비를 전부 받기도 전에 공사의 권한을 가로채려는 자가 나타났기 때문에, 나와 파이퍼 대령은 며칠간 미시시피에 머물면서 다리를 지키게 되었다.

대령은 다리를 지키기 위한 계획으로 양끝의 교량판을 떼어내고 사람들을 교대시키는 방안을 강구했지만, 대령 자신은 피츠버그로 돌아가고 싶어했다. 무슨 일이 있어도 야간 열차로 돌아가겠다고 고집을 피웠다. 나는 그를 잡아둘 방법을 찾다가, 마침내 대령의 약점을 생각해 냈다. 나는 누이동생을 위하여 말을 두 필을 사고 싶다고 파이퍼에게 말했다.

"마침 미시시피가 말의 산지라고 들었는데, 당신은 여기에서 좋은 말을 보신 일이 있습니까?"
하고 넌지시 건네보았다.

대령은 과연 내 생각대로 반응을 나타냈다. 단번에 마음이 동요하는지 미시시피에서 보았던 말들과 마굿간의 모양에 대해서 강의를 하다시피 했다. 나는 이때를 놓치지 않고 하루 동안 머물면서 좋은 말을 골라 달라고 부탁했다. 그렇게 되면 그는 며칠 동안을 말을 보러 다니는 일에 매달려 있을 것이라고 생각했다. 마침내 모든 일은 내가 예상했던 대로 되어 갔다. 그는 아주 훌륭한 말 두 필을 샀다.

그러나 피츠버그까지 말을 수송하는 데 또 한 번의 어려움이 따랐다.

그는 철도로 수송하는 것을 몹시 불안하게 생각하는 것 같아 배를 알아보니, 수일 안으로 출발하는 것이 없었다. 그러나 내게는 오히려 그것이 잘된 일이었다.

말이 제대로 떠나는 것을 확인할 때까지 그는 결코 이곳을 떠나지 않을 결심이었다. 어쩌면 그는 직접 말과 함께 배를 타고 가지 않으면 안심이 안 된다고 할지도 몰랐다. 그러나 어찌되었든 우리는 함께 다리를 무사히 지킬 수가 있었다.

파이퍼는 로마의 옛 영웅 호라티우스 못지않게 훌륭히 다리를 지켰다. 그는 군자다웠고 사업상으로는 나의 친구로서, 하늘이 내려주신 가장 귀중한 동업자 중의 한 사람이었다.

키스톤 교량회사

키스톤 교량회사의 사업은 언제나 나를 만족시켜 주었다. 그 무렵 철교 건설을 계획했던 미국의 여러 회사는 거의 전부 실패했다. 그들이 건설한 철교는 거의 붕괴되었고, 미국에서 일어난 가장 비참했던 철도 사고는 철도의 붕괴가 그 원인이 된 경우도 있었다.

또는 건설 도중 거센 바람 때문에 붕괴된 교량도 있었는데, 우리 키스톤 회사에서 건설한 다리는 한 건의 사고도 일어나지 않았다. 폭풍이 몹시 몰아친 곳에서도 거뜬하게 오늘날까지 남아 있는 다리도 있다. 이것은 절대로 우연이 아니었다.

우리는 가장 좋은 재료만 골라 충분하게 사용했을 뿐만 아니라, 철재도 모두 직접 만든 것이었다. 후에는 강철 재료까지도 직접 만들기에 이르렀다. 우리의 작업에 대해서만큼은 가장 엄밀한 검사를 실시하여 안전한 제품만 출하시키는 방침을 실시했다.

교량 건설의 주문을 받을 때에도 주문에 무리가 있어 충분히 손을 댈 수가 없을 경우라든지, 설계 자체가 비과학적이라는 결과가 나오면 절대로 주문을 받아들이지 않았다.

적어도 키스톤 교량회사에서 만든 교량에 대해 보험을 들 각오였다. 마치 칼이 그의 아버지가 앤년 강에 건설한 교량에 자부심을 가지듯 우리도 우리 회사에서 건설한 교량에 자부심이 있었다. 아들은 위대한 아버지의 작품을 〈정직한 다리〉라고 자칭했다.

이 사업 방침이 성공의 비결이었다. 사업상의 신용이 확립될 때까지 무거운 수레를 끌고 고개를 올라가는 고통을 맛보아야 했지만, 그 후부터는 순풍에 돛을 단 듯 마음껏 달릴 수가 있었다.

회사를 설립한 창업자는 검사원을 거절하는 어리석은 짓을 하지 말고 오히려 그를 환영해야 한다. 엄격한 운영방식에 의해서만 우수한 표준치가 유지되고, 공장 노동자들은 숙련공으로 단련되어질 수 있게 된다. 나는 지금껏 선량하고 정직하게 사업을 수행하지 않고서 훌륭한 공적을 쌓아올린 회사를 본 적이 없다.

경쟁이 치열한 오늘날에 있어서는 모든 것이 가격에 의해서 결정되는 듯이 보이지만, 사업을 성공시키는 근본적인 의의는 만들어 낸 물건의 품질이 좋고 나쁨에 달려 있다. 품질 관리는 사장부터 최하급 근로자에 이르기까지 주의를 게을리하지 말아야 하며, 모든 힘을 기울여야 한다.

그와 동시에 공장이나 기계 등 재산도 깨끗하게 관리하여야 하며, 공장 구내나 주위의 질서를 유지하는 것이 우리들이 생각하는 이상으로 사업의 성공에 크게 좌우된다.

피츠버그에서 은행업자 대회가 열렸을 때, 에드가 톰슨 공장을 시찰했던 은행가 중 한 사람의 말은 나를 크게 격려해 주었다. 그는 수백 명의 대표자들과 함께 공장을 한 바퀴 돌아본 후, 지배인에게 이렇게 말했다.

"이 공장은 참다운 적임자에 의해 운영되고 있는 것 같군."

그 사람은 과연 성공의 비결을 꿰뚫어보고 있었다. 한편, 어떤 대공장에 근무하는 사람이 자신의 공장에는 감사원이 절대 오지 않는다고 말하였다.

어느 날 공장에 검사원이 들어가려고 하자, 사원이 그를 내쫓는 바람에 그 후부터 두번 다시 찾아오지 않는 것이 대단한 자랑인 양 나에게 들려주었다. 그는 그 일이 마치 회사를 위한 대경사처럼 생각하고 있었던 것 같았다. 그러나 나는 그 사람과는 반대의 생각을 갖고 있다.

"이 회사는 반드시 경쟁에서 지고 말 것이며, 특히 불경기가 몰아닥치면 반드시 쓰러지고 말 것이다."

결과는 과연 내 생각대로 적중했다. 성공의 가장 확실한 기초는 품질이라는 것을 잊어서는 안 된다.

나는 오랫동안 키스톤 교량회사의 일을 맡아 보았다. 중요한 계약이 있을 때에는 내 스스로 상대방의 교섭에 나섰다. 1868년에 미시시피 강을 가로지르는 철교의 건조 계약을 맺기 위해서 나는 월터 카트를 데리고 오하이오의 데뷰크로 간 일이 있었다.

이 대공사는 당시로서는 처음 세워지는 대철교였으므로 아주 어려운 일이었다. 그때 미시시피 강은 두껍게 얼어 있어서 우리들은 네 필의 말이 끄는 썰매를 타고 강을 건넜다.

사소한 일이 성공을 좌우한다

철교를 가설하면서부터 깨달은 것이 하나 있다. 성공은 사소한 일이 원인이 되어 좌우된다는 진리가 바로 그것이다. 입찰 결과 우리 회사가 가장 낮은 견적을 제시한 것이 아님을 알게 되었다. 우리의 경쟁 상대는 시카고에 있는 교량 제작회사였는데, 중역 회의에서 이 회사와 계약하기로 결의했다.

나는 미련이 남아 여러 사람과 대화를 나눴다. 그 결과, 그들은 주철과 연철의 차이조차도 전혀 모른다는 사실이 밝혀졌다. 우리 회사에서는 교량의 상현재(上弦材)를 연철로만 만들고 있었는데, 경쟁 상대인 여러 회사에서는 주철을 사용하고 있었다. 나는 이에 초점을 맞췄다.

그리고 연철로 만든 교량과 주철로 만든 교량에 기선이 충돌했을 때의 결과를 비교하였다. 충돌시 연철로 만든 교량은 조금 굽을 뿐이지만, 주철로 만든 교량은 두 동강이 나면서 다리가 내려앉아 버리고 말 것이라고 설명했다.

가로등 파괴의 기회

중역 중 페리 스미스는 다행스럽게도 나의 의견에 찬성하였다. 그리고 만일 주철로 다리를 건설한다면 사고 발생시 내가 말한 결과가 나타나리라고 주장하여 중역 회의에서 주의를 기울이도록 경고했다.

어느 날 밤, 스미스 씨가 타고 가던 마차가 어두운 밤거리를 지나다가 주철로 만들어진 가로등과 충돌하는 바람에 그 기둥이 두 동강이 난

적이 있었다.

　결국 중역 회의에서 페리 스미스의 주장이 받아들여져 우리 회사에 교량 건설 계약이 낙찰되었다. 이로써 미루어보아 하늘의 도움이 페리 스미스 씨를 통해서 나에게 인도되었다는 생각이 억지만은 아님을 알게 되었을 것이다.

　"여러분, 돈을 조금 더 투자하면 완전한 연철의 교량이 세워져서 어떠한 기선과 충돌하여도 붕괴될 염려가 없습니다. 우리들은 적은 비용으로 불완전한 다리를 만드는 일이 없었습니다. 또 앞으로도 절대로 적은 비용으로 만들지는 않을 것입니다. 우리가 만든 다리는 절대로 붕괴되지 않습니다."

라고 나는 목청을 높여 연설을 했다.

　회의장은 물을 끼얹은 듯이 순식간에 조용해졌다. 잠시 후에 위대한 원로원 의원이며 교량회사의 사장인 애리슨 씨는 내게 잠시만 자리를 비워 달라고 부탁하였다. 얼마 후 그들은 나에게 계약을 하자고 제의했다.

　때마침 일어난 스미스 씨의 사고 덕분에 큰 이익이 되는 계약을 체결할 수 있었다. 뿐만 아니라, 주철과 연철의 차이가 증명되어 경쟁자를 따돌리고 데뷔크 교의 건설 계약을 맺었다는 호평을 얻었다. 또한 내가 미국에서 가장 존경하는 공인의 한 사람인 원로원 의원 애리슨과 평생 변치 않는 우의를 맺게 해준 계기가 되기도 했다.

　이 이야기의 교훈은 뚜렷하다. 계약을 체결하고 싶으면 현장에 있을 것. 입찰자가 현장에 있으면 내가 경험한 것과 같이 전혀 예상조차 하지 않았던 일이 승리를 가져다 줄지도 모른다. 계약이 완전히 체결될 때까지는 계약서를 작성하여 그 현장에 머물러 있어야 한다. 그들은 우

리들에게,

"이젠 돌아가도 좋습니다. 계약서에 서명하기 위해 서류를 나중에 우송하겠습니다."

라고 말했지만 나는 마지막까지 그곳을 떠나지 않았다. 데뷔크에서 유명한 곳을 구경하고 싶다는 이야기를 내세워 태연하게 머물렀다.

우리 회사가 스튜벤빌교를 건조하고 난 후, 볼티모어 오하이오 철도회사는 강력한 경쟁 상대인 펜실베이니아 철도회사에게 큰 이익을 빼앗기지 않기 위해서, 피츠버그에서 오하이오 강을 가로질러 호이링까지 이어지는 철교를 가설할 필요성을 인정했다.

이 무렵부터 배가 화물을 운송하는 것은 이미 쇠퇴하고 있었다. 이 다리의 건조를 위한 계약 관계에 의해, 그 무렵 중요한 지위에 있었던 볼티모어 오하이오 회사의 사장 카레트 씨와 친교를 맺을 수 있는 좋은 기회를 얻었다.

볼티모어 오하이오 철도교 건조의 계약

우리들은 교량뿐만 아니라 다릿목의 공사 계약까지도 맺고 싶었으나, 우리 회사에서 지정한 기간 안에 큰 교량 건설을 완공할 수 없다는 카레트 씨의 주장으로 무산되었다. 그리고 그는 다릿목 공사와 단경(單經) 공사만은 자신의 회사에서 맡고 싶다고 하였고, 우리 특허권을 사용토록 해줄 것을 부탁해 왔다.

나는 악수를 청하며 대답했다.

"볼티모어 오하이오 회사가 우리의 특허를 사용해 주신다는 것은 우리로서는 커다란 영광입니다."

볼티모어 오하이오 회사가 우리의 특허를 채용했다는 그 사실만으로 특허권 사용료에 10배 가량의 가치가 있다고 인정하였다.

"우리가 소유하는 일체의 특허를 자유롭게 사용하셔도 좋습니다."

이 선심은 철도왕 카레트 씨에게 좋은 인상을 주었다.

그는 몹시 기뻐하면서 나를 사무실로 안내했다. 그러고는 사업상의 모든 일을 숨김없이 털어놓는 의외의 모습을 보였다. 그 중에서도 펜실베이니아 철도회사의 톰슨 사장이나 스콧 부사장이 자신의 회사와는 경쟁 관계에 있다고 말해 나를 놀라게 했다. 왜냐하면 그들과 나는 매우 절친한 사이였기 때문이다.

나 역시 그의 솔직한 태도에 마음이 끌려 내가 여기 오는 도중에 필라델피아에 들러 스콧 씨와 만났던 일을 숨김없이 털어놓았다. 그리고 스콧 씨에게 했던 말도 덧붙였다.

"나는 오하이오 강에 가설하는 대교량 공사 계약을 손에 넣기 위해서 카레트 씨를 만나러 가는 길이라고 했습니다. 그러자 스콧 씨는 '자네는 좀처럼 헛걸음을 안 하지만 이번만은 틀림없이 빈손으로 돌아올 것이네. 또 카레트 씨는 자네와 계약할 생각이 전혀 없을 것이네. 왜냐하면 자네와 펜실베이니아 철도회사는 오랜 관계를 유지하고 있듯이, 카레트 씨 회사와 우리 회사는 경쟁 관계에 있음을 누구나 잘 알고 있기 때문이지'라고 하였습니다. 그래서 나는 스콧 씨에게 '좋습니다. 그렇다면 우리 스스로가 나서서 카레트 씨의 다리를 만들어 보도록 하겠습니다'라고 말했습니다."

카레트 씨는 즉시 대답했다.

"우리 회사의 이해 관계가 청부업자의 수완 여하에 달려 있을 경우에는 반드시 평판이 좋은 청부업자의 입찰을 받아 왔습니다."

카레트 씨의 전속 기사들은 우리들의 설계가 가장 좋다는 것과 스콧 씨와 톰슨 씨에 의하면, 카레트 씨는 우리 회사와 경쟁 관계에 있긴 하지만 자기 회사의 이익을 첫손에 꼽기 때문에, 우리와 틀림없이 계약을 맺을 것이라고 하였다. 카레트 씨는 내가 펜실베이니아 철도회사 측 사람임을 잘 알고 있었으니 이 공사는 반드시 우리에게 맡겨지는 것이 의무라고 생각했다.

나는 공사 계약에 관한 성과가 만족스럽지 못했다. 공사 중에서도 가장 곤란하고 시간을 요하는 부분, 즉 그 무렵에는 모든 위험한 부분까지도 우리에게 맡겼고, 카레트 자신은 작고 유리한 공사를 우리의 특허권을 사용해서 만든다는 것이었다. 나는 마음을 단단히 먹고 카레트 씨에게 질문을 했다.

"공사를 그렇게 나누어서 완성하면 철교의 교통을 개선할 수 있는 능력이 우리들에게는 전혀 없다고 믿는 것이 아닙니까?"

그 말에 그는 그렇다고 인정했다.

"그런 이유 때문이라면 조금도 걱정하실 필요 없습니다."

나는 또 이렇게 단언하고,

"카레트 씨, 제가 직접 책임을 지고 증서를 쓰는 것으로 되겠습니까?"

라고 말하자 그는 웃음을 띠며,

"충분합니다."

"좋습니다. 그렇다면 내가 책임지고 맡겠습니다. 나는 이 공사에 대해서 상당히 조심스러워하고 있지만, 위험을 감수하고서라도 해보겠습니다. 당신이 석재(돌의 재료)를 준비해 준다는 조건으로 공사 전체를 우리에게 맡겨주신다면 지정한 기일 안에 마치하도록 하겠습니다. 그 보증금으로는 얼마를 납부하면 되겠습니까?"
라고 나는 날카롭게 물었다.

"한 10만 달러쯤은 필요하다고 생각하는데, 당신 생각은 어떻습니까?"
라고 나는 표정을 굳히며 말했다.

"네, 잘 알고 있습니다. 회사가 10만 달러의 책임을 지는 이상, 밤낮을 가리지 않고 공사를 진행시키지요. 그래서 결국 다리는 내 것이 되겠지요."

이것이 그 무렵 세인의 이목을 끌었던 볼티모어 오하이오 철도회사의 대계약의 전말이다. 말할 것도 없이 우리가 그 증서의 조건대로 이행하지 못할 것은 없었다. 공사는 카레트 씨보다도 나의 동업자가 더 잘 알고 있었다.

오하이오 강은 함부로 덤벼들 수 있는 곳은 아니었다. 석재 공사가 그렇게 쉽게 마무리될 리도 없었다. 우리들은 상층 부분의 공사를 전부 마치고 나서 제방까지 그것을 운반하여 증서에 기록한 의무대로 훌륭히 수행하였으나, 하층 공사는 아직까지 진행 중이었다.

카레트 씨의 스코틀랜드 혼

카레트 씨는 자기가 스코틀랜드 사람임을 늘 자랑으로 여겼다. 또한 나와 카레트 씨는 '번스'를 화제에 올리면서부터 흉금을 털어놓는 사이가 되었다. 그 후 그는 시골에 있는 넓고 큰 자신의 저택으로 나를 초대하곤 했다.

그 무렵 그는 당당한 세도가 중의 한 사람으로서 미국의 시골 신사였다. 그의 저택에 속해 있는 땅은 수백 평에 이르렀고, 저택 주변은 더없이 아름다운 곳으로 공원에서 마차 길로 연결되어 있어 매우 운치 있었다. 좋은 말도 길렀고, 소·양 등 모든 가축이 있었다. 그는 영국 귀족의 전원 생활을 누리는 듯 호화롭고 웅장한 생활을 하고 있었다.

그는 후일 자신이 주재하는 철도회사에서 강철제 레일을 제작하려는 생각으로 베세멜 특허권의 사용을 출원했다. 이것은 우리의 사업과 밀접한 이해 관계에 있었다. 볼티모어 오하이오 철도회사는 우리 회사의 가장 큰 거래처였다. 그래서 우리는 이 회사에서 캠팰랜드에 레일 제작 공장을 건립하는 것을 어떻게든 막아야 했다.

한 회사의 수요를 충당할 정도의 적은 분량에 레일은 자체 내에서 제작하는 것보다는 시장에서 구입하는 편이 훨씬 값이 싸게 먹힌다는 것을 나는 잘 알고 있었기 때문에, 이러한 계획은 볼티모어 회사에게도 손해가 될 것이라고 믿었다.

나는 그 일 때문에 카레트 씨를 방문하였다. 그때 카레트 씨는 볼티모어가 외국과의 문호로 항구에 드나드는 기선이 많은 것을 크게 자랑했다. 카레트 씨는 직원과 함께 나를 마차에 태워 확장 계획을 세우고 있는 방파제까지 갔는데, 외국 화물이 배에서 화차로 옮겨 실리는 광경을 보면서 그는 감격스러운 듯 말했다.

"카네기 군, 이 광경을 보면 우리의 사업이 얼마나 큰 규모인가를 알 수 있겠지. 또 일체의 물자 강철제 레일까지도 회사 자체에서 제작할 필요가 있다는 사실도 이해할 수 있으리라고 생각하네. 우리 회사에서 소비하는 주요 물자를 개인 기업체인 회사에서 공급을 받을 수는 없겠네. 우리는 독립된 한 세계를 이룩하지 않으면 안 되네."

나는 그의 말에 반대 의견을 제시했다.

"옳은 말입니다, 카레트 씨. 어느 말이고 다 타당하지만 당신이 말하는 그 대규모는 나를 두려워하게도, 한 발 물러서게도 못 합니다. 나는 작년도의 당신 회사의 영업 보고에서 당신 회사가 다른 회사 또는 개인의 화물을 수송한 임금이 1,400만 달러였음을 읽었지요. 그런데 우리 회사에서는 산에서 광석을 캐내어 스스로 제조 판매한 금액이 그보다도 훨씬 많습니다. 당신 회사는 카네기 형제가 경영하는 회사에 비하면 실제적으로 아주 작습니다."

내가 철도회사에 근무하면서 겪은 경험은 나의 사업 운영에 많은 도움을 주었다. 그 후부터 볼티모어 오하이오 철도가 우리와 경쟁하려 한다는 이야기를 들어보지 못했다. 카레트 씨는 마지막까지 좋은 친구 사이로 지냈다. 그는 자신이 직접 기른 스코틀랜드산 '코리'라는 개까지 내게 주었다.

내가 펜실베이니아 철도회사의 사람이었기 때문에 자연히 그와는 사업상 적수였음에도 불구하고, 서로에게 흐르는 스코틀랜드의 뜨거운 민족애는 그 문제점을 뛰어넘을 수 있었다.

10

제철업

8. 남북전쟁 시대

9. 교량 건설

10. 제철업

11. 본거지로서의 뉴욕

12. 상사 교섭

키스톤 공장은 내가 경영한 모든 사업의 시초였으며, 늘 아끼고 사랑하는 공장이었다. 이 공장을 세운 후 얼마 안 되어 주철보다는 연철이 훨씬 유리하다는 것이 판명되었다. 그래서 우리는 품질의 통일을 꾀하였고, 그 무렵에는 찾아볼 수 없었던 일정한 모양을 내기 위해서 제철업을 시작하고자 결심했다.

동생과 나는 토머스 N. 밀러, 헨리 휩프스와 앤드류 크루먼을 규합해서 작은 제철 공장을 일으키기에 이르렀다. 처음에는 밀러와 크루먼 둘이서 사업을 시작했는데, 1861년 11월에 밀러는 휩프스에게 800달러를 빌려주어 6분의 1을 출자하게 한 뒤 동업자로 끌어들였다.

우리들의 제철 계획에 가장 앞장선 사람이 밀러였음을 기억해 둘 필요가 있다. 우리는 모두 밀러에게 힘입은 바가 크다. 그는 호인이었고, 우리는 그를 사랑하고 친하게 지냈다. 뿐만 아니라 그도 따뜻한 포용력으로 우리를 위해 정성을 다했다. 그는 해가 거듭될수록 더욱더 귀중하게 여겨지는 좋은 친구였다.

그는 노령이 되면서 성품이 더욱 온화해졌고, 예전에 가졌던 신학은 진실한 종교에 위반되는 것이라고 주장하던 적개심도 나이가 들면서부터 한층 부드러워졌다. 우리들 모두는 나이가 들면서 점점 철학 쪽에 많은 관심을 가졌는데, 이것은 퍽 좋은 일이라고 생각된다.

1912년에 세파를 피하여 올트너글 고원에서 조용히 지내며 나는 이 글을 다시 읽고, 지난 겨울에 피츠버그에서 세상을 떠난 친구 토머스 밀러를 생각하며 눈물을 흘렸다.

그의 장례식에 참석하고 돌아온 후부터 나의 생활은 불안스럽고 어쩐지 허전했다. 그는 중년에 처음으로 사업을 함께 했던 동지였고, 노년에 들어서는 가장 필요한 친구였는데, 그런 그가 세상을 떠났기 때문에 더욱더 아쉽게 느껴졌다. 그가 간 곳이 어디든 나도 그가 있는 곳으로 가고 싶은 마음이 간절했다.

앤드류 크루먼은 에레니게 시내에 자그마한 철강 공장을 가지고 있었다. 한편, 내가 펜실베이니아 철도 관리국장으로 있을 때, 그가 아주 좋은 차량을 제작하고 있는 것을 알 수 있었다.

그는 당시 피츠버그에서 아무도 모르는 비결을 가지고 있는 훌륭한 기술자였다. 즉, 기계를 사용하여 철갑을 깎는 제작법에 착안하고 있었다. 그가 제작하는 것에는 많은 비용이 들었지만 완성된 제품은 목적을 충분히 달성하고도 남을 만큼 튼튼하였다.

그때는 제철업의 초기 단계였기 때문에 재료에 대한 분석이나 과학적 취급이 전혀 없어서 차량은 일정한 기간까지 보존하기가 어려워 파손하기가 일쑤였다.

그런데 이 독일인이 철을 정확한 길이로 절단할 수 있는 냉톱(冷鋸)을 발명하였다. 또한 그는 교량의 연환(連環)을 만들기 위한 역전 기계를 만들었으며, 미국 제일의 유니버설 공장을 건설했다.

우리들은 이 모든 공장을 우리 회사에 규합시켰다. 이즈 대위가 미시시피 다리의 연결 자재를 얻지 못하고 있을 때, 크루먼이 소문을 듣고 우리에게 달려와 자기가 그것을 만들어 낼 수 있다고 설명했다. 그러고는 그의 말을 증명하였다. 그 무렵 반원형제로서는 최대의 제품이었다. 우리들은 크루먼의 기술을 아주 소중하게 여기고 있었다. 그가 일단 자신감을 내보이면 우리는 서슴지 않고 공사 청부 계약을 할 수 있었던 점으로 보아서도 능히 짐작할 것이다.

우리 집안과 휩프스 집안은 친교 관계를 맺게 되었는데, 헨리 휩프스를 처음 만났을 때 그는 무척 재치 있고 풍채가 뛰어나 나의 주목을 끌었다. 어느 날 그는 그의 형 존에게 은화 25센트를 빌려 달라고 했다. 존은 동생이 중요하게 쓰는 것 같아서 아무 말도 하지 않고 반짝이는 은화 25센트를 주었다.

다음날 아침, 〈피츠버그 데스밧치〉 신문에 '뜻있는 소년직을 구함'이라는 광고가 났다. 이것은 불굴의 소년 헨리가 취직을 하기 위해 은화 25센트를 사용한 일이었다.

그 결과 그는 상점에서 대단한 신용을 얻었으며, 없어서는 안 될 존재가 되었다. 그리고 얼마 안 되어서 같은 상점 계통의 한 지점에 소액의 투자를 하게 되었다. 상점의 주인 미라 씨는 그를 위하여 앤드류 크루먼과의 공동 사업에 조금의 투자나마 가능하게 해주었다. 이것이 바로 제철 공장을 건설할 수 있는 기본이 되었다.

그는 소년 시절, 내 동생 톰의 죽마고우로서 동생이 1863년에 숨을 거두는 순간까지 일생을 함께 지냈던 제일 친한 동료였다. 모든 사업에도 반드시 동등하게 투자할 정도로 동고동락하였다.

당시 사환이었던 이 소년은 미국의 부호로 불릴 만큼 돈을 벌게 되었으며, 이익금의 일정액은 사회사업에 유익하게 사용하였다. 수년 전, 그는 에레니게와 피츠버그 공원에 아름다운 음악당을 지었다. 그러나 그는 일요일에만 공개하라는 조건을 제시했다. 이 조건은 대단한 물의를 일으켰다.

교회 목사들은 교단에서 그를 공격하였으며, 교회 회의에서는 그의 행위가 교회를 모독하는 일이라고 배격했다. 그러나 대다수 사람들은 일제히 일어나서 그의 조건에 찬성을 표하였고, 정부에서는 만장일치로 이 기증을 받아들이기로 했다. 나의 친구들은 목사들의 설문에 이렇게 답변했다.

"목사님들과 같이 일주일에 하루만 일하고도 나머지 6일간 자연 경관을 마음껏 즐길 수 있는 사람들은 모르지만, 노동자들은 일요일 단 하루만이 일주일의 피로를 푸는 유일한 휴식일인데, 그 하루의 사용을 금한다는 것은 대단히 부끄러운 소행이라고 생각합니다."

한편, 목사들은 최근 피츠버그의 목사 대회에서 악기를 교회에서 사용하는 것에 대해 논쟁하고 있었다. 그들이 교회에서 오르간 사용을 토론하고 있을 무렵, 세간의 영리한 사람들은 안식일 날에 박물관이나 음악관 또는 도서관을 공개했다.

목사들은 한시바삐 일반 교인이나 대중의 참다운 요구를 파악하여 시대의 흐름에 적절히 따라가야 한다. 만약 그렇지 않으면 많은 사람들이 교회를 탈퇴하게 될지도 모를 일이다.

토머스 N. 밀러

불행하게도 크루먼과 휩프스는 밀러와 사업상 의견을 달리하여 그를 배격했다.

그러나 나는 밀러와 함께 새 공장을 세웠다. 1864년에 창립한 사이크로푸스 공장이 바로 이것이다. 이것을 경영하다 보니까 신구 공장을 통합하는 것이 훨씬 유리할 것 같아서 1876년에 구공장과 통합하여 유니온 철공장을 설립하게 되었다.

나는 밀러에게 구사원이었던 휩프스·크루먼 씨와 과거의 감정을 버리고 같이 손잡고 일하기를 권하였으나, 밀러는 끝까지 거절하면서 결국 자기 소유 지분까지 내게 팔고는 퇴사해 버렸다.

아일랜드인의 기상

밀러는 아일랜드인이다. 아일랜드인은 매우 다혈질이며, 한번 피가 끓어오르면 좀처럼 식지 않는다. 그때 그가 우리의 권유를 받아들였다면 우리 동료 중 제일 큰 공로자로서 그는 물론 그 밑에 있는 직원들까지도 백만장자의 대열에 설 수 있었을 것이다. 당시 우리들의 제철업은 규모는 작았으나 사이크로푸스 공장에는 적지 않은 토지가 있었다.

사업은 점점 번창해 갔다. 제철업이 그토록 작은 면적에서도 가능한지 의구심을 자아낼 만큼 성공적이었다.

크루먼이 철의 각제 제작에 성공하여 우리 공장은 단연 제철업 분야에서 다른 어느 공장보다 월등히 뛰어났다. 우리들은 모든 형상의 철제를 만들기 시작했다. 특히 다른 공장이나 회사에서 미처 생각지 않은 제품을 비롯해서 별로 필요하지 않은 것까지 제작했다. 그것은 거듭 발전을 하고 있는 우리 나라의 앞날을 내다보고 수요 증진을 간파했기 때문이다.

첫째, 우리들은 다른 사람이 할 수 없는, 또 원치 않는 물건을 제작했다. 그것이 우리들의 확고한 사업 경영의 방침이었다.

둘째, 품질이 좋지 못한 것은 처음부터 제작하지 않았다.

셋째, 우리들은 항상 거래상의 신용을 도모하여 우리에게 손실이 되더라도 그것을 수행했다.

넷째, 어떠한 동맹이 맺어지는 경우에도 의심을 갖는 사람의 의견을 존중하여 결정하기로 했다. 이러한 것들이 우리들의 규칙이었으므로 소송 사건이 일어나는 예는 한 번도 없었다.

계산법

제철업을 시작하면서 의외의 일은 각 사업에 드는 비용을 전혀 알 수 없다는 사실이었다. 이 사업은 연말에 재고를 조사하여 장부의 총계를 비교해 보는 것이었는데, 우리들은 전혀 그 결과를 가늠할 수가 없다. 연말에 가서는 손실이라고 생각했던 것이 비교적 이익이 많고, 또 그 반대의 결과를 가져올 때도 있었다.

우리들은 마치 컴컴한 땅 속을 파고다니며, 어디가 어딘지 모르는 채 목적지 없는 두더지 같은 생활을 하는 것 같았다. 그리하여 우리들은 대개혁을 단행하기로 하였다. 각 공장의 제작 공정을 일일이 측정하여 제작비를 산출하고, 특히 종업원 각자의 능률을 점검하여 재료를 절약한 사람과 낭비한 사람을 일일이 가려내는 검정 규칙을 실시할 것을 강력하게 주장했다.

이 개혁을 실행하기 위해서는 상상 이상의 어려운 문제와 맞닥뜨려야 했다. 공장의 각 관리인들은 이 계획에 반대했다. 정확한 조직이 성립되기까지는 수년이 걸렸다. 그러나 결국 많은 사무원들의 도움으로 공장 곳곳에 형기(衡器)를 비치함으로써, 각각의 작업량과 용광로에서 일하고 있는 근로자들의 능률을 세밀하게 알 수가 있었다. 결국 이 자료를 통해서 계획성 있는 사업을 운영할 수 있었다.

사업을 성공시키는 중요한 요인은 완전한 계산을 통하여 금전과 자재 등의 책임을 각자에게 충분히 인식시키는 데 있다. 만약 공장에서 매일 수톤의 원료를 공급하고도 그 완제품에 대해 소홀히 한다면 그 회사는 성공할 수가 없다.

시먼스식 용광로

시먼스식 가스 용광로는 철강을 가열하는 데 쓰인다. 이때는 이미 영국에서 사용하고 있었으나 값이 매우 비쌌다. 피츠버그의 늙은 사업가들은 우리들이 들여온 이 새로운 용광로엔 너무나 막대한 비용이 든다고 비판했다.

그러나 대량의 원료를 가열할 때는 신식 용광로를 사용하면 예전의 낭비가 반감되므로 비록 비용이 많이 든다 하더라도 결국 유리하다. 그런데도 사람들이 우리들의 새로운 방침에 찬성하게 된 것은 수년 후였다.

그 당시 회사의 이익의 대부분은 개량된 용광로에서 얻었다. 엄밀한 계산을 이행함에 따라 대량의 철을 가열할 때 생기는 낭비를 사전에 막음으로써 가능한 일이었다.

이 조직의 운영을 통해 유익한 인물을 발견하게 되었다. 그 사람은 크루먼의 먼 친척인 윌리엄 본드레겔이라는 독일 사람이었다. 그는 어느 날 일정한 기간에 만들어 낸 결과를 정밀하게 조사하여 우리들을 놀라게 했다.

처음에는 우리들도 그 결과를 신용하지는 않았다. 그리고 결과를 제시하라고 말한 적도 없었다. 그런데도 그는 우리들에게 알리지 않고 야근을 하면서 작업량의 전부를 작성했다. 그가 사용한 형식은 독창적이었다. 그는 그 후 얼마 되지 않아 공장 감독자이자 회사의 자본 출자 사원으로 승진되었다. 그가 세상을 떠날 즈음은 가난한 독일인에서 대부호가 되어 있었다.

석유열

펜실베이니아의 대유황이 사람들의 관심을 끌게 된 것은 1862년이었다. 내 친구 윌리엄 크루먼은 당시 유황의 발견에 대단한 흥미를 가지고 있었다. 그와 나는 사돈지간으로서 그의 딸과 내 동생은 부부였다. 크루먼은 유황이 있다는 현장에 함께 가기를 원했기 때문에 나는 그와 동행하여 대단히 흥미 있는 여행을 하게 되었다.

그 즈음 유전 지역의 시찰이 유행하여 사방에서 밀려오는 탐험가들 때문에 숙박 시설은 만원이었다. 그러나 유황에 관심 있는 사람들은 그런 것에 아랑곳하지 않았다. 그들은 오히려 몇 시간 동안 판잣집을 짓고는 장기간 체류할 예정으로 살림 도구까지 장만하는 민첩한 행동을 보여 우리를 놀라게 했다. 그들은 모두 비범한 사람들이었으며, 새로운 것을 개척하고자 하는 인재들이었다.

나의 마음을 끈 것은 도처에서 넘쳐흐르는 활기찬 패기였다. 대규모의 유전에서 경사스러운 일들이 터졌다. 누구나 절정의 기분을 맛보았다. 행운은 손아귀에 있는 것 같아 만사가 들떠 있었고, 막사에는 격언을 쓴 깃발이 바람에 휘날리고 있었다.

냇가 쪽에는 두 남자가 땅을 파면서 유전을 찾고 있었다. 그 옆에 세워진 깃대에는 '지옥이냐, 천국이냐'라고 씌어 있었다. 사람들 모두들에게는 어떠한 깊은 곳도 파고들어갈 수 있는 의지로 가득 차 있었다.

미국인의 적응성

이 지방에서와 같이 미국인의 적응성을 발휘한 실례는 그 어디에도 없었다. 얼마 후 우리들이 그곳을 방문하였을 때는, 개울 부근에 살고 있던 사람들이 악대를 조직하여 저녁을 즐기면서 우리들을 환영했다. 가령 1천 명의 미국인들이 모여 있는 소도시라면 그 중 몇 명이 대부호가 되어, 학교·교회·신문·악대 등 문명 시설 일체를 설비하여 그 지역을 개발하는 방침을 취한다.

오늘날의 유전지는 그 옛날 개울가에 있는 막사에 기거하던 수천 명 인구를 가지고 있는 소도시이다. 원래 이 지방은 세네가 토인들이 냇물에 뜬 석유를 떠서 한 계절 동안을 이용했을 뿐이었다. 그러나 오늘날에는 적지 않은 도시와 제유 공장이 생겨서 수백만 달러의 자본을 투자하게 되었다.

그러나 그 시설은 매우 불완전하였다. 채굴한 석유는 나룻배로 운반했기 때문에 물이 스며들어와 냇물과 섞여 흘렀다. 그래서 그들은 냇물을 막아 이것을 떠낼 수 있는 장비를 사용하였으며, 물에 뜨는 양이 많아지는 것을 기다렸다가 석유선을 띄워 에레니게 강으로 보냈다가 다시 피츠버그로 운반하였다.

이 일로 냇물과 에레니게 강에는 항상 석유가 떠 있었다. 또한 피츠버그까지의 수송 중에 손실되는 석유의 분량은 전량의 3분의 1이나 되었다. 최초로 채유했던 석유는 피츠버그에서 약품으로 쓰였으며, 한 병에 1달러씩 팔렸다고 한다. 그러나 생산이 많아짐에 따라 가격이 떨어지기 시작하여 그 효능도 점차 사라졌다.

가장 유명한 유황은 스도레 유전이다. 우리들은 이 유전을 4만 달러에 매수했다. 그리고 크루먼의 제의로 10만 배럴을 저장할 수 있는 석유 저장지를 파서 매일 소량의 기름을 저장하여 손실을 방지했다. 저장된 석유는 그대로 보존하여 훗날 석유 공급이 감소될 때까지 기다리기로 하였다.

당시 우리들은 석유 분출이 끝나는 날이 머지않아 올 것이라고 예상하였다. 그러나 이 계획은 실패하여 수천 배럴의 손실을 보고는 포기했다. 크루먼은 석유 공급이 중지되면 저장된 석유는 배럴당 10달러씩 올라 우리들은 100달러의 이익을 볼 것이라고 예언하였다. 그러나 그때는 지하에 매장된 석유가 무진장이며, 현재까지 매일 수천 배럴을 산출하리라는 것을 전혀 알 수가 없었다. (당시 스도레 유전은 현금과 배당으로 1년에 100만 달러를 달성하였으며, 그 유전 주식 시장의 주가 500만 달러로 폭등했다.)

유정(油井) 투자

이 4만 달러의 투자는 지금까지의 투자 중 가장 유리한 것이었으며,

큰 수확을 얻을 수 있는 절호의 기회였다.

나는 석유 사업에 흥미를 갖고 여러 차례 석유 탐사를 떠났다. 그 중에 1864년 오하이오 유전지대에 석유를 퍼올리기 위해 구덩이를 팠다.

나는 크루먼, 그리고 디이빗 리치와 함께 답사했다. 우리들은 피츠버그에서 수백 마일 떨어진, 사람이 별로 없는 지방까지 거대한 그 구덩이를 보기 위하여 크루먼이 있는 주변에 도착했다. 그리고 이곳을 떠나기 전에 이 유전을 매수하였다.

우리들에게 사건이 일어난 것은 귀가 도중 비가 오기 시작할 때였다. 길은 진흙투성이라 마차를 움직일 수 없었으므로 우리들은 곤란에 빠졌다. 비는 폭포같이 쏟아져 진퇴양난이었다. 우리들은 부득이 마차 안에서 하룻밤을 세워야 했다.

크루먼은 마차 안을 독차지하다시피 했으며, 리치는 또 다른 한편을 점령하였으므로 야윈 나는 이 난폭한 거구들 사이에 끼여 샌드위치가 되고 말았다. 간신히 하룻밤을 새운 뒤 우리들은 가까스로 어느 촌락에 도착할 수 있었다. 이 촌락에는 자그마한 목조 건물의 교회가 있어 우리들은 교회의 숙소로 들어갔다. 이때 교회의 임원들이 찾아와서 지금까지 우리들을 기다리고 있었노라고 했다.

그날 밤 교회에서는 유명한 목사님을 초대하여 설교를 들으려고 많은 교인들이 기다리던 중이었다. 그 교회 임원들은 우리들에게 대단히 미안한 표정을 지으며 말했다.

"선생님, 피곤하신 줄 알지만 저희와 교회로 동행하실 수 없겠습니까?"

그들은 우리를 목사로 착각하고 있었던 것이다. 우리들은 나쁜 장난인 줄은 알지만 이에 응할까 했으나 이 연극을 연출하기에는 너무나 피로했기 때문에 얼른 용기가 나지 않았다.

철도업 탈퇴

나는 철도 근무를 그만두고 투자 사업에만 열중하기로 결심했다. 이 결심을 하기 전에 톰슨의 초대로 필라델피아에 가야 했다. 사장은 내게 부관리총장의 직위를 주어 아르튜나를 본거지로 루이스 씨 밑에서 일하게 할 계획이었다. 그러나 나는 이를 사양했다. 나는 본격적으로 돈을 벌 결심이었기 때문이다.

내가 지금 받고 있는 봉급으로는 만족할 수 없었다. 그렇다고 현직을 이용해서 돈을 벌 생각은 없었다. 나는 이 일에 대해 밤새도록 생각해 보았다.

결국 톰슨 사장은 내 계획을 축하하여 주었다. 나는 1865년 3월 28일 퇴직하였고, 철도 직원 일동으로부터 금시계를 기념품으로 선사받았다. 이 선물과 톰슨 사장의 편지는 내 가장 소중한 기념품 중의 하나가 되었다. 나는 동료들에게 다음과 같은 고별의 편지를 썼다.

피츠버그 철도국원 여러분께

여러분 모두 평안하시리라 믿으며 몇 자 적어 봅니다. 저는 이번에 회사를 떠나게 되었습니다. 정든 여러분과 마지막이라 생각하니 그동안 쌓아온 정이 아쉬워집니다.

우리 생활을 되돌아보면 과거 12년이란 기나긴 세월 동안 희로애락을 함께 해왔습니다. 그 동안에 저의 잘못이 많았을 텐데도 저를 도와 충실하게 일해 주신 여러분에 감사하는 마음이 더욱 큽니다. 제가 이 회사를 떠나가는 마당에 깊은 유감의 뜻을 표하고 싶은 것은, 사업 관계로 친교를 맺었던 그 관계를 예전과 같이 유지할 수 없게 되었다는 점입니다.

업무상의 관계는 이것으로 일단락지었다고는 하지만, 여러분이 과거에 피츠버그국에 이해를 같이하고 생사를 같이한 것처럼 장래에도 언제까지나 이 펜실베이니아 철도회사의 발전과 영광을 위해 공헌하여 주시기 바랍니다.

그리고 이 회사의 주인은 엄연히 사원 여러분이라는 소신을 갖고 일해 주셨으면 합니다. 저는 여러분의 생활과 거취에 관해서 언제까지나 깊은 관심을 버리지 않을 것을 맹세합니다.

여러분께서 나에게 베풀어 주신 변함없는 애정에 대해서, 또 경영에 기울여 주신 열렬한 성원과 끊임없는 노력에 대해 깊이 감사를 드리며, 저의 후임자에 대해서도 역시 저에게 대해 주시듯 충실한 마음 변치 않기를 바라며, 이만 고별의 인사를 대신할까 합니다.

부디 건강하시고 평안하길 바랍니다.

피츠버그 펜실베이니아 철도회사
피츠버그 관리국장실에서
앤드류 카네기 올림

그 후 나는 결코 봉급 생활을 하지 않았다. 타인의 고용 생활에는 그 지위의 한계가 정해져 있다. 큰 회사의 사장도 회사의 주식을 많이 가지고 있지 않은 한 자기 사업이라고 볼 수는 없다. 나는 현재의 가장 친한 친구들 중에 펜실베이니아 철도회사의 동료로서 일하던 사람들이

있는 것을 기쁘게 생각한다.

휩프스 씨, J. W. 벤디보드 씨와 나는 1867년 재차 유럽으로 건너가 영국과 소련을 비롯해서 대륙 일대를 여행했다. 벤디는 이미 나의 가장 친한 동료가 되었다. 두 사람은 베야드 데로루의 《뷰스 아푸트》를 읽고는 매우 열광했다.

이때는 석유 시대로, 그 주가는 나날이 높아가고 있었다. 우리 셋은 유럽의 각 수도를 방문하였다. 젊은 피가 끓는 우리들은 높은 탑이란 탑은 하나도 빠짐없이 올라가 보았으며 산장에서 잠을 자기도 했다. 여행은 베스비이아 산을 끝으로 마무리지었으며, 훗날 다시 세계 일주를 하기로 다짐했다.

유럽 여행

이 유럽 여행에서 나는 사실상 많은 교훈을 얻었다. 나는 그때까지 회화나 조각에 대해 전혀 백지 상태였으나 유럽 여행을 통해 유명한 그림을 감상할 수 있게 되었다. 당시 런던의 크리스탈 팔레스에서 기념식이 거행되었다. 나는 그곳에서 깊은 감명을 받았다. 그 크리스탈 팔레스에서 들은 음악, 또 그 후 대륙의 각 사원이나 극장 등에서 들었던 음악은 잠들어 있던 나의 감정을 일깨워 주었다.

로마에서 교황의 합창단이 들려준 성악이나, 크리스마스와 부활절의 축제에서 들은 음악도 그 중 절정이었다. 물론 이번 유럽 여행은 상업적 의미에서도 대단히 유익한 것이었다. 북미 대공화국들이 얼마나 신속하게 움직이고 있는가를 느끼기 위해서는 일단 본국을 떠나보지 않고는 그 진가를 알 수 없다고 생각한다.

나의 공장 경영과 새로운 발전에 기여가 컸던 사촌 동생 도드와 조지 로다 씨는 탄산에서 나오는 탄(炭滓)을 제조하여 탄 가스를 만드는 방법을 크루먼 씨에게 들려주었다. 크루먼 씨는 시종 미국의 석탄산에서 버려둔 것을 잘 이용하면 적지 않은 이익을 볼 수 있다고 늘 말하고 있었다.

한편, 도드는 기계학의 전문가이며, 구라스고 대학의 캘빈 교수의 제자이기도 하다. 1871년 12월 크루먼 씨의 말이 입증되어서 나는 펜실베이니아 철도 연선에서 공장 건설에 필요한 자금을 대여했다. 석탄의 인도와 수송에 관하여 탄산 및 철도회사와 10년의 계약을 체결하고는 피츠버그에 와서 몇 년간 사업 전체를 감독하였다.

즉, 미국 최초의 석탄제조기계 공사가 시작된 것이다. 그 공사는 일단 성공하였다. 크루먼은 원래 광업이니 기계업에 실패한 일이 없는 사람이었다. 그는 곧 빌린 건축비를 갚았다.

우리는 이 석탄공사를 우리들의 회사에 합병시켰으며, 로다까지 끌여들였다. 도드의 기술을 인정하였기 때문이었다. 세조로(洗條爐)는 점점 증설되어 500대에 도달하였으며, 매일 석탄의 세조로는 1,500톤이나 되었다. 나는 라리마 공장 부근에 있는 석탄 세조로를 보면 생각나는 것이 있다.

만약 풀 한 포기뿐인 땅에 한 포기의 풀을 더 심은 사람이 이 사회의 은인이 되며, 또한 세상 사람들로부터 존경을 받는다면, 종래 몇 해를 버려뒀던 원료를 훌륭한 석탄으로 생산하여 성공한 사람들은 자기의 공적을 자랑하며 자축할 것이다.

사촌 동생의 발견

나의 사촌, 즉 뎀퍼린의 사촌 모리슨의 아들이 우리 회사에 입사하게 되어 유력한 원조를 얻을 수 있었다.

어느 날 공장을 순시하던 중 공장 감독이 내게 물었다.

"당신의 친척 중 굉장히 비범한 사람을 알고 계십니까?"

"아니, 모르는 일인데, 그 사람을 만나볼 수 있겠나?"

나의 이 물음에 그는 내 사촌 도드의 아들 모리슨이라고 말하였다.

"그는 왜 나를 찾아오지 않는가?"

나의 이 물음에 그는,

"그는 남의 도움을 받는 것을 좋아하지 않습니다."

하고 대답하였다. 나는 모리슨의 독립성에 감탄했다. 그는 그 후 디코에슨 공장의 감독이 되었고, 이후 점점 승진한다는 소식을 들었다. 나는 톰 모리슨을 자랑스럽게 생각하고 있다. 어제 받은 그의 편지에는 카네기관 기념식에 참석하기 위하여 그곳에 도착하면 자신의 집에 와서 묵고 가라는 초대 내용이 씌어 있었다.

그는 철강 제조업은 아직 미숙하니까 내 공장을 확장해서 발전시킬 필요가 있다고 주장하였다. 그러나 외국 수입품에 대한 미국의 관세 정책은 내 꿈을 수포로 돌아가게 했다.

내가 본 미국은 남북전쟁의 결과 자국의 안정과 평화를 보존하기 위해서는 필요한 일체의 물자에 대하여 유럽의 원조를 받지 않고 독립적인 국가를 건설할 때까지 버티어 나갈 것 같았다.

미국은 영국에서 많은 강철을 수입하고 있었다. 그러나 남북전쟁 후 국민은 강철의 자급을, 국회는 강철 제품에 시가 28퍼센트의 수입세를

· 뉴욕의 카네기 저택

가결하여 국내 공업계를 원조하였다. 그러나 이것은 1톤에 약 28달러에 해당하는 세율이었다. 이 규정은 시가 1톤에 약 100달러를 하락시켜 여기에 비례한 가격을 표시하는 것이었다.

관세율

보호 정책은 미국 공업의 발달에 지대한 영향을 끼쳤다. 남북전쟁시에는 정당 문제로 남부 자유무역을 내세워, 관세로써 북부를 이롭게 한다고 주장하였다. 남부에 대한 영국 정부의 동정은 결국 미국 무역을 침해하기에 이르렀다. 영국 정부의 반응에 대해서 미국민의 대부분은 합중국에 호의를 가지고 있었다. 관세 정책은 정당 문제에서 일변하여 양대 정당이 시인하는 국가 정책으로 되었다.

국민은 애국적 의무로써 국가의 부원(富源)을 개척하기 위한 것이라고 생각하게 되었다. 국회의 북부 민주당원은 이 점에 대해서 의장을 비롯해서 90명까지 의견의 일치를 보았다.

국가는 국민의 후원자로서 단호한 처리를 취했기 때문에 자본을 서슴지 않고 공업계에 투자할 수 있었다. 전후 수년이 지나 관세의 경감이 요구되자, 우리들은 토론을 열어야 했다.

그 무렵 사업가들이 국회의원에게 뇌물을 준다는 소문이 떠돌았으나, 내가 아는 바에 의하면 사실 무근이었다. 사업가들은 1년에 겨우 수천 달러를 모을 뿐이다. 그것은 강철협회의 유지비 정도에 불과하다. 그러나 보호무역과 자유무역에 대한 논쟁에서 자유무역으로 결정되면 사업자들은 보호무역의 옹호를 위해서 서슴지 않고 기부금을 내놓았다.

나의 열렬한 강세(金岡稅) 경감의 주장으로 결국 세율 28달러가 4분의 1, 즉 1톤당 7달러로 되었다. 지금은 세율이 그 반에 불과하나 그것도 개정할 문제라고 생각된다. 클리블랜드 대통령이 관세율의 새 법안을 정립하기 위해서 고심했다는 것은 흥미 있는 얘기다.

이 법안은 다방면에서 심각한 영향을 미칠 것으로, 만일 통과된다면 공업계도 적지 않은 상처를 입을 것이다. 나는 워싱턴에 호출되어 '윌슨안'을 완화해 줄 것을 부탁하였다. 상원의 민주당 총재 크루먼, 뉴욕 주지사 플라워, 그리고 가장 유력한 다수 민주당원과 나는 온건한 보호론자였다.

이 가운데 몇 사람들은 '윌슨안'은 필연적으로 국내 사업의 일부를 저해할 우려가 있다고 반대하였다. 그리고 상원의원 크루먼 씨는 공화당 선출의원이 일차 단결하여 세율 경감에 동의하면 우리들을 신뢰하게 될 것이며, 그들은 우리들의 의견에 따를 것이라고 말하였다. 우리는 그가 이렇게 말한 것을 기억하고 있다.

"나는 승산이 있음을 알았기 때문에 대통령과 싸웠지, 승산이 없으면 처음부터 싸우지 않았을 거야."

상원의원 플라워 씨는 나의 제안에 찬성했다. 내가 제출한 관세율 대경감에 대해서 우리 당의 동의를 얻는 데는 과히 큰 곤란은 없었다. 결국 '윌슨 크루먼 관세안'이 채택되었다. 그 후에 상원의원 크루먼을 만났을 때, 그는 남부측 상원의원의 지지를 얻기 위해서는 관세 면제를 하지 않으면 안 된다는 것과, 관세 제도란 전부 그렇다고 설명하였다.

나는 전쟁 후 관세율 설정 운동에 참가할 만큼 충분한 두각을 나타내지 못하였으나 세율 경감에 대한 마음은 무거웠다. 나는 양극단, 즉 세율이 높을수록 좋다고 주장하여 일절의 경감에 반대하는 몰지각한 보호론자와 일절의 관세를 배격하여 무제한 자유무역을 실행하자고 극단론자와의 중립적 입장을 내세웠다.

강철류의 관세는 초기에는 없어서는 안 될 것으로 생각하였으나, 지금(1907년)에 와서는 일체 무관세라도 상관이 없다고 생각하게 되었다. 유럽은 생산 과잉 상태에 놓여 있지 않았기 때문에 미국 시장의 시가가 폭등하더라도 유럽에서 흘러들어올 물건에 대하여 걱정할 것이 못 되었다.

또한 그것이 바로 유럽 시가를 폭등시키는 요소가 되지는 않을 것이므로, 미국의 공업계에 미치는 손해는 결코 대단치 않을 것이다. 자유무역으로 인해 수요의 과대 현상이 벌어질 경우, 미국 시가 폭동은 일시적인 현상에 불가할 것이다. 미국의 강철업자들은 자유무역의 영향을 두려워할 까닭이 없다. 나는 1901년 워싱턴의 관세위원회에 출석하여 이 사실을 입증했다.

11

본거지로서의 뉴욕

9. 교량 건설

10. 제철업

11. 본거지로서의 뉴욕

12. 상사 교섭

13. 강철 시대

II

현대문학론

내 사업은 순조롭게 발전하여 동부인 뉴욕, 즉 영국이라면 런던이라고 할 수 있는 미국 실업계의 가장 큰 본거지로 자주 왕래하게 되었다. 대기업이나 그 상사라면 반드시 이곳에 대표부를 주재시켜야만 사업의 추진이 잘될 수 있다. 내 아우와 휩프스는 피츠버그에서 경영 업무를 맡았고, 나는 회사의 모든 업무를 총괄하여 중요한 계약을 교섭하였다.

아우는 다행히 우리의 가장 중요한 동지요, 친구인 쿨만 씨의 딸 루시와 결혼한 상태였다. 나는 홈우드에 있는 집을 아우에게 양보하여 친구들과 헤어진 채 1867년에 피츠버그를 떠나 뉴욕으로 거처를 옮겼다.

주거 환경의 변화는 내게도 괴로운 일이었으나 어머니께서는 더욱 괴로운 일이었다. 그러나 어머니는 많이 연로하시지 않아서 나와 함께라면 어디든 즐겁게 여기셨다. 그럼에도 불구하고 정든 고장을 떠나는 일은 무척 힘겨운 일이었다.

뉴욕에 도착한 후 처음엔 아는 사람이 전혀 없어서 그 당시 한창 번창하던 세인트 니콜라스 호텔에 짐을 풀었다. 그리고 부르우드 가에 사무실을 차렸다.

얼마 동안은 뉴욕에 찾아오는 피츠버그의 옛 친구들만이 우리들의 마음을 위로하여 주었다. 그것은 생소한 곳에서의 가장 큰 즐거움이었다. 피츠버그 신문은 우리에게 없어서는 안 될 유일한 벗이 되었다. 나는 피츠버그를 방문할 기회가 많았고, 어머니도 이따금 동행해 그곳 제2의 고향과의 연락은 여전히 유지되었다.

그러나 얼마 지나서는 새로이 친구도 사귀게 되었고, 차차 흥밋거리가 생겨서 뉴욕은 또 다른 고향으로 정들게 되었다. 세인트 니콜라스 호텔 주인이 산기슭에 윈슬 호텔을 개업하게 되어, 우리도 그곳으로 옮겨 1887년까지 우리의 보금자리가 되었다. 주인 호크 씨는 우리의 친구였고, 그의 조카는 오늘날까지 우리의 동지요, 다정한 벗이었다.

내가 뉴욕에서 얻은 커다란 감동 가운데 가장 교육적이었던 것은 코트란드 파머 부부가 조직한 '19세기 클럽'에서 배운 것들이었다. 클럽 회원들은 매달 한 번씩 여러 가지 문제를 토론하면서 우정을 다졌다. 나는 포터 부인의 추천으로 회원이 되었는데, 그녀는 교수의 부인으로서 남다른 여성이었다. 그들의 응접실은 시내 어느 집의 객실보다도 훌륭한, 살롱과 흡사한 분위기였다.

나는 어느 날 포터 교수의 가정에서 열린 만찬회에 초청을 받아 처음으로 그 고장의 명사들과 만나게 되었다. 그 가운데 한 분은 당시의 코넬대학교 총장인 앤드류 화이트 씨였는데, 이분은 그 후 내 친구이자 고문이 되었다. 그는 그 후에 소련 주재 대사를 역임했고, 헤이그 국제 평화회의 미국 측 수석 대표로도 활약했다.

'19세기 클럽'은 마치 지성의 경기장 같았다. 유능한 남녀가 중요한 시사 문제에 대하여 체계적으로 토론하며 강연을 하였다. 집회는 점차

커져서 개인 응접실에서 모이기가 어렵게 되었다. 내가 처음으로 강사를 맡았을 때의 제목이 〈나의 귀족〉이라 기억된다.

토머스 웬트워즈 하킨슨 대령은 첫번째 강사였다. 내가 뉴욕의 청중을 대하는 첫 기회였다. 그 후에도 자주 강연을 하게 되었는데, 강연을 할 때는 미리 자료를 조사 연구하지 않으면 안 되었기 때문에 내게는 무척 힘든 훈련이었다.

나는 투자와 사업을 구분할 수 있을 만큼의 경험을 쌓기까지 오랫동안 피츠버그에서 살았다. 그저 신문이나 뒤적거려서 얻는 사물에 대한 지식이 전부였던 나는 당시 뉴욕 증권거래소에 있는 피츠버그의 실업가와 상사를 알게 되어, 그들의 행동을 자세히 관찰하였다.

나에게는 그들의 행동이 도박처럼 보였다. 나는 그때 이 사업가나 상사들이 투기를 일삼아 신용을 잃었다는 사실을 모르고 있었다. 그러나 그때 상사는 네다섯밖에 되지 않았다. 피츠버그의 석유 주식거래소도 아직 조직되지 않았다. 주식 중개상인과 동부의 주식거래소와 연락을 가질 필요조차도 없었다. 피츠버그는 순전히 공업지대였다.

그런데 뉴욕의 실정은 이와 매우 달라 나를 매우 놀라게 만들었다. 월가의 상인들 가운데 주식에 투자하지 않는 사람을 찾기란 매우 힘들 정도였고, 내가 관계하던 각종 철도사업에 관해 질문 공세에 부딪치게 되었다.

자금이 풍부한 어떤 사람들은 내가 증권 사업에 정통한 것으로 간주하여, 무엇이든 나를 통하여 투자하기만 하면 어김없이 성공하리라 짐작하고 내게 투자하는 사람들도 있었다. 또 한 회사의 주식을 은밀하게 사들여 그 실권을 장악하고자 권유하는 사람도 있었다. 투기 시장은 이런 유혹적인 모습으로 내게 다가왔다.

나는 단호하게 이 모든 유혹을 뿌리쳤다. 내가 뉴욕으로 이사한 후 얼마 안 되어 윈슬 호텔에서의 일이다. 그때 한창 번창을 거듭하던 제이 굴드 씨가 내게 접근해 왔다. 그는 나에 대해 이미 안다고 말하고, 펜실베이니아 철도의 주식을 사들여서 그 실권을 장악할 테니 내가 그 경영에 종사한다면 이익의 절반을 주겠다고 제안하였다. 나는 그의 호의에 사의를 표명했다.

펜실베이니아 철도의 경영자인 스콧 씨와 내가 사업상으로는 갈라져 있다 하더라도 그분을 거역하는 행위는 나 역시 바라지 않는다고 단호한 태도를 보였다. 그 후 스콧 씨는 뉴욕의 주주들이 나를 자신의 후임자로 믿고 있다고 말한 적이 있다.

나는 스콧 씨에게 내가 만약 그 사장 자리를 바란다면 내가 주식을 소유하고 있는 철도회사의 사장직을 맡으면 될 뿐, 스콧 씨가 생각하는 야심은 추호도 없다고 분명히 표명했다.

시대의 변화란 예측할 수 없는 것이어서, 이때부터 약 30년 후 1910년 어느 날 아침, 나는 굴드 씨의 아들과 만났다.

그러고는 그에게,

"자네 아버님께서는 나에게 위대한 펜실베이니아 철도회사 경영을 맡기고 싶다고 하셨지만, 그대신에 나는 이번 대양에서 대양까지의 국제 선로 경영을 자네에게 맡기고 싶네."

라고 말하게 되었다.

굴드 씨의 아들과 나는 처음으로 협정을 하게 되었다. 그것은 그의 소유인 와바슈선을 피츠버그까지 연장하는 일이었다. 이 계약은 우리 제강회사의 화물 수송의 3분의 1일을 와바슈 회사에 위탁한다는 조건으로 이루어졌다.

우리는 피츠버그선을 동부로 연장하여 대서양 해안까지 끌어갈 계획을 세웠다. 그러나 1901년 3월에 몰간 씨가 스위프 씨를 나에게 소개하며 은퇴할 의사가 있는지 물어 왔다. 나는 그 물음에 긍정하였고, 철도 계획은 그것으로 끝나고 말았다.

나는 투기 목적으로 주식을 매매한 적이 없다. 그러나 중년 시절에 펜실베이니아 철도회사의 주식을 조금 산 일이 있었다. 내 뜻보다는 은행이 싼 이자로 맡아주겠다고 해서 이루어진 일이기 때문에 내 돈으로 산 것은 아니었다. 나는 물건을 사고 값을 치르지 않는다든가, 자기 소유가 아닌 것을 매매하는 행위는 결코 하지 않는다는 규칙을 일생 동안 엄격히 지켜왔다.

그러나 초기에는 사업 진행 과정에서 입수하게 된 주식으로 이익을 본 적이 더러 있었다. 그것은 주로 뉴욕 증권거래소에서 거래되는 주식이나 유가증권이었는데, 조간 신문을 보면 자연히 주식 상장란을 먼저 보게 되었다. 나는 내 회사 이외의 모든 주식을 팔아서 피츠버그 공장으로 집중시키려고 노력하였기 때문에 증권 래소에서 거래되는 주식은 단 한 장도 소유하지 않았다. 그러나 여러 곳에서 자연스럽게 들어온 사소한 것을 제외하고 나는 이 원칙을 엄격하게 지켜왔다.

이러한 원칙은 모든 기업인들이 수용해야 할 문제라고 생각한다. 사업가한테 이 원칙은 각별하게 지켜져야 한다. 끊임없이 부딪치는 여러 가지 문제를 현명하게 처리하기 위해서는 항상 냉철하고 확고부동한 생활태도를 유지해야 한다.

오랜 기간 동안 사업을 하면서 얻은 경험으로 보면, 훌륭한 판단력만큼 좋은 효과를 가져오는 것은 없다고 생각한다. 냉철한 판단력은 주식으로 돈을 벌기 위해 주식 거래의 급변하는 변화에만 신경쓰는 사람들에게는 절대로 자리할 수 없다. 그것은 마치 뜬구름을 잡으려는 허황된 꿈처럼, 자신이 땀흘려 일하지 않고 일확천금을 꿈꾸는 것과 같다.

그런 사람은 사물의 가치를 판단하고 그 가치를 꿰뚫어보는 통찰력을 갖지 못한다. 냉정하게 사고하고 노력하면서 도달해야 할 결론을 성급하게 건너뛰려는 무모한 행동을 범하기 쉽다. 그들은 항상 주식 상장에만 신경을 쓰기 때문에 침착한 사고를 필요로 하는 데는 전혀 익숙치 못하다. 원래 투기란 아무것도 생산하지 않으며, 그저 양분만을 흡수하며 살아가는 기생충과도 같은 것이다.

뉴욕에 정착한 후 제일 먼저 세운 중요한 교량은 케오카크의 미시시피 강의 가교 공사(폭 830척, 길이 2,300m의 철교)였다. 펜실베이니아 철도회사의 사장 톰슨 씨와 내가 전신 공사계약을 맺어 기초·석공·상층 공사 전부를 맡고 대금의 지불은 증권으로 받기로 하였다.

이 공사는 재정적으로는 성공했다고 할 수 없으나, 그밖의 모든 점에서는 만족스러웠다. 그때가 마침 불경기였던 탓으로 관계 철도회사는 파산하여 약정한 금액을 지불할 수 없었다. 또한 경쟁회사가 바린톤에서 미시시피 강을 횡단하여 케오카크까지 이어지는 다리를 놓기 위해 강서 쪽에 한선을 부설했다. 그러므로 우리들이 처음 생각했던 이득은 도저히 얻을 수 없었으나, 톰슨 씨와 나는 큰 손해 없이 끝낼 수 있었다.

다리의 상층부는 피츠버그의 키스톤 공장에서 제작했다. 이 공사 관계로 나는 자주 케오카크에 갔는데, 그곳에서 쾌활한 인사들과 교제하게 되었다. 그 가운데는 레드 장군 부부도 있었다. 몇 해가 지난 뒤 영국의 친구들과 케오카크를 방문하였을 때, 그들이 문명의 맨끝이라고 생각하고 있었던 곳에서 받은 인상은 참으로 놀라웠다.

레드 장군의 환영회에 초대된 손님들은 영국 어느 도시의 파티와 비교하여도 손색이 없을 정도였다. 그 손님들 가운데는 남북전쟁에서 뛰어난 공을 세워 후일 국회에서 두각을 나타낸 사람들도 있었다.

케오카크의 교량 공사의 성공으로 우리와 경쟁 관계에 있는 회사가, 그들이 가설하려고 하는 미시시피 강 가교 계획에 대하여 나의 의견을 물은 일이 있었다. 이 일은 처음으로 거대한 재무 관계를 맺는 일이었다.

1869년 어느 날, 맥퍼슨이 나의 사무실로 찾아와서 교량 건설자금 모금 계획에 대해 말해 주었다. 그는 그 계획에 동부 철도 회사원 2, 3명을 가담시켜 줄 것을 요구하기도 했다. 나는 그 계획서를 신중하게 검토하고 난 후, 키스톤 교량 공장을 대표하여 그 다리 건설을 계약하였다. 또한 교량회사의 400만 달러 저당 채권 인수할 수 있는 선택권을 획득하여, 그 매도를 교섭하기 위해 1869년 3월에 런던을 향해 출발했다.

항해하는 동안 계획서를 작성하여 런던에 도착하자마자 인쇄에 붙였다. 유럽에 건너갔을 때는 대 은행가 주니어스 몰간과는 친분 관계가 있었기 때문에 다시 그분과 교섭을 맺는 데에는 큰 어려움이 없었다. 계획서를 주고 그 다음날 찾아갔을 때 다행히 몰간이 이 일에 호의적임을 알 수 있었다.

나는 채권의 일부를 그에게 매도하고 나머지 매입의 선택권을 그에게 주었다. 그리하여 몰간의 의견을 존중하여 20개의 조항을 고치기로 하였다. 몰간 씨는 내게 소련에 가려면 지금 떠나는 것이 좋다고 말했다. 그동안 몰간은 편지를 띄워 정정에 동의하는지 여부를 확인하겠다고 했다. 나는 그에게 3주 후에 런던으로 돌아와 마지막 절차를 밟아도 충분하다고 일러주었다.

그러나 나는 낚시에 걸린 고기를 오랫동안 놓아주고 싶지 않았으므로, 정정 조항에 동의하는 내용의 전보를 오전 중으로 보여드리겠다고 통고했다. 나는 증권의 행수를 세고 문장의 뜻을 숙고하여, 정정·삭제·추가하였다. 나는 그것을 발송하기 전에 몰간 씨에게 보였다.

"이 일이 성공하면 보통이 아니겠는데."

그는 내 어깨를 두드렸다. 이튿날 아침 몰간의 사무실에 갔을 때, 내 책상 위에 봉투가 하나 놓여 있었다. 그 내용은,

'어젯밤 중역 회의에서 정정에 대해 전적으로 승인했음.'

이라고 씌어 있었다.

"몰간 씨, 증권은 귀하의 법률 고문이 바라는 대로 되었다고 단정하고 일을 추진합시다."

라고 몰간 씨에게 말했다. 서류의 절차는 빠른 시간에 끝났다.

사무실에 있는 동안 《타임》지의 경제 기자 심프슨 씨가 달려왔다. 나는 그의 글이 거래소의 채권 상장에 막강한 영향력을 미치므로 곧 그와 면담을 했다. 미국의 증권계는 얼마 전 휘스크와 굴드의 에리 철도회사한테 행했던 행동과 뉴욕의 법관들을 농락했던 이유로 격심한 공격을 받은 일이 있다.

나는 이 《타임》지 기자가 틀림없이 그 일을 공격하여 반대론을 펴리라 생각하고는 그에 대해 변호하려는 마음의 준비를 가졌다. 나는 먼저 기자의 관심을 돌리기 위해 교량회사의 설립 인가를 중앙 정부에서 한

사실에 대해 얘기하였다. 필요한 경우에는 영국 대법원에 버금가는 합중국 고등법원에 직접 요청하는 길이 있음도 말했다. 기자는 웃으며 이 문제점을 강조하겠노라고 대답했다.

나는 또한 그 다리가 대륙 국도의 징세소라고 지칭할 수 있다고 강조했더니, 그는 그 점을 특히 유쾌하게 생각하는 것 같았다. 기자와의 면담이 의외로 순조롭게 풀리자, 기자가 사무실에서 나가자마자 몰간 씨는 내 어깨를 툭 치면서 말했다.

"고맙습니다. 당신은 그 채권의 시세를 5퍼센트 올려놓았군요."

"황송합니다. 몰간 씨, 이번에는 당신을 위해 5퍼센트를 더 올리려고 하는데 어떻게 하면 좋을까요? 가르쳐 주십시오."
라고 대답했다.

거래는 대성공이어서 교량 자금은 이내 확보되었다. 나는 그 교섭에서 거대한 이득을 보았다. 바로 이것이 유럽의 은행가와 재정상 교섭하는 첫걸음이었다. 그 후 며칠이 지나자 몰간 씨가 만찬회에서 말한 전보에 관한 얘기를 화제로 꺼냈다.

몰간 씨와 교섭을 끝내고 난 뒤, 나는 고향 뎀퍼린을 방문하여 처음으로 큰돈을 들여 대중 목욕탕을 지어 기부했다. 그리고 스타링에 건립 중인 월레스 기념비 건립에 얼마간의 기부금을 내놓았다. 그러나 그때는 전신국 근무 시절이어서 불과 30달러의 월급을 받으면서 집안의 가계 비용을 부담하는 상황이었다는 걸 생각하면 이 기부금이 결코 적은 액수는 아니었다.

어머니도 아들 이름이 기부자 명단에 오르는 것을 오히려 자랑스럽게 생각하셨다. 나는 이때 처음으로 사람다운 사람이 된 듯 흐뭇했다.

여러 해가 지난 뒤, 어머니와 나는 스타링을 방문하여 예전에 기부했던 윌레스 탑에 월트 스콧 경의 반신상 제막식을 거행했다.

기념비를 기부하던 시절에 비하면 적어도 지금은 재정적으로는 상당히 부유해진 편이다. 그러나 내가 쌓은 부를 다시 반환하는 행동은 하지 않았다. 이때는 아직 계속해서 축적만 하고 있었다.

(1868년 당시, 카네기 씨의 희망은 다음의 감상록에 나타나 있다. 이것은 최근에 발견된 것이다.

"33세에 연수입이 3만 달러였고, 최근 2년 동안 해온 내 사업을 정리하면 적어도 연수입 5만 달러는 가능하다. 나는 이 이상 욕심을 부리지 않고 재산을 늘리는 노력도 하지 않을 것이다. 매년 남은 것은 자선 사업에 투자한다. 그리고 영구히 사업계에서 은퇴하여 타인을 돕는 일에 전념한다.

3년 계획으로 옥스퍼드에서 공부하며 문인들과도 교제한다. 특히 연설에 더욱 많은 노력을 하자. 그러고는 런던에 살면서 신문이나 활력 있는 평론에 투자하여 그 실권을 쥐고, 공공사업 특히 교육 및 빈민층의 생활 개선에 참가한다. 사람에게는 반드시 우상이 있는 법이다. 그러나 부는 최악의 우상이다. 금전을 숭배하는 것만큼 인간의 품성을 비열하게 만드는 것도 없다.

나는 무엇이든 사업을 시작하면 적극적이지 않고서는 직성이 풀리지 않는다. 그러므로 나의 이 성격을 감안하여 좀더 교육적인 내용의 생활을 해야 한다. 만일 사업 걱정에 정신을 빼앗겨 더 많은 돈을 벌 생각만 한다면 나는 형편없이 타락하고 말 것이다. 그리고 35세가 되면 사업계에서 은퇴할 것이다. 그러나 은퇴한 후 2년간은 나의 정신 문화에 도움이 되는 일에 저녁 시간을 할애하고 싶다."

1867년에 유럽 대륙을 순방하였을 때, 내가 본 사물에 깊은 흥미를 가졌다. 그렇다고 해서 그만큼 미국의 사정에 소홀해진 것은 결코 아니었다. 여행 중 계속해서 주고받은 편지에 의해 본국의 실업계를 계속적으로 알 수 있었다. 남북전쟁 때문에 태평양 연안의 철도가 문제가 되어 국회는 선로 건설의 장려 법안을 가결하였다고 했다.

공사는 오하이오에서 착수하여 마침내는 샌프란시스코까지 연장할 계획이었다. 내가 로마에 머무르는 동안 이 일은 예상보다 훨씬 빨리 성공할 것 같은 좋은 느낌이 들었다. 국민이 국토 통일에 대한 필요를 결심한 이상 그 열매를 맺는 데 조금도 주저할 문제가 아니었으므로, 나는 스콧 씨에게 캘리포니아 선로에 침대차 배급의 계약을 맺는 것이 좋겠다는 편지를 띄웠다. 그의 회신에,

"자네는 정말 기회를 보는 데는 민감한 눈을 가진 청년이네."
라는 글귀가 담겨 있었다.

이 제안에 찬성을 표시하지는 않았으나, 나는 돌아가서라도 기어이 이 일을 성취하리라 다짐하였다. 그 결과, 내가 관계한 침대차 사업은 빠르게 발전하여 그 수요를 충당하지 못할 정도로 성황을 이루었다. 이것이 오늘의 부루만 회사가 되었다.

중앙 운수회사는 할 일이 많아지자 즐거운 비명을 올렸고, 부루만 씨는 세계 최대의 철도 중심지인 시카고를 근거로 선망의 대상이 되었다. 앞날을 파악할 줄 아는 그의 예리함은 태평양 철도가 세계 제일의 대침대차 선로가 될 것을 미리 간파하여, 내가 손을 대기도 전에 이미 진행시키고 있었다.

그는 이른바 길목에 버티고 있는 맹수와 같아서 그를 따돌리고 경쟁하기란 결코 쉬운 일이 아니었다. 또한 부루만 씨에게서 직접 들은 일

화는 내게 중요한 문제를 결정하는 열쇠를 가르쳐 준 좋은 본보기였다. 부루만과 내가 알게 된 것은 사업상의 문제 때문이었다.

유니온 퍼시픽 철도회사 사장이 시카고에 잠시 머무르는 동안 부루만 씨는 그를 방문했다. 그런데 부루만이 사무실로 안내되어 들어온 순간, 그는 책상 위에 놓여 있는 전보를 보게 되었다.

〈침대차에 관한 일을 받아들임.〉

부루만 씨는 남의 전보를 봐서는 안 된다고 생각할 겨를도 없이 무심결에 읽은 것이었다. 그는 크게 충격을 받아 견딜 수 없었.

사장 타랜드가 들어왔을 때, 그는 사장에게 털어놓고 말했다.

"부디 제가 다른 제안을 내놓을 때까지 이 일을 보류해 주십시오."

타랜드 씨는 기다리겠다고 약속했다. 이윽고 유니온 퍼시픽 회사의 중역회의가 뉴욕에서 개최되었다. 부루만 씨와 나도 여기에 참석했다. 두 사람 모두가 귀중한 것을 얻기 위해 있는 힘껏 노력하였다.

어느 날 밤, 우리는 세인트 니콜라스 호텔의 넓은 계단을 함께 올랐다. 부루만 씨와는 전에 한두 번 본 적이 있지만 깊이 아는 사이는 아니었다. 그러나 계단을 올라가면서 그에게 말을 건넸다.

"안녕하세요, 부루만 씨? 여기서 뵙게 되다니 마치 당신과 나는 바보 한 쌍이 된 것 같은데요?"

"그건 무슨 뜻이지요?"

하고 되물었다.

나는 그 사정을 설명하고는 우리가 서로 경쟁을 하면 얻을 수 있는 이익도 물거품이 되어버린다고 했다.

"하긴 그렇군요, 그렇다면 당신은 어떻게 하면 좋겠습니까?"

그는 나에게 되물어 왔다.

"당신과 나는 합동하여 하나의 제안을 유니온 퍼시픽 회사에 내놓고 하나의 회사를 구성하는 겁니다."

하고 나는 진지하게 말했다.

"회사 명칭은?"

"부루만 파레스 회사!"

"이 길만이 우리 각자가 손해 보는 것 없이 부루만 씨와 나의 뜻이 이루어지는 길입니다."

"더 자세한 얘기를 하고 싶으니 나의 사무실로 오시죠."

라고 침대차의 왕은 말했다.

마침내 협약이 이루어져 우리는 합동으로 계약을 맺게 되었다. 그 후 이 회사는 대규모인 부루만 회사와 통합되었고, 나는 퍼시픽의 이익을 대표하여 그 회사의 주식을 소유하게 되었다. 1837년경 재계의 불경기에 철강사업의 이권을 지키기 위하여 내 주식을 매각할 때까지 나는 부루만 회사의 대주주 가운데 제일 많은 주식의 소유자였다.

부루만 씨의 경력은 참으로 미국인다워서 그에 대해 잠깐 설명하는 것이 유익하리라 믿는다. 부루만 씨는 생의 밑바닥인 날품팔이 목수부터 시작했다. 그는 목수로서의 일을 충실하게 해나갔다. 그 이후 그는 작은 규모에서부터 점점 성장하여 인정을 받게 되었다.

큰 규모의 여관을 10척이나 위로 올리는 일에서도 수백 명의 손님에게 아무런 폐를 끼치지 않고 영업에도 지장을 주지 않은 채 그 일을 해냈다. 그래서 이 일에 있어서만은 부루만 씨를 능가할 사람이 없었다.

그는 앞을 미리 내다보고 사람들이 원하는 것이 무엇인지 꿰뚫어볼

줄 아는 뛰어난 인물이었다. 그는 미국인들을 위해서라도 침대차가 필요함을 일찍이 간파하였다. 그리고 시카고에서 몇 대의 침대차를 제작하여 여러 철도회사와 계약하는 일부터 시작하였다.

동부회사는 부루만 씨와 같은 남다른 인물과 대항할 만한 상태가 못 되었다. 나는 이 흐름을 간파하였으나 원래 침대차의 특허권은 동부회사의 것으로서 대주주 위트라프 씨가 법정에서 승패를 가리기 위하여 싸운다면 몇 해 후에는 특허권 침해의 배상을 받을 수 있었다. 그러나 그 일이 이루어지는 동안 부루만 씨의 회사는 미국 일류의 대회사로 성장해 버릴 것이다.

그래서 나는 유니온 퍼시픽의 경우와 같은 방법으로 부루만 씨에게 연합할 것을 권했다. 마침 두 회사 사이에 문제가 생기자, 부루만 씨와 동부회사 양쪽에 친분이 있는 내가 교섭을 맡는 것이 일을 해결하는 좋은 방안이라는 제안이 들어왔다.

우리는 곧 협의를 거쳐서 부루만 회사에 우리들의 회사인 중앙 운수 회사를 합병하기로 결정하였다. 이로 인해 부루만 씨는 동부회사에 굽히지 않고서 펜실베이니아의 대간선을 경영할 수 있는 권리를 장악하여 대서양까지 손을 뻗칠 수 있게 되었다. 부루만 회사가 경쟁자가 없이 안정되게 회사를 경영할 수 있었던 것은 오직 유력한 사업가의 한 사람인 부루만 씨 덕분이라고 말할 수 있다. 나는 그에게서 받은 많은 도움 가운데서도 나의 행동의 지침이 되는 좋은 말이 잊혀지지 않는다.

아무리 뛰어난 사업가일지라도 사람에게는 벗어날 수 없는 어려움과 실망이 찾아오기 마련이다. 모든 일이 언제나 계획대로 순조로울 수는 없다. 이것은 누구나 있는 일이다. 나는 부루만 씨 이외의 사람들이 침대차를 만들기 위해 겪은 모든 어려움을 교묘하게 내 것으로 처리하였다.

더욱이 많은 우여곡절 끝에 세워진 철도회사들이 미처 침대차를 생각하지 못한 데다가 경제적 불황이 겹쳐 도산해 버리기도 하였다. 침대차를 만든 회사라 해도 그것을 운영하기까지는 여러 가지 어려움이 따르기도 했다.

부루만 씨와 내가 각서를 교환했을 때 그는 다음의 이야기에서 위안을 받고 있다고 말했다.

서부의 어느 시골 할아버지가 인생의 온갖 고난을 다 겪은 후 이웃 사람들이 노인을 위로하자, 노인은 이렇게 말했다.

"아무렴, 여러분이 알고 계시는 것은 모두 사실입니다. 나는 긴 생애를 어려움 속에서만 살아온 사람입니다. 그러나 거기에 커다란 문제점이 있습니다. 곧 그 곤란의 10분의 9는 실제로 일어나지 않는다는 것입니다."

인생에 필수적으로 나타나는 고난의 대부분은 자신의 상상과 지나친 두려움에서 오는 것이기 때문에 일소에 붙여야 한다. 이것은 마치 개울을 건널 때 다리까지도 차지 않는 물을 목까지 넘칠까 걱정하는 것과 같다. 또 악마를 만나지도 않고 만약 악마를 만나면 어쩌나 하는 쓸데없는 걱정을 하는 것처럼 지극히 어리석은 행동이다.

오히려 일이 눈앞에 닥칠 때까지는 편안하게 있어야 하며, 막상 닥쳐오더라도 생각하던 것보다도 별것 아닌 듯 지나치는 것이 좋다. 현인은 앞일을 겁내지 않는다.

여러 가지 교섭에 성공함으로써 나는 뉴욕에서 상당한 지위를 차지

했다. 그 다음으로 내가 관계하였던 큰 거래는 1871년 유니온 퍼시픽 철도회사 채무 공모였다. 그 회사 중역 한 사람이 나를 찾아와 60만 달러의 자금을 조달하지 않으면 안 될 어려운 처지에 놓여 있다고 하였다.

그는 철도업무 집행위원인 내 친구들의 도움으로 그 자금을 메울 수 있을 것이라는 것과, 이 기회가 바로 서부 선로의 실권을 장악할 수 있는 때라고 알려주었다. 부루만 씨도 그 중역과 함께 왔었는데, 그가 맨 처음 이 일에 대해 내 의견을 타진하였던 것으로 기억한다.

나는 그 상담에 응하기로 하였다. 이 제안은 만일 유니온 퍼시픽 철도회사의 중역들이 펜실베이니아 철도회사가 지명하는 사람을 중역으로 받아들일 의향이 있다면 펜실베이니아 철도회사로 수송 화물과 승객 일부를 양도할 수 있게 되어 유니온 퍼시픽을 원조할 정당한 이유가 되는 것이었다. 나는 사장인 톰슨 씨에게 이 문제를 말하였다.

나는 만일 펜실베이니아 철도회사가 유니온 퍼시픽의 뉴욕 채무 공모에 제공할 담보 증권을 나에게 맡긴다면, 우리들이 유니온 퍼시픽의 실권을 장악하여 펜실베이니아 회사의 이익을 도모할 수 있다고 암시하였다. 톰슨 씨는 이 제안에 찬성하였다.

지금까지 톰슨 사장이 나에게 여러 번 우호적인 태도를 보였으나, 이번의 경우는 아주 컸었다. 그는 회사의 금전을 취급할 때는 퍽 소심하였는데, 이번에 제공한 것은 참으로 큰 것이었다. 그런만큼 기회가 실패로 돌아간다면 그는 참지 않을 것이었다.

만일 그 60만 달러가 손실되더라도 톰슨 씨의 회사에 폐를 끼칠 성질의 것은 아니었다. 유니온 퍼시픽에 인도하는 대부금에 대하여 우리는 그에게 담보 증권을 내어줄 예정이었으므로 손해될 위험은 없었다. 나와 톰슨 씨가 그의 집에서 회견을 마친 뒤 나오려는데, 그가 내 어깨에 손을 얹으며 말하였다.

"정확하게 기억해 주게. 나는 자네에게 모든 것을 일임하겠네. 내가 신임하는 것은 자네뿐이니 받을 수 있을 만큼의 담보 증권을 입수하여 펜실베이니아 철도회사에는 단 1달러도 손해가 미치지 않도록 해주게."

나는 그 일을 떠맡았다. 결과는 대성공이었다. 유니온 퍼시픽 회사는 톰슨 씨를 사장으로 모시길 소원하였으나 그는 그것을 일축해 버렸다. 그러고는 펜실베이니아 철도회사의 부사장 토머스 스콧 씨를 사장으로 지명했다. 스콧과 부루만, 그리고 나, 세 사람이 1871년 유니온 퍼시픽 철도회사의 이사로 선출되었다.

채무 공모에 대한 증권은 유니온 퍼시픽의 주식 300만 달러였는데, 상당한 가격으로 매각할 수 있는 선택권을 붙여서 나의 금고에 보관하였다. 얘기한 대로 펜실베이니아 철도 측과 연관된 유니온 퍼시픽의 주식은 귀중히 여겨 시세는 크게 올랐다.

그때 내가 없는 동안 스콧 씨는 우리가 소유한 유니온 퍼시픽 주를 매각해 버렸다. 나는 누군가 이 증권을 사용할 경우를 대비하여 어느 누구도 접근하지 못하게 했지만 단 한 명의 예외로 스콧 씨만은 제외시켰었다. 그러나 설마 그가 주식을 팔아서 유니온 퍼시픽과의 관계에서 우리가 획득한 훌륭한 지위를 잃어버리리라고는 꿈에도 생각하지 못했다.

돌아와 보니 뜻밖에도 유니온 퍼시픽의 이사 중 한 사람으로서 신임받아 온 내 지위는 송두리째 사라졌고, 오로지 투기를 목적으로 그 지위를 이용한 교활한 사람이 되어버렸다. 우리 세 사람은 큰 사업에 헌신적으로 일할 다시없는 기회를 얻었다고 믿고 있었다. 그러나 그 좋은 기회를 아무렇게나 내던져버린 행위는 더할 수 없는 큰 실수였다.

부루만 씨는 사실을 전혀 모르고 있었는데 후에 몹시 분개하였다. 나 역시 부루만 씨와 똑같은 방법으로, 실수를 만회할 생각도 없지는 않았으나, 아무래도 스콧 씨에 대하여 반대 행동을 한다는 것이 나로서는 배은망덕이라는 생각이 들어 그만두기로 했다.

얼마 되지 않아 우리들은 자연히 유니온 퍼시픽 사의 중역 자리에서 제거되었다. 이 일은 젊은 나에게는 정말 괴로운 일이었다. 이 일은 소년 시절, 인정이 넘치는 주인으로서 항상 내가 존경하는 대상으로서 깊은 인상을 주었던 토머스 스콧 씨와 중대한 의견의 차이가 있음을 실증하는 첫걸음이 되었다.

톰슨 씨는 이 일을 유감스럽게 생각하였으나, 그가 말한 대로 주식에 깊은 주의를 기울이지 않고 모든 것을 스콧 씨와 나에게 일임하고 있었기 때문에, 우리가 매각하는 것만이 상책이라고 결정한 일로 짐작했다. 한때는 유니온 퍼시픽에 관계하고 있었던 몰간 푸릭크스 회사의 레바이 몰턴이라는 친구한테 이용당한 것이 아닌가 걱정하였으나, 결국 내가 그 문제에 전혀 관련이 없다는 것을 알게 되었다.

오하마 다리 건설 자금 250만 달러의 교섭은 성공했으나, 그 채권은 내가 유니온 퍼시픽과 관계가 끊긴 상태라, 그 회사와 관계를 맺은 사람들이 매입함으로써 그 교섭은 그들을 위한 것이 되었다.

이 일은 내가 런던으로 떠나기 전에 함께 이야기를 나누었던 중개자가 전혀 설명하지 않은 것이었다. 불행하게도 내가 뉴욕에 돌아왔을 때

· 앤드류 카네기

내 이익까지 포함한 채권의 매장 전부가 채무 지불의 책임이 있는 사람들에게 유용되고 있다는 사실을 알게 되었다.

    나는 그들을 위해 일만 해주고는 거액의 이익을 송두리째 빼앗겨 처량한 신세가 되고 말았다. 이처럼 크게 체면이 짓밟혔던 일도 처음이었다. 그러나 나는 아직 젊고 배워야 할 일이 많이 남았다는 것을 깨달았다. 믿을 만한 사람도 많으나, 경계해야 되는 사람도 있다는 것을 잊어서는 안 되었다.

상사 교섭

10. 제철업

11. 본거지로서의 뉴욕

12. 상사 교섭

13. 강철 시대

14. 저술과 여행

내가 피츠버그의 에레니게 철도회사 사장 윌리엄 필립스 대령을 위해 수행한 교섭은 완전한 성공이었다. 어느 날 대령은 뉴욕의 사무실에 찾아와서 재정 문제로 난관에 부딪쳐 있다고 말하였다. 펜실베이니아 철도회사의 보증이 있더라도 자기 회사의 채권 500만 달러를 사겠다고 하는 자본가가 미국에는 없다고 했다.

이 노신사는 은행가들이 그들의 조건을 들어주지 않으면 그 채권을 살 수가 없다고 하여 궁지에 몰린 생쥐꼴이라고 토로했다. 그는 1달러에 90센트의 조건을 제시하였으나, 은행 측에서는 너무 비싸 거절했다고 말했다. 당시는 서부 철도 채권에 대한 보통 은행의 매입 시세는 달러당 80센트 이하였었다.

필립스 대령은 어떻게 해서든 이 난관을 돌파할 방안을 강구하기 위해 나를 찾아온 것이었다. 그에게는 25만 달러가 당장 필요했지만 펜실베이니아 철도회사의 톰슨 씨가 이것을 조달할 수는 없었다.

에레니게 채권은 7부 이자였는데, 그 지불은 금화가 아니라 미국 통화로 해야 한다는 조건이었다. 그래서 외국 시장에는 도저히 내놓을 수가 없었다. 그러나 나는 펜실베이니아 철도회사가 필라델피아 철도회사의 6부 이자의 금화 지불 채권을 상당히 보유하고 있다는 것을 알고 있었다. 그래서 나는 그 회사의 보증을 받은 에레니게의 7부 이자 채권과 6부 이자의 금화 지불 채권을 맞바꾸자고 제의한다면 회사 측에서도 상당히 좋아하리라고 생각했다.

나는 톰슨 씨에게 전보를 보내 펜실베이니아 철도회사가 유리한 조건으로 25만 달러를 인수하고, 그것을 다시 에레니게 철도회사에 빌려줄 수 있는지를 물어보았다. 톰슨 씨한테서 승낙한다는 전보가 왔다. 필립스 대령이 기뻐했던 것은 두말할 필요도 없었다. 그는 고맙다는 인사를 하며 60일 동안 500만 달러 채권을 1달러에 90센트로 인수하는 선택권을 내게 부여했다.

나는 톰슨 씨에게 이 사실을 알렸지만 이 일은 우리에게 이득이 되는 일이었기 때문에 회사에서 승낙 전보가 왔다. 나는 곧장 펜실베이니아 철도회사 1순위 저당 설정 500만 달러의 채권 매도 교섭을 하기 위하여 런던을 출발했다. 좋은 증권이었으므로 비싸게 팔고 싶었다. 그러나 결론부터 먼저 말하면 이 교섭은 나의 경제계 생활에서 가장 큰 실책을 범하는 결과가 되고 말았다.

나는 킨스타운에서 런던의 베아링 씨 집으로 서신을 보내 조금도 주저할 것 없이 인수할 증권이 있음을 통고했다. 런던에 도착하니 베아링 씨 집으로 오라는 내용의 편지가 여관에 배달되어 있었다.

이튿날 아침 그의 은행에서 교섭한 결과 합의가 이루어져, 2부 5리를 공제하기로 하고 채권을 매도하기로 구도로 약속했다. 그리고 2부 5리의 채권 매도 업무가 끝날 때까지 400만 달러를 5부 이자로 펜실베이니아 철도회사에 인계하여 주자는 것이었다. 이 매도로 말미암아 나는 50만 달러 이상을 벌게 될 것이라고 계산하고 있었다.

서류가 다 작성된 듯하여 막 물러나오려 하는데, 러셀 프타지스 씨가 나를 붙잡으면서 말했다. 베아링 씨가 오전 중으로 오겠다는 연락이 와서 평의회 회의가 열리기로 약속 되었으니, 예의상 내가 직접 베아링 씨에게 말하는 것이 좋겠다고 했다. 그리고 서류 조인은 다음날 오전으로 미루자고 했다. 나는 2시쯤에는 교섭이 끝날 것이라고 말했다.

그곳에서 톰슨 사장에게 전보를 보내기 위해 전신국으로 걸어가는 동안 몹시 흥분했던 마음이 결코 잊혀지지 않는다. 그때 어쩐지 전보를 띄우는 것이 좋지 않을 것 같은 예감이 들었다.

나는 거의 4마일이나 되는 먼 길을 걸어서 랑가므 호텔로 돌아왔다. 호텔에 도착하자, 베아링 씨 집에서 보내온 사람이 내게 한 통의 편지를 내놓았다. 편지의 내용은, 비스마르크가 한 일로 1억 달러가 마그데보르그에 봉쇄되었기 때문에 이 일을 주인에게 제안할 수 없게 되었다는 것이었다.

대베아링 가(家)에서 약속된 일을 하루아침에 어기는 행동은 천만뜻밖의 일이어서 나에게는 청천벽력과 같았다. 베아링 가의 체면에도 불구하고 순식간에 약속을 어기는 행동에 노발대발해 봐야 이미 소용 없는 일이 되어, 체념하고는 톰슨 씨에게 전보를 띄우지 않았던 것을 오히려 불행 중 다행이라고 스스로 달랠 수밖에 없었다.

나는 베아링 가에 다시 교섭하려고 결심했다. 몰간 회사는 전부터 미국 증권을 많이 매도한 일은 있었으나 지금까지 거래를 한 적은 없었다. 그러나 나는 그 후 베아링 가와 협정한 가격보다 약간 싼 값으로 채권을 그 회사에 팔아치웠다.

그 이유는 필립스 대령이 몰간 회사에 제공했던 채권이 성공하지 못했다는 것과, 또 런던의 몰간 회사 사원이 혹시 뉴욕의 사원과 그 교섭에 대하여 연락이 닿지나 않았을까 하는 추측 때문이었다. 그러나 나는 그 다음 교섭에 있어서는 반드시 주니어스 몰간에게 먼저 제안하는 것을 원칙으로 삼았다. 그는 내가 제안하는 일이라면 좀처럼 무시하거나 불신한 적이 없는 사람이었다. 자기가 인수할 수 없을 때는 반드시 다른 거래처를 주선해 주었다.

내가 계획한 증권의 매도가 언제나 상장 시세가 좋았던 것은 그 때문이었다. 돌이켜 생각해 보니 유감스러운 것은 이번 일에 적극적이지 못했다는 점이었다.

베어링 집에 머물면서 재고할 시간을 가늠해 보고, 또한 공황이 진정되기까지 기다리면서 회답을 늦추는 수단을 취하지 않았던 것이 잘못된 것 같았다. 거래에 있어서 만약 상대자가 신경이 예민해지면 이쪽에서는 냉정하게 꾸준히 인내하면서 기다려야 하는 것이다.

내가 재정적인 업무로 몰간 씨와 교섭하였을 때 그에게 이런 말을 하였다.

"몰간 씨, 내가 당신에게 하나의 제안을 드리고 그 진행도 도와드릴 수 있는데, 만약 그 일이 성공한다면 이득의 4분의 1을 내게 주시렵니까?"

그는 웃으면서 대답했다.

"그것 참 공정한 생각이군요. 그 실행 권한은 내 일이니, 내가 실행한 결과 이득이 생긴다면 그 4분의 1을 당신에게 제공하는 것은 당연한 일이겠지요."

나는 앞에서 필라델피아 에레니게 채권과 철도 채권이 펜실베이니아 철도회사의 보증이 된다는 것과, 그 회사의 확장 공사 때문에 언제나 자금이 부족한 상황에 대한 사실을 지적했다.

한 걸음 더 나아가서 나는 이렇게 말하였다. '회사는 그 채권을 팔 수 있을 정도의 대가를 제공할 수도 있으며, 미국 증권의 수요가 왕성한 때이기도 하니, 틀림없이 잘 팔릴 것이라고 매도를 권하는 취지서를 쓸 계획'이라고. 그는 여전히 신중한 태도로 그 안건을 심사한 후 실행하기로 했다.

그 무렵 톰슨 씨가 파리에 와 있어서 나는 파리로 달려가 그와 회담을 하였다. 펜실베이니아 철도회사가 자금이 필요한 것을 알고 있던 나는 몰간 씨에게는 그의 채권을 추천했다는 것을 말하였다.

톰슨 씨 쪽에서 값을 말한다면 그 값에 팔릴 수 있도록 알선하여 보겠다고 하였다. 그가 말한 값은 무척 비싼 것으로 생각하였으나, 그 후의 상장 시세는 그보다 더 비싸졌다. 몰간 씨는 나머지는 후에 사들일 수 있는 권리를 가진 채 일부를 사들였었다.

그리하여 에레니게의 채권은 900만 달러에서 1천만 달러에 이르기까지 시장에 모두 반출되어 펜실베이니아 철도회사는 자금을 획득할 수 있었다. 채권이 절반도 팔리기 전인 1873년 공황이 불어닥쳤다. 그때 나의 재정을 도와준 사람 중 한 사람이 비어폰드 몰간 씨였다. 어느 날 그는 나에게,

"나의 아버지에게서 전보가 왔는데, 당신이 아버지에게 설명한 그대로 소유 주식을 팔 뜻이 있는지 알아보랍니다."

하고 말했다.

"물론이죠, 팔고 싶습니다. 지금의 상태에서는 현금만 받을 수 있다면 무엇이든지 팔겠습니다."

"그럼 얼마에 팔겠습니까?"

얼마 전에 나에게 제시된 명세서에 내 소득권은 5만 달러로 기록되어 있으니 16만 달러면 되겠다고 말하였다. 이튿날 아침 내가 찾아갔을 때, 몰간 씨는 7만 달러의 수표를 건네주며 말했다.

"카네기 씨, 당신이 말씀하신 것은 틀렸어요. 어제는 당신의 소유 명세서보다 1만 달러나 적게 판 것이었어요. 지금은 5만 달러가 아니라 6만 달러가 당신의 소득권으로 되어 있어요. 거기에 1만 달러를 더하면 7만 달러가 됩니다."

수표는 두 장으로, 한 장은 6만 달러였고 다른 한 장은 1만 달러였다. 나는 1만 달러짜리 수표를 돌려주면서 말했다.

"참으로 대단한 호의지만, 이 1만 달러는 내 성의로 알고 부디 받아 주십시오."

그는 대답하기를,

"안 됩니다, 그렇게 할 수는 없습니다."

하고 말하는 것이었다.

다만 법률적인 권리만을 따지는 생각과는 너무도 다른 뜨거운 우정을 나타내는 이러한 행위는 보통 사람들에게는 좀 이상하게 생각될지 모르나 실업계에서는 더러 있는 일이다. 그 후 지금까지 몰간 씨 집안에 대해서 아버지이든 아들이든, 더 나아가서는 그 회사에도 결코 손해를 끼치는 일을 해서는 안 된다고 결심하고 있다.

무릇 큰 사업을 경영하는 데는 가장 엄격한 염결 정신(마음이 바르고 깨끗함)이 바탕이 되지 않고서는 결코 성공하지 못한다. 매섭다거나 날카롭다는 평을 듣는 것은 대사업의 경영에 있어서 결코 좋은 일이 아니다. 법을 넘어서는 정신, 법률 위에 서는 마음을 간직하는 것을 규칙으로 삼아야 한다.

오늘날의 상업 도덕의 표준은 상당히 높은 데 있다. 자신이 소속된 상사 또는 회사에서 저지른 잘못은 바로 다른 곳까지 영향을 끼치게 되어, 그 잘못이나 실수가 다른 회사나 상사에도 책임이 있는 것으로 간주하게 된다.

회사가 영구히 발전할 수 있으며, 사업에 성공하기 위한 비결은 법적인 원칙에만 얽매인 회사라기보다는, 오히려 공정성을 지키는 회사라는 평을 받아야 한다. 우리가 채택하여 지켜온 규칙은 사람들이 상상하는 것보다 훨씬 많은 이득을 낳았다.

그것은 언제나 상대자에게 만족을 주어야 한다는 것이었다. 물론 이것은 투기 사회에는 알맞은 것이 아니다. 그 사회에는 전혀 다른 분위기로 꽉 차 있다. 그 사회 사람들은 오직 도박꾼일 뿐이다. 주식 도박과 명예로운 사업과는 구분되어야 한다. 요즘에는 구식 은행가, 런던의 주니어스 몰간과 같은 인물은 찾아보기 힘든 일이 되었다.

스콧 씨(토머스 스콧 대령은 1872년에 유니온 퍼시픽 사를 떠나 그 해에 텍사스 퍼시픽 사장에 취임, 1874에 펜실베이니아 회사의 사장이 되었다)는 유니온 퍼시픽의 사장직을 떠난 후, 얼마 되지 않아서 텍사스 퍼시픽 철도 건설을 계획했다.

어느 날 그는 뉴욕으로 전보를 보냈다. 자신이 있는 곳으로 급히 와

달라는 것이었다. 나는 그곳으로 달려갔다. 그런데 그곳에는 다른 친구들이 여럿 있었고, 더욱이 피츠버그에 근무하고 있는 펜실베이니아 철도회사 부사장 맥칼로 씨도 있었다. 텍사스 퍼시픽의 거액의 채무를 갚아야 할 기한이 다가왔는데, 내가 빚보증을 서면 몰간 회사에서는 기한을 더 연장하여 줄 수 있다는 것이었다.

그러나 나는 한 마디로 거절했다. 그 일을 거절하자, 친구를 저버리고 파멸에 빠지는 것을 그냥 묵인해 버릴 것이냐는 비난이 쏟아졌다. 순간, 이곳은 내게 몹시 괴로운 자리가 되었다. 나는 잠시도 그 소용돌이 속으로 말려들지 않으려고 노력했다. 나에게는 항상 해야 할 문제가 언제나 우선시되었기 때문에 이 순간에도 내 뜻을 확고하게 지켰다.

내 자본은 모두 공업에 바치고 단 1달러도 다른 데로 돌릴 수 없었다. 나는 우리 회사의 자본가이지, 다른 여유를 가질 수 있는 처지는 아니었다. 우리 식구 모두는 내게 의지하는 처지였다.

아우의 아내와 가족, 휩프스 씨와 쿨만 씨의 가족도, 모두가 다 나의 보호를 바라는 것을 나는 깨닫고 있었던 것이다.

나는 스콧 씨에게 애당초부터 철도 건설에 필요한 자금을 마련하기 전에는 절대로 공사에 착수하여서는 안 된다고 강력히 충고하였다. 수천 마일의 철도를 차입금만으로 건설하려는 것은 곧 실패의 원인이 된다는 것을 역설했다.

뿐만 아니라, 그 계획에 찬성할 일이 없어서 내가 유럽에서 돌아왔을 때 스콧 씨가 나를 위해서 25만 달러의 이권을 남겨두었다고 했을 때, 나는 현금으로 그 액수를 돌려주었다. 그러나 나는 그 철도 건설회사, 또 우리 회사 이외의 어느 회사에 대하여도 빚 보증을 서는 것은 단호하게 거절했다.

나는 몰간의 채무 또는 그 가운데 일부인 자신의 채무도 60일 안으로 갚기는 불가능하다는 것을 알고 있었다. 그밖에 문제가 되는 것은 그 빚뿐만 아니라 계속하여 다른 채무 5,6건을 처리해야만 했다. 이 일은 스콧 씨와 나 사이에 사업상의 일이었기 때문에 그 고통이란 내가 그 때까지 겪은 모든 재정적인 어려움보다 훨씬 더 견디기 힘든 것이었다.

이 회합이 있은 후 오래지 않아서 경제계에 큰 불경기가 밀어닥쳐, 모든 국민들은 재벌들이 무너져 가는 것을 보고 놀랐다. 나는 스콧 씨의 요절(1881년 5월 21일 사망)은 다분히 굴욕감 때문이었다고 생각한다. 그는 대담한 호걸이기보다는 감상적인 성격을 가진 사람이었기 때문에, 어려움을 뚫지 못하고 좌절감에 빠진 채 영영 사라지고 만 것이었다.

스콧 씨와 동료였던 맥크나스와 베아드도 오래지 않아 세상을 떠나고 말았다. 이 두 사람은 나와 마찬가지로 공업이 본직이었고, 철도 건설 따위는 성미에 맞지 않았다.

사업을 하는 사람들이 힘한 파도를 헤쳐나가는 데 부딪치는 가장 위험스러운 암초는 빚보증을 서는 일이다. 이것을 피하는 방법은 다음의 두 가지 물음에 스스로 대답해 보는 일이다.

첫째, 보증을 선 후 상대방의 실패로 금전적인 부담을 지게 되었을 때 그 돈을 아무런 지장 없이 지불할 만한 여유가 있는가?

둘째, 보증을 청하는 친구를 위해서 그 금액을 잃을 각오가 있는가?

이 물음에 '그렇다' 하고 대답할 수 있다면 그 친구를 위해서 힘을 빌려주는 것도 좋겠으나, 그렇지 않다면 단호하게 거절하는 것이 현명한 태도일 것이다. 또 하나는 첫째 물음에 긍정적인 대답을 할 수 있는 사람은 그 자리에서 자기가 부탁받은 금액을 내주는 것이 더 좋지 않겠는가. 나는 그렇게 하는 것이 좋다고 믿는다. 원래 재산이 어떤 사람의 일에 관련되어 있다면 그만큼 채권자를 위해서 이것을 신성한 것으로 보관해야 옳을 것이다.

몰간 회사가 청한 보증을 거절하였음에도 불구하고, 나는 그 이튿날 아침, 상담을 목적으로 뉴욕으로 향하는 일행들과 함께 떠나게 되었다. 나는 기꺼이 이것을 승낙했던 것이다. 안토니, 드레기셀도 그 일행이었다. 도중에 맥칼로 씨는 차 안을 돌아다니면서,

"일행 가운데 사려 깊은 사람은 하나뿐이군, 다른 사람은 모두가 바보들이야."

라고 말했다. 그 의미는 자기의 몫을 단 1달러의 금전도 남기지 않고 깨끗이 청산했고, 또 이번 일에 아무런 책임이 없는 사람은 엔디뿐이라는 뜻이었다. 그러나 일행 모두가 나와 똑같은 사람들이었다.

드레기셀 씨는 내가 어찌하여 이 재난에서 벗어날 수 있었는지 설명해 달라고 했다. 나는 돈을 갚아야 할 기한이 되었을 때, 내가 지불할 능력이 없다고 판단되는 일에는 결코 보증을 서지 않는다는 규칙을 엄수하고 있다고 말해주었다.

또한 나의 서부 친구가 항상 말했던 것처럼, 부질없는 수고를 할 필요가 없는 곳에는 절대로 들어서지 않는다는 것을 규칙으로 여겼는데, 나는 이 규칙을 지켰기 때문에 나 개인뿐만 아니라 나의 동료 사원들도 궁지에 빠지지 않았다. 우리들은 회사에서 협의한 사항은 반드시 준수해야 하며, 회사를 위하는 일이 아니면 아무리 딱한 사정이 있더라도

절대로 보증을 서지 않는다고 맹세하였다. 이것도 역시 내가 보증을 서지 못하는 이유였다.

위의 여러 사건이 일어날 때에 나는 증권의 매도 교섭을 위해서 여러 차례 유럽에 건너간 적이 있는데, 내가 팔아치운 증권만도 모두 3천만 달러에 이른다. 이것은 대서양 해저 전선이 부설되기 전의 싯가여서 재정적으로 뉴욕과 런던이 긴밀하게 맺어지지 못한 시대였다.

따라서 런던의 은행가들은 이율이 비싼 미국일지라도 가져오지 않고, 이율의 차이가 많지 않은 파리나 베를린에서 대출하곤 했던 것이다. 그래서 유럽의 신사들은 새 공화국을 불안하게 생각했다. 아우와 휩프스 씨가 제철 경영을 능숙하게 처리하여 주었기 때문에, 나는 이따금 장기간 여행을 가더라도 걱정하지 않았다.

나는 공업계에서부터 재정 금융계로 옮기라는 유혹에 자주 빠지곤 하였다. 내가 해외에서 여러 차례 거둔 성공은 더욱더 그 유혹에 빠지게 하는 기회가 되었으나, 공업을 나의 본업으로 삼는 결심만은 시종일관 그대로 간직했다. 나는 무엇이든 구체적인 것을 만들어서 그것을 팔고 싶어했다. 거기에서 얻은 이익은 언제나 피츠버그의 공장을 확장하는 데 투자하였다.

최초에 키스톤 교량회사용으로 세운 작은 공장은 다른 곳에 빌려주고, 수만 평의 부지를 로랜스 촌에 마련하여 거기에 새 공장을 지었다. 유니온 철공장은 몇 차례 증축하여 마침내는 조립 철재 제작 공장으로서 미합중국에서는 일류가 되었다. 사업은 점점 발전하여 사업의 확장에 필요한 자금으로 내가 다른 일에서 벌어들인 이익을 통틀어 투자하지 않으면 안 되었다.

나는 펜실베이니아 철도회사 때의 친구들과 서부 여러 곳의 철도 건설에 투자하고 있었으나, 그 사업에서 차례차례 손을 떼어 '하나의 광주리에 모든 알을 담아서는 안 된다'는 격언과 정반대되는 방침을 세우기로 결심했다.

정당한 방침이란 좋은 알을 하나의 광주리에 담아두고 그 광주리를 소중하게 지키는 일이라고 단정하였다.

무슨 사업이든 성공하려면 오직 그 사업에 정통한 사람이 되어야만 한다고 나는 믿고 있다. 나는 재산을 여러 곳에 쓰는 것은 결코 좋은 일이 아니라고 생각한다. 내가 체험한 바에 의하면, 부(富)를 이룬 사람은 결코 여러 방면으로 자금을 나누어 투자하는 경우를 찾아볼 수 없다. 더욱이 공업계에 있어서는 절대로 있을 수 없는 일이다. 성공한 사람들은 어느 누구나 하나를 택해 끝까지 거기에 종사한 사람들이다.

타인에게 자기 회사의 주식을 팔려는 데만 급급한 사람을 보면 정말 어처구니없게 여겨진다. 공업가로서 공장의 낡은 기계를 새로운 기계로 바꾸어야 한다는 필요성을 느끼지 못한 사람은 없을 것이다. 필요한 기계를 사들이고 새로운 기술을 끌어들이는 일은 게을리하면서, 자기 사업 이외의 부문에 투자하여 오히려 크게 손해를 보는 사례를 흔히 볼 수 있다.

내가 알고 있는 사업가 가운데는 진짜 금광이 바로 자기의 공장 안에 있다는 것을 알지 못하고, 주식이나 자신에게 맞지 않는 여러 사업에 투자하는 경우를 자주 보게 된다.

나는 언제나 이 중요한 규칙을 확고하게 지키기 위해 다짐하곤 하였다. 내 자본을 운영하는 점에 있어서만은 어느 누구에게도 양보하지 않

· 앤드류 카네기

았다. 그리고 어느 회사의 중역보다도 능숙하게 일을 해낼 능력을 가지고 있다고 자부했다. 사업계에서 항상 당황하게 되는 어려움은 자기의 사업에서 오는 경우보다도 대부분은 정통하지 못한 사업에 발을 들여 놓은 데서 일어나는 법이다.

여러 젊은이들에게 하고 싶은 말은 오로지 자기가 종사하는 한 사업에만 전심전력으로 힘을 기울여야 하며, 사업에 대한 믿음이 확실하다면 자신이 가진 모든 것을 투자해도 좋다. 그러나 만일 확장할 여지가 없는 사업이라면 남은 자금을 주식에 던져, 가능성 있는 사업을 찾을 때까지 그 주식에서 얻어지는 적은 수입에라도 만족하는 것이 좋다.

나는 강철 공장에 전력을 집중하여 제일인자가 되기로 했다.

나의 영국 방문은 강철계의 거인들과 또 옛 친구들과 오랜만에 만날 수 있는 좋은 기회를 주었다. 강철계의 제일인자인 베세마를 비롯하여 로시안 패루 펑, 베르나드 사무엔슨경, 윈슬 리차드, 에드워드 마틴, 빙그레 에반스 등이었다.

내가 영국 강철협회 평의원으로 선출되어 회장까지 된 것은 그 후 오래지 않은 일이었는데, 영국 국민이 아닌 사람이 회장이 된 것은 처음 있는 일이었다. 나는 미국에 살기 때문에 그 맡은 바 소임을 다할 수 없다는 이유로 거절했었으나, 결국 이 영광된 자리에 취임하게 되었다.

우리는 제철을 경영하면서 교량과 그밖의 물건을 제작하는 일에 전념해 왔는데, 선철도 우리의 손으로 직접 제조해도 좋을 듯싶었다. 1870년 루이시 용광로 건설을 맡게 되었는데, 그 규모가 엄청나게 커서 약간의 두려움을 갖고 계획을 연기해서 충분히 준비한 연유에 착공하고 싶었을 만큼 대단한 건설이었다.

공업계의 선배들은 후진 기업인 우리들의 사업이 너무 빨리 발전하여 성급하게 맡은, 이 공사에 위험성이 크다고 예측하였으나, 우리들은 이에 조금도 굴하지 않았다. 우리들은 용광로쯤은 능히 건설할 만큼의 자금과 신용을 충분히 확보하고 있다고 믿었다.

그러나 실제로 추진해 보니 건설비는 예산의 배 이상이 들었다. 이것은 시험적인 시도에 불과했다. 쿨만 씨는 용광로 작업에 대해서는 아무런 지식이 없었다. 그러나 정확한 지식이 없다고 하여 크게 잘못을 저지른 일도 없었다.

루이시 용광로(아우 부부의 이름을 따서 지었음)의 생산액은 우리들의 예상을 넘어 당시에 일찍이 찾아볼 수 없는 엄청난 큰 생산성을 나타냈다. 하나의 용광로에서 1주간 하루 100톤의 비율로 산출을 했다. 이것은 세계의 공업사에 있어서 일찍이 볼 수 없었던 기록이었다. 우리들은 이 기록을 계속해서 유지했기 때문에 많은 방문객들은 이 사실을 확인이나 하려는 듯 계속해서 찾아왔다.

그러나 우리들의 제철업은 순풍에 돛을 단 듯 순탄하지만은 않았다. 경제계의 공황은 계속 밀어닥쳤다. 전후의 물가가 폭락하여 1톤당 9센트에서 3센트로 엄청나게 떨어지는 때도 있었지만, 우리는 다행스럽게도 안전하게 난관을 헤쳐나갈 수 있었다. 불황에 휩싸였던 각처에서 파업이 일어났고, 우리의 회계 주임은 응급 자금을 조달하기에 눈코 뜰 새 없이 바빴다. 파산과 실패가 전염병처럼 휩쓸고 지나갔던 와중에도 우리 회사는 의연하게 신용을 지켜 나갔다.

그러나 우리의 업무 가운데 선철의 제조가 다른 부문에 비교하여 매우 불안한 실정이었다. 이 분야의 제조업에 있어서 우리에게 가장 많은 도움을 준 사람은 다름 아닌, 저 유명한 영국의 호이트웰 형제 회사원인 호이트웰 씨였다. 당시 그 회사의 용광로는 일반적으로 널리 쓰이고 있었다. 나는 우리 회사가 겪었던 어려움을 터놓고 의논했다. 그는,

"그것은 종형부(벨)의 각도가 틀리기 때문이지요."

라고 말해 주었다.

그리고 그는 개조할 방법에 대해서도 설명했다. 사원 쿨만 씨에게는 그 얘기가 믿어지지 않는 듯하였으나, 나는 소형의 유리제 모형 용광로와 벨 두 개, 즉 하나는 루이시 형, 다른 하나는 호이트웰 씨가 충고하여 준 모형을 만들어서 비교해 보는 것이 좋겠다는 제안을 했다. 우리는 직접 모형을 만들어서 시험 제작을 해보았다.

결과는 호이트웰 씨의 말 그대로였다. 루이시 형은 큰 쇠붙이를 용광로의 양 측면으로 분산시켜 중앙에 두꺼운 덩어리를 이루는 바람에 가운데로 바람이 통할 수 없게 되었다. 호이트웰 형은 조각들을 중앙으로 몰리게 해서 주위가 두껍게 된다. 이것은 제작에 있어서 엄청난 차이를 가져오게 했다. 루이시의 어려움은 이것으로 말끔히 씻어진 셈이었다.

호이트웰 씨는 예리한 판단력과 친절하고 마음 좋은 사람이었다. 자그마한 이기심도 없이 자신이 알고 있는 지식을 숨기지 않는 훌륭한 인물이었다. 우리들은 그에 의해 공업 부문의 새로운 것을 알게 되었고, 그에게 새로 개발한 방법으로 수익을 올린 일정량을 전달해 주었다. 결국 그 후에는 우리들이 소유하고 있는 모든 것을 호이트웰 형제에게 아무런 비밀 없이 개방하게 되었다.

13

강철 시대

11. 본거지로서의 뉴욕

12. 상사 교섭

13. 강철 시대

14. 저술과 여행

15. 결혼

1870년만 해도 미국은 시우쇠〔銑鐵〕의 제조에 있어서 화학은 거의 미개발 분야로서 개발해야 할 의무를 안고 있었다.

화학이란 다른 모든 요소 이상으로 철이나 강철 제조에 필요하다. 그러나 그 당시의 용광로 기술자들은 대체적으로 성질이 고약하고 억센 편이었으며, 대부분 외국인들이었다. 그들은 버릇없는 부하에게는 규율을 잡는다는 이유로 손찌검까지 하였다.

또한 그들은 본능이나 감각만으로 용광로의 상태를 진단하여 돌팔이 의사처럼 보이기도 했으나, 점쟁이 같은 신통력으로 막대기만을 사용해 석유나 물이 나오는 것을 판단하기도 하였다.

그들에 대한 가치는 산 속에 있는 도시만큼이나 높았다.

루이시 용광로는 재난이 계속 밀어닥치는 곤경에 빠지곤 했었다. 그 이유는 당시의 무지에 있었는데, 흔히 이용했던 광석이 석탄석·해탄 등 다양했으나, 합성분에 대해서는 거의 아무런 주의를 하지 않고 공급한 데 있었다. 이것은 나의 영업상 도저히 견디기 어려운 사태였다.

나는 직감만을 고집하는, 마치 두목처럼 행사하는 기술자를 해고해 버리고, 젊은 사람에게 용광로의 경영을 맡기기로 했다.

젊으면서도 기술 부분에 있어 현저한 활동을 한 헨리 카리를 발탁하여 감독으로 결정했다.

휩프스 씨는 특히 루이시 용광로를 잘 감독하여 주었다. 그가 매일같이 현장으로 나와 그 임무를 충실히 맡아주었기 때문에 실패를 면할 수 있었다고 해도 과언이 아니다.

내가 경영하는 용광로는 돈벌이에서 서부의 다른 용광로에 비해 크게 뒤떨어지지 않았다. 그러나 그 규모가 다른 용광로에 비해서 훨씬 크기 때문에 복잡한 결과를 가져왔다.

휩프스 씨는 사업에 열중한 나머지 일요일에 아버지와 누이동생이 성실하게 교회에 나가는 것도 아랑곳하지 않고 루이시 용광로의 시찰에만 신경을 썼다. 종교적 입장에서 본다면 그의 행동은 어딘가 잘못된 것처럼 보이겠지만, 그가 가족과 함께 교회에 간다고 해도 루이시 용광로에 대한 걱정으로 기도하는 순간에조차 성실한 교인이 되지 못하고 오히려 더 불안해 하지나 않았을까 생각되었다.

그 다음은, 카리 씨의 조수 겸 한 사람의 화학자를 얻는 것이었다.

나는 학력이 뛰어난 독일인 후리크 박사를 찾아냈다. 그는 많은 비밀을 내게 설명해 주었다.

산에서 가져온 아주 평판이 좋았던 철광석도 박사의 검사를 받고 비로소 지금까지 믿어 왔던 것보다는 10, 15 내지 20퍼센트 정도밖에 철을 포함하고 있지 않다는 사실이 밝혀지기도 했다. 한편, 종래 이름도 없던 산이 오히려 우수한 광석을 산출한다는 것을 알아낼 수도 있었다. 좋다고 생각하였던 것이 나쁘거나, 나쁘다고 생각했던 것이 오히려 좋은 것이어서, 마치 만사가 뒤바뀐 것 같은 생각이 들었다.

모든 것이 불확실한 선철 제조는 십중팔구는 백열광에 달려 있는 듯 싶었다.

회사의 신용을 높이기 위해서 용광로가 양질의 생산을 해야 할 시기에 나쁜 광석이 아니라, 아주 풍부한 순량의 광석이 공급되어 도리어 생산이 중단된 이상스러운 현상이 벌어졌다. 나쁜 광석은 좋은 광석에 철을 겨우 3분의 2 정도밖에 산출하지 못했다. 순량 광석을 녹이기 위해서 너무 많은 석탄을 사용한 것이 실패의 원인이었다. 품질이 우수한 원료가 도리어 도움이 되지 않고 손실을 가져온 것이다.

나는 어이없이 바보가 되어 버린 셈이었다. 그러나 나는 나와 경쟁하는 동업자들에 비하면 그래도 큰 바보는 아니라고 스스로를 위로하였다. 사업 경영의 지침으로 화학을 응용한 후 수년이 경과해서도 다른 용광로 소유자들에게 화학자를 고용하는 행동은 사치스러운 짓이라는 비판을 듣기도 했다. 그러나 그들도 사실을 알았더라면, 화학자가 없이는 도저히 잘 되지 않음을 간파했을 것이다.

돌이켜보면 경쟁자들로부터 사치로 불리던 화학자를 용광로 사업에 응용한 선구자는 곧 나였기 때문에, 이 사실을 제광업사에 대서 특필한다고 해도 과히 나쁘지는 않다고 생각한다.

루이시 용광로는 과학적 경영을 거의 모든 것에 응용하였기 때문에 나의 사업 중에서 참으로 유리한 부문이었다. 이 비결을 발견했기 때문에, 그 후 1872년 한 개의 용광로를 증설할 계획을 세울 수 있었다. 이것은 최초의 실험적인 용광로로서 경제적인 면에 신경을 쓴 사업이었다.

나는 다른 동업자들이 사용할 수 없다고 돌보지 않은, 이름도 없는 산에서 광물을 사들였다. 그리고 품질이 우수하다고 호평을 받아 아주 비싸게 사들인 산을 도리어 전적으로 무시해 버렸다. 유명한 미주리의 파이롯 노프 철광은 그 좋은 본보기로서 신기한 것이었다. 말하자면 광산보다는 산출되는 광석에 더 많은 이익이 있다는 생각 때문이었다.

세상의 평가는 그 광석이 용광로에 장애를 주지 않아 사용할 수 있는 부분은 극히 소량이라고 하였으나, 화학상으로 연구한 결과에 의하면 이 광석은 인소(燐素)가 낮고 규소(硅素)가 아주 높다는 것이었다. 또 이것보다 철분이 풍부한 것도 거의 없다는 것이 밝혀졌다. 이것을 사들였던 나는 그 산의 가치가 높아지자 소유자로부터 감사의 인사를 받았다.

동업자들의 주철로(鑄鐵爐)에서 나오는 재는 연철로(鍊鐵爐)로부터 나오는 재보다도 철분의 함유량이 많아서 인분이 적었다.

그래서 수년간 연철로부터 나오는 인분의 아주 많은 재를 주철로의 재보다도 비싸게 팔 수 있었던 것은 나도 거의 믿기지 않는다.

나는 용광로 연돌재의 제련을 기획한 일이 있었는데, 그 재가 한층 잡물이 적었기 때문에 잡물이 많은 재료를 목적으로 한 용광로에서는 잘될 수가 없었다. 그렇게 되자 동업자들은 그것을 쓸데없는 것으로 생각하여 오랫동안 피츠버그의 강에다 버려두었다. 가끔 나는 하등품을 상등품으로 교환해 주기도 했다.

그것보다도 믿을 수 없는 이야기로는, 앞에서 말한 것처럼 전혀 근거 없는 편견에서 일어난 일이었다. 어떤 경우는 순철의 산화물인 로루 가루를 용광로에 넣는 것에 반대한 적도 있었다. 생각나는 사람은 뎀퍼린의 고향 친구였던 클리블랜드의 지쇼였다.

어느 날 내가 클리블랜드의 공장으로 그를 방문하였을 때 인부들이

구내에서 귀중한 로루 가루를 수레에 싣고 나오는 것을 보고,

"저것을 어디로 가져가는 것인가?"

그에게 물었다. 그는 대답하기를,

"냇가에다 버리는 거야. 우리 공장 감독은 저것을 용광로에다 제련시키자고 했지만, 언제나 잘 되지 않으니 버리고 말지."
라고 시큰둥하게 말했다.

나는 무엇이라고 말하지 못한 채 헤어지고 말았다. 그러나 피츠버그로 돌아와서는 그 광경을 떠올리며 한 가지 시험을 하고 싶었다.

그 무렵, 우리 공장에는 듀파이라는 청년이 근무하고 있었다. 그 청년의 아버지는 제철의 직접적인 발명가로 세상에 알려졌고, 청년은 그 방법을 피츠버그에서 실험하고 있었다.

나는 직원에게 이 청년을 클리블랜드로 데려가 지쇼 공장에서 나오는 로루 가루를 전부 사들이게 했다. 청년은 1톤에 50센트씩 지불하기로 하고 직접 우리 회사로 가져오도록 했다. 이것은 오랫동안 계속되었다. 나는 기회가 되면 친구에게 이 계약을 알려줄 생각이었으나, 뜻밖에도 친구는 죽고 말았기 때문에 그 기회를 잃어버리고 말았다. 그러나 그 후계자들은 얼마 가지 않아서 나를 본받아 로루 가루를 이용하기 시작했다.

나는 베세밀 식의 발달에 주의를 게을리하지 않았다. 이것이 성공할 때에는 철이 강철에게 압력을 받아, 철의 시대는 가고 강철의 시대가 올 것임을 알고 있었기 때문이다. 내 친구인 펜실베이니아 주 리빙스턴의 후리톰 철공장장 존 라이드는 이 신식 조사를 목적으로 영국에 갔다 온 일이 있었다. 그는 당시 미국에 있어서 가장 경험 있는 명공업가의

한 사람이었다. 그가 새로운 방식을 주장하여 드디어 그 소속 회사에 베세밀 식 공장을 건설시켰다.

그는 뛰어난 안목을 가지고 있었으나 아쉽게도 조금 시세에 지나치게 앞서가는 느낌도 있었다. 공장을 건설하는 데 쓰인 자본은 예산을 초과해 버렸다. 이 새로운 방식에 있어서 선진국인 영국도 얼마 동안 시험 기간이 있었는 데 반해, 신흥국이 최초부터 성공을 예상한다는 것은 무리이기도 하였다. 실험에는 상당한 시간과 비용이 들었다. 그 친구는 이것을 예상하지는 못했다.

이 방식이 영국에서 확립된 후 자본가들은 현 펜실베이니아 제강 공장의 건설에 착수하였지만, 이것도 실험 시기를 경과할 필요가 있었다. 이러한 위기에 접했을 때 펜실베이니아 철도회사의 조속한 원조가 없었더라면 무서운 파멸의 비운을 면하지 못했을 것이다.

펜실베이니아 철도회사 사장 톰슨과 같이 도량이 넓고 넉넉한 인물이 아니었다면, 회사의 선로를 강철 레일로 사용하기 위해 새 공업회사에 60만 달러의 거액을 전도한다는 결단을 중역에게 말할 수는 없었을 것이다. 그 결과 그의 탁견을 입증하고도 남음이 있었다.

펜실베이니아 철도, 기타의 주요 선로에 철제 레일의 대용품을 사용하는 문제는 이미 고려되어 왔다. 나는 펜실베이니아선과 포드윈과의 접속선이 철제 레일의 피츠버그의 곡선으로 6주일 내지 2개월 만에 바뀌는 것을 목격하였다.

나는 베세밀 식이 아직 알려지기도 전에 영국의 토트 씨가 철 레일의 머리 부문을 탄화하여 좋은 결과를 얻었다는 사실을 말하면서 톰슨 사장의 주의를 일깨워 준 일이 있었다.

나는 영국으로 건너가서 토트의 특허권을 손에 넣고, 베세밀식을 성공시킬 생각으로 피츠버그에서 실험하기 위해 2만 달러를 투자하도록 톰슨 사장에게 권유했다. 그는 여행 계획을 받아들여 나의 고지 공장 구내에 한 개의 용광로를 건설하고는 펜실베이니아 철도회사를 위해 수백 톤의 레일을 처리했다.

철 레일에 비해서 매우 좋은 결과였다. 이것이 미국에서 사용한 최초의 갱두식(碩頭式) 레일이었다. 나는 이것을 각처의 가파른 곡선에 시험하는 데 사용하였다. 그 결과가 아주 좋아 톰슨 씨의 전도금을 받아들여도 무방했다.

베세밀 식이 순조롭게 발전하지 못하였다고 가정하여도, 토트 식을 개량하게 되면 일반에서 사용할 수 있는 결과를 가져오리라는 것을 확신해 왔었다. 그래도 베세밀 식의 건실한 강제품에 비할 수 있는 것은 도저히 없었던 것이었다.

피츠버그 근방의 존스 타운의 캄브리야 제철회사는 미국에서 이름 있는 레일 제조회사였으나, 동 회사의 사원들도 베세밀 공장을 건설하게 되었다.

나는 영국에 있어서 베세밀 식이 약간의 자본을 가지고도 위험 없이 대성공을 거둘 수 있다는 것을 실증한 것에 무척 만족해 했다. 새로운 방식에 민감한 반응을 보이는 앤드류 크루만 씨도 나와 동일한 결론이었다. 거기서 그는 나와 서로 제휴하여 피츠버그에 강철 레일 공업을 세우기로 약속했다.

이에 가담했던 사람은 크루만 씨와, 나의 아버지가 돌아가셨을 때 친절하게 어머니에게 도움을 주겠다고 했던 데이빗 맥간드레스 등이었다. 나는 결코 그를 잊을 수가 없다. 그 후 함께 했던 사람은 존 스콧 씨와 데이빗 스티아드 씨, 그 밖에도 여럿이 있었다. 펜실베이니아 철도의 정·부사장 에드가 톰슨, 토머스 스콧 씨도 공업 발달을 장려하는 취지로 주주가 되었다. 이 강철 레일회사는 1873년 1월 1일에 창립되었다.

공장의 위치에 관한 문제가 나의 관심을 끌었다. 다른 사람들이 제안했던 위치는 전혀 마음에 들지 않았기 때문에 나는 결국 사원들과 의논하기 위해 피츠버그로 갔다. 이 문제는 잠시도 내 마음에서 떠나지 않았다. 일요일 아침, 침대에서도 그 문제가 먼저 떠오르곤 했다. 나는 일어나면서 동생에게 소리쳤다.

"톰! 너와 크루먼이 얘기했던 공장 위치가 제일 좋은 것 같다. 펜실베이니아선과 볼티모어 오하이오선과의 강 사이에 있는 브라토츠 씨의 소유지가 미국에서 제일 좋은 위치야. 공장은 내 친구 에드가 톰슨에게 부탁해서 이름을 붙이는 것이 좋겠어. 지금부터 함께 크루먼 씨에게 갔다가 거기에서 브라토츠 씨에게 마차로 가자."

다음날 아침, 크루만 씨는 그 대지를 사들이는 데 분주했다. 그러나 평당 5, 6백 달러면 살 수 있다고 생각했던 땅은 지주 맥키니 씨의 요구로 천 달러까지 뛰어올랐다.

나는 브라토츠 씨의 대지에 강철 레일 공장을 건설하게 되었다. 기초공사를 위해 땅을 팠을 때 그 안에서 전쟁의 유물이 많이 발견되었다. 총·창·칼, 기타 유사한 것이었다. 당시 뎀퍼린의 시장, 헬게트 부자가 전사한 곳도 이곳이었다. "어째서 그들은 자신의 운명을 바치게 되었을까?"라는 질문이라도 하고 싶었다.

이곳에 대해 특히 잊어버릴 수 없는 것은 그 무렵 영국의 시장·촌장 등은 귀족 출신으로서 실제의 직무는 집행하지 않고 명예를 위해 살았다는 점이다. 상업인은 시장이나 촌장이 될 수 없었다. 이 귀족적 관념은 지금에 이르기까지 전 영국에 살아남아 있다.

생명보험회사·철도회사, 또는 공업회사, 그 밖의 사업 방면에도 전혀 문외한인 유작자(有爵者)가 명예를 위해 사장으로 추대되기도 했다. 헬게트 역시 마찬가지로 신사로서, 뎀퍼린의 촌장이면서 본직은 군인이었기 때문에 전쟁에 출전하여 여기서 전사하게 된 것이었다. 뎀퍼린 출신의 두 사람이 전사한 전쟁터가 다른 뎀퍼린 출신의 형제에 의해서 산업 중심지로 바뀐다는 것은 하나의 기적이라고 하지 않을 수 없다.

이와 비슷한 진기한 사실이 또 하나 발견되었다. 1904년 피츠버그의 카네기관 창립 기념일에 있었던 존 모레 씨의 연설 중에 휩프스 장군은 듀게슨 요새 공략의 일조가 있었으며, 장군이 피츠버그라 명명했다는 내용이다.

이 휩프스 장군은 베텐그리프의 지주로서, 1902년에 내가 사들였다가 뎀퍼린 공원에 기부했던 계곡에서 태어난 사람이다. 이렇게 되고 보면 뎀퍼린 사람이 베텐그리프의 지주로서 피츠버그에 대업을 성취시킨 셈이었다. 즉, 한 사람은 피츠버그를 명명하고, 다른 한 사람은 피츠버그의 발전에 주력한 것이었다.

제철 공장의 명명에 관해서는 에드가 톰슨에게 경의를 표하고 싶은 것이 나의 소박한 뜻이었으나, 내가 그 이름을 사용할 승인을 구했을 때의 그의 답변은 매우 의미심장했다. 미국의 강철 레일은 아직도 신임할 수 없기 때문에 자기의 이름을 붙이는 것은 삼가해 주었으면 좋겠다고 했다.

물론 불신임을 아직까지 벗지 못한 것은 사실이었으나, 강철 레일이 외국제품과 거의 비슷한 수준에 이르렀다는 것, 또 내가 제작한 레일은 키스톤 교량이나 구토만 차량, 차축이 호평을 받게 될 것임을 주장했을 때 그는 결국 승인하였다.

그는 자기 회사를 제일로 생각하고 있었기 때문에 공장의 대지로 펜실베이니아 철도 선로변의 지대를 생각하고 있었다. 그러나 그것은 펜실베이니아 철도회사에 나의 운송업을 독점시키는 것이 되었다.

수개월 후, 그가 피츠버그를 방문하여 피츠버그의 관계 국장으로 나의 후임자인 로버트 비겐이 브라토츠크의 새 공장 지대를 그에게 지시했다. 그리고 그는 이것이 유독 펜실베이니아 선만이 아니라, 경쟁선인 볼티모어선, 오하이오선 및 그 두 선보다도 한층 유력한 경쟁자인 오하이오 강 연선에도 연락되어 있음을 보고 놀라는 눈빛이었다. 로버트로부터 들은 바에 의하면 그때 나는,

"엔디는 공장을 23마일의 동쪽에 세우면 좋겠는데, 이렇게 톰슨이 그 유례 없는 좋은 위치를 선정하는 데 대해서 충분한 이유가 있음을 알고 있을 거야."

라고 했었던 듯싶다.

1873년 9월, 경제 공황이 나에게까지 휘몰아쳤을 때는 사업이 이미 한층 발전해 있었다. 그러나 나의 실업 생활이 불안한 시대에 부닥친 것도 바로 이때였다. 아레키니 산의 여름 별장에 머물고 있던 어느 날 아침, 제어쿠크 회사가 파산했다는 전보가 느닷없이 날아왔다.

그 후 거의 매 시간마다 파산의 새로운 상황이 보고되었다. 그 회사의 상점들은 연달아 파산했다. 매일 아침, 오늘은 어느 회사가 파산할

것인가 하는 불안으로, 파산이 있을 때마다 그 여파를 받아서 재원의 고갈을 맞는 곳도 역시 많아졌다.

각처에서 결손이 터졌기 때문에 드디어 실업계는 마비 상태에 빠졌다. 완전히 파산하리라고는 전혀 생각지도 않았던 견고한 회사들이 아주 조그마한 약점으로 결국은 파산에 이르렀다. 그것은 미국에 적당한 은행 조직이 없었기 때문이다.

그때 나는 채무 문제가 그렇게까지 심각한 상태는 아니었다. 오히려 나에게 채무를 지고 있는 자들에게서 받아야 할 권리 문제가 더 어려운 것이었다. 역시 걱정된 것은 나의 지불 수표가 아니라, 수취 수표의 문제였다. 나는 이 두 가지의 수표를 동시에 처리하지 않으면 안 되는 상황에 놓여 있었다.

나의 거래 은행에서는 잔금을 예치 상태로 놓아 달라고 간청해 왔다. 그 당시의 금융 상태를 나타내는 좋은 예가 있다.

지불일이 다가오자 소액 지폐 10만 달러가 필요했다. 뉴욕에서 1천 4백 달러의 할증을 지불한 후, 피츠버그에 급송하였다. 확실하고 유리한 담보를 제공하고서도 돈을 빌리는 것은 불가능하였으나, 다행히 예비해 두었던 유가 증권을 매각해서 돈을 회사에 융통하고는 나중에 돌려주는 조건으로 어려운 고비를 막을 수 있었다.

피츠버그에 집중한 철도회사 가운데 나에게 거액의 채무를 지고 있는 사람들이 있었는데, 그 중에서도 포드윈 선은 제일 큰 채무자였다. 내가 동선의 부사장 쇼 씨를 방문하여 곧 지불해 줄 것을 청했을 때 그는,

"꼭 지불하긴 하겠으나 지금 우리 회사에서는 시급한 채무 이외는 일체 지불하지 않고 있습니다."

하고 잘라 말했다. 그래서 나는,

"좋소, 그렇다면 귀사의 운임 청구서는 그런 성질의 것이니, 우리들도 대회사의 훌륭한 방침을 본받아 지금부터 운임은 1달러라도 귀사에 지불하지 않도록 하겠습니다."

라고 강력하게 밀고 나가자 그는,

"그렇습니까, 당신이 그렇게 나온다면 당신들의 화물 운송을 중지할 수밖에 없겠습니다."

라고 대꾸했다.

나는 이 상황을 이미 각오하고 있었다. 그러나 역시 철도회사는 그런 정도의 극단적인 일은 못 했다. 실제 한동안은 운임을 지불하지 않고 화물을 탁송하였다. 나는 피츠버그의 실력자인 한 단골로부터 지불 정지를 당했기 때문에 차차 그것이 쌓여 그들의 채무를 변상하기가 불가능해졌다. 각 은행은 만기 증권을 내주었다.

그들은 나에게 평소부터 잘해 주었기 때문에 나는 안전하게 난관을 통과할 수가 있었다. 그러나 이러한 위기를 맞았을 때를 대비하여 더욱 자금을 모아 사업에 투자함으로써 장래 어떠한 사태가 일어나도 결코 다시 이러한 일 때문에 동분서주해야 하는 어려움으로 괴로워하지 않도록 조치했다.

이런 큰 위기를 당했을 때 내가 어떻게 처신했는지 스스로 묻는다면, 나는 사원 중 제일 흥분하고 제일 고민했다고 생각한다. 나는 자제력을 잃었다. 그러나 재계에 있어서 내 지위의 견고함을 지적받았을 때에 비로소 냉정을 되찾아, 필요하다면 은행의 중역실에라도 뛰어들어가 도움을 요청할 각오였다. 나는 이것 때문에 결코 나의 신용을 잃으리라고는 생각하지 않았다.

내 사업에 관계했던 사람들은 어느 누구도 사치스런 생활을 하지 않았다. 나의 생활도 사치와는 정반대였다. 굉장한 저택을 짓기 위해서 사업에 투자할 자금을 빼돌린 사람은 없다. 또 취직 중에 주식 증권에 손을 대거나, 자기들의 본업과 아무 관계도 없는 다른 사업에 투자하는 사람은 한 사람도 없었다. 다른 사람들과 이서(裏書)의 교환도 결코 없었다. 그들은 매년 확실한 이익을 위해 유리한 사업에만 관계하고 있음을 사실대로 나타낼 뿐이었다.

나의 좋은 벗이고, 또 진실한 친구인 크루먼은 자력이 풍부하고 훌륭한 신용 있는 신사였다. 그는 그때 스스로 나를 위해 이서를 해 주겠다고 했다. 이 같은 특권을 받은 사람은 나밖에 아무도 없었다. 철벽(鐵壁) 윌리엄 크루먼의 명의는 나의 독점으로 돌아왔다.

내가 지금 이 글을 쓰고 있을 때, 노(老)위인의 모습이 눈앞에 선하다. 그의 애국심은 깊었다. 그는 7월 4일, 독립기념일 날 휴업 중인 내 공장을 찾아와 몇 명의 인부들이 기관을 수선하는 것을 발견했다. 그는 기술자를 불러서 이 일에 대해서 설명해 달라고 했다. 그리고 나는 일체의 작업 정지를 엄명하였다.

"7월 4일, 독립기념일에 일한다는 게 될 말인가. 수선을 한다면 일요일도 많지 않은가?"

하고 매우 노한 적이 있었다.

1873년의 대선풍이 들이닥쳤을 때, 나는 즉시 각 방면의 사업 축소에 착수했다. 새 제철소의 건설 공사를 일시 정지하기로 결정하였을 때, 마음은 내키지 않았지만 어쩔 수 없이 중지시키고 말았다. 여기에 투자한 재계의 몇몇 사람은 불입을 못하고 있었으므로 나는 즉시 금액을 지불하고 그 지분을 인수하였다. 이와 같이 회사의 실권이 점차 내 손으로 들어났다.

이 폭풍이 처음으로 위력을 떨쳤을 때, 제일 영향을 받은 것은 주식거래소에 관계하고 있었던 재계였고, 그 다음은 상업계와 공업계였다. 그러나 형세는 점점 악화되어서 드디어는 대파멸을 가져왔다. 앞에서 이야기한 텍사스단과 친밀한 관계에 있던 내가 그 재무상의 책임을 절대 벗어날 수 없으리라고 사람들은 생각하고 있었다.

나와 거액을 거래하고 있는 피츠버그 은행의 두취 슈엔벨겔 씨는 스콧 씨와 톰슨 씨가 아주 큰 곤경에 빠졌다는 소식을 들었을 때 뉴욕에 머물고 있었다. 그는 피츠버그로 급히 달려가서 이튿날 아침 중역회의에 참석하여 내가 텍사스와 관계할 것이라고 말하면서, 은행이 나의 수취 수표를 더이상 할인하지 않는 것이 좋으리라고 주의시켰다.

그는 나의 이서를 경유하여 할인한 수표의 총액이 큰 것에 놀라지 않을 수 없었다. 나로서도 사태의 악화를 미리 막기 위해서 조속한 행동을 취할 필요가 있었다.

나는 첫 기차로 와서는 관계 당사자들에게,

"나는 텍사스 철도의 주주임에는 틀림이 없습니다. 그러나 그 불행은 이미 끝났습니다."

라고 설명하였다. 또 나의 명의는 텍사스 측의 증서에 1달러라도 보증을 선 일이 없으며, 기타 미불 채무와도 아무 관계가 없다고 설명했다. 나는 내가 소유하지 않고 있거나 지불되지 않은 재산에도 일체 관계가 없었다. 또 채무 책임도 전혀 없었다.

내 책임은 사업에 관계했다는 것뿐이었다. 사업을 위해서라면 내가 소유하고 있는 최후의 1달러까지라도 담보로 제공할 각오는 있었다. 또 회사의 미불 채무가 있다면 무엇이든지 이서할 것을 사양하지 않는다고 설명했다.

나는 이때만 해도 무척 대담했고 아무것도 무서운 게 없었다. 이런 내게 곳곳에서 '철부지 젊은이'라고 부르기도 했다. 그러나 나는 업무에 빨리 익숙해졌고, 그 성장 속도 또한 빨랐기 때문에 젊은 애송이가 이미 몇 백만 달러를 거래하고 있었다. 피츠버그의 선배로부터 들은 얘기에 의하면, 나의 행동은 성실하였다기보다는 차라리 광적인 편이었다. 어느 사업가는,

"카네기는 두뇌는 좋지 않아도, 결국은 운으로 성공할 것이다."

라고 말했다. 그러나 이 말처럼 나를 완전히 파악하지 못한 말은 없다고 생각한다. 판단력이 있는 사람이라면 내가 나를 위해, 동료 사원을 위해 모험을 했다는 사실을 안다면 매우 놀랄 것이다. 내가 큰일을 치를 때는 꼭 펜실베이니아 철도와 같은 대회사가 나의 후원이 되어 보증을 해주었다.

나에게는 스코틀랜드 풍의 조심스런 마음이 늘 조금씩이나마 자리하고 있었음에도, 피츠버그의 노공업가들의 눈에는 때때로 내가 아무것도 무서워하지 않는 애송이로 보이기도 했던 것 같다. 그들은 노인이었고, 나와 다른 점은 그들에 비해 내가 젊다는 것뿐이었다.

나와 나의 기업에 대한 피츠버그 재벌의 놀라운 기색은 일시적인 것이었고, 어느새 신뢰하는 태도를 취하게 되었다. 나의 신용은 아주 두터워져서, 그 후부터는 긴축 재정이 되어도 나에게 금융을 제공하는 사

람이 오히려 많아졌다.

　법률의 보호에 따라 채무를 녹색 지폐로 결재하는 것은 비겁하다고 하여 금화로 바꿔준 곳은 전 미국에서 피츠버그 은행 하나뿐이었다. 이 은행에는 지폐가 거의 없었다. 나는 이 단호한 방침에 크게 감동되어 신용을 잃지 않고 꾸준히 얻어 쓸 수 있음을 믿게 되었다.

　친구 스콧, 톰슨 씨와 기타 사람들이 곤경에 빠진 후 일대 위기가 내게도 닥쳤다. 그것은 동료 사원인 앤드류 크루먼 씨가 투기꾼들에게 유혹되어 에스카나 제철회사에 말려들었다는 사실을 알았을 때였다. 이것은 스콧과 톰슨에 대한 일보다도 훨씬 고통스러운 것이었다.

　그는 회사가 주식 조직으로 된다는 확실한 보고를 듣긴 했으나 그것이 채 실현되기도 전에 동료들은 약 70만달러나 되는 거액의 채무를 부담하고 말았다. 크루먼 씨를 구제하는 수단으로서는 파산하는 수밖에 없었다.

　크루먼 씨는 내 직원이긴 했으나 동료 사원의 꾐에 빠져 개인적 채무를 지게 되자 다른 제철회사 또는 기타 회사에 투자할 권리가 전혀 없었기 때문에, 나에게는 지금까지 있었던 어떤 일보다 더 문제가 컸고 어찌할 수 없는 일대 사건이었다.

　실업가가 지켜야 할 것은 동료 사원에게 반드시 비밀을 보장하는 것이다. 크루먼 씨는 그 규칙을 무시했기 때문에 자기 일신만이 아니라, 나의 회사까지 위태롭게 만들었다.

　이 일은 나와 친밀했던 텍사스 퍼시픽 회사의 친구들과 관계된 사건을 아직 매듭짓지 못하고 있을 때 일어났기 때문에 분노를 참기가 여간 어렵지 않았다.

나는 이 당면한 문제를 해결하기 위해서 의뢰할 곳을 찾아헤맸으나, 실제로 나를 도와줄 곳을 찾기란 지극히 막연했다.

크루먼 씨가 만일 실업가였다면 이 일이 발각된 후 다시 내 회사에 같이 있을 수가 없었겠지만, 그는 실업가가 아니라 실업 수완을 갖춘 아주 우수한 실제적 기술자일 뿐이었다. 크루먼 씨는 사무직에 종사하고 싶은 포부를 가지고 있었으나, 사무실에서는 백해무익한 인물이었고, 공장에 있어서만은 기계의 설계와 새 기계를 조종하는 데 있어서 천하에 견줄 수 없는 탁월한 능력이 있었다.

적재 적소에 그를 부리기에는 몇 가지의 어려운 점이 있었다. 그는 공장에 있으면서도 자기의 자리에 차분히 있는 것보다는 다른 데 관심을 갖고 주의가 산만한 편이었다. 그는 사교장에서 사람들의 인기를 끌었을 수도 있는데, 그런 자리에서 그에게 기계적 철재에 대한 놀라운 기술이 있다고 칭찬해 주면, 곧 그를 사로잡을 수 있다는 점을 알고 있는 사람들에게 그는 곧잘 현혹되곤 했다. 그의 기술은 앞에서 말한 것 같이 동료 사원에게도 인정받는 실력이었다.

크루먼 씨가 파산 후 재판을 잘 거쳐서 자유가 되자, 나는 그에게 내 자본금의 10퍼센트를 그의 몫으로 제공하고, 여기서 나오는 이익 내에서 그 10퍼센트에 대한 법정 이익만을 지불할 책임을 지는 외 하등의 의무를 지지 않는다는 조건으로 새 회사에 관계할 것을 권고했다. 그렇게 되면 회사의 수입으로 그 자금을 갚을 때까지 약속을 이행할 생각이었다.

이 제의에 따른 조건은 그가 다른 사업에 일체 관계하지 않을 것, 또 타인을 위해 보증을 서지 않을 것과, 오로지 한마음으로 기계 방면에 모든 시간을 할애하여 공장 경영의 사무적 방면에는 무관심할 것을 약속해야만 했다.

그가 이 제의를 승낙하였다면 그는 분명히 백만장자가 될 수 있었을 것인데, 그의 자존심, 특히 그 가족의 자존심에 못 이겨 이것을 승낙하지 않았다. 그는 자신이 사업을 직접 시작하겠다고 큰소리를 쳤다. 그래서 나는 물론 사원 전부가 그를 진심으로 말렸음에도 불구하고 그는 새 경쟁 회사를 만들어서 자신과 그의 자식들이 경영에 임할 것이라고 선언했다. 그러나 그 결과는 쓰라린 실패로서 그의 목숨까지 앗아갔다.

우리들은 각기 자신의 적성에 알맞은 직업을 선택해야만 한다. 그래야만 자신의 분야에서 만족할 수 있다. 실업적 기술에 뛰어난 재간이 있다 하여도 사무적 방면에는 전혀 무익한데도, 자신의 상황을 파악하지 못한 채 다른 자리에 애착하여 일이 풀려 나가지 않는 것에 전전긍긍하다가 결국은 실패로 끝나 버리는 사람이 한둘이 아니다.

나는 크루먼 씨와 헤어졌을 때 뼈아픈 경험을 했다. 그는 아주 착했고, 기술적 부분에 있어서의 두뇌는 뛰어났지만, 좀더 자신의 적성을 잘 알았더라면 나와 언제까지라도 동행했을 거라고 생각한다. 그러나 다른 데에서 그에게 자본이 제공되는 바람에 위대한 기술자는 자신의 역할을 넘어서 무리한 욕심을 내어 스스로 파멸되고 말았다.

이 일이 있고 난 오랜 세월 후에 스트라우스 씨가 헨리 휩프스 씨를 방문하여 나와 제철회사 사원들에게 공표된 두 가지의 사항이 사실인지 물어 오면서 이렇게 말했다.

"귀하가 그 진상을 공표하는 것은 귀하 자신에 대해, 또 카네기 씨에 대해 해야 할 의무이겠지요."

휩프스 씨는 1904년 1월 30일자 〈뉴욕 헤럴드〉지에 다음과 같이 밝혔다.

질문 : 최근 공표한 것에 의하면, 카네기 씨가 그 회사 경영의 초기에 있어서나 또 말기에 밀러 씨나 크루먼 씨에게 적절히 대우하지 않았다고 하는데, 여기에 대해 귀하는 할 말이 있습니까?

답변 : 밀러 씨는 본건에 대해 이미 설명한 적이 있었으나 나와 카네기 씨가 공동 경영하는 동업자로서 그로부터 받는 대우는 늘 공정 관대했다고 말할 수 있습니다. 나와 크루먼 회사의 사업 제휴 역사는 43년간 계속되었습니다. 내가 아는 한 카네기 씨와 크루먼 씨는 같은 사원 또는 동료의 관계로 매우 친밀한 사이라고 말할 수 있습니다.

그 이후 카네기 크루먼 회사가 창립되었을 때, 출자 사원은 앤드류 카네기, 토머스 엠, 앤드류 크루먼 및 나까지 합쳐 네 사람이었다. 회사의 실권은 카네기 형제의 손에 있었다.

회사 정관에 기명이 끝난 후, 크루먼 씨는 내게 이렇게 말했다.

"카네기 형제는 출자 금액이 아주 많기 때문에 계량 계획 등에 대담한 의견을 주장하여 용이하지 않게 곤란을 야기할지 모릅니다. 이 곤란을 예방하는 방법으로서 회사의 정관에 개량 계획을 결정하는 데 세 사원의 동의를 요한다는 조문을 더 해두는 것이 좋겠습니다."

나는 카네기 형제의 자본이 많은 이상, 실권은 당연히 그들에게 돌아가기 때문에 이런 조건을 강제로 넣는 것이 어떨는지 모르지만 이야기는 해 보겠다고 크루먼 씨에게 대답했다. 그래서 이 문제에 대한 얘기

를 꺼냈을 때, 카네기는 그 자리에서 대답하기를,

"어떠한 개량 계획이라도 크루먼 씨, 또는 나와 내 동생과 함께 일치시켜서 수행할 수 없는 것은 그만두는 것이 좋겠습니다."
라고 말했다. 그밖의 어떤 일이 있어도 공동 경영 중에는 이와 같은 방법으로 처리한다는 것이었다.

　질문 : 지금 귀하가 말하는 것을 들으니 크루먼 씨가 왜 퇴사했을까 하는 의문을 가질 수밖에 없군요.
　답변 : 1873년의 공황에 이어 재계의 불황이 극에 달했을 때, 크루먼 씨는 불행하게도 에스카나 용광로 회사에 관계했기 때문에 그 자산이 기울어지고 나의 회사에 투자했던 자본을 다른 사람에게 양도하지 않을 수 없었습니다. 그 무렵 공업 자산은 3분의 1, 혹은 반액 정도가 폭락하였음에도 불구하고, 나는 크루먼 씨의 자본을 시장 가격으로 인수했습니다.

　에스카나 회사의 채권자에게 채무를 결제한 후, 크루먼 씨는 카네기 씨로부터 회사 자본금 10만 달러를 지분으로서 제공받았다. 다른 날 이익이 있을 때 불입해도 좋다는 조건으로 크루먼 씨는 그전의 지분이 이것보다 훨씬 많기 때문에 이 제공을 거절했다. 카네기 씨는 회사로부터 4만 달러를 새로운 사업의 자금으로서 크루먼 씨에게 증여했다. 이것으로 그는 경쟁 회사를 세웠으나 곧 파산하고 말았다.
　카네기 씨의 사업 초기에는 두 회사에 하등의 불화도 없었다고 생각한다. 크루먼 씨가 살아 있을 때, 두 회사의 관계는 좋았다. 두 회사 교제의 특색은 바로 조화에 있었다.

14

저술과 여행

12. 상사 교섭

13. 강철 시대

14. 저술과 여행

15. 결혼

16. 공장과 근로자

크루먼 씨가 나와 관계를 끊고 난 이후에 그의 후임으로 윌리엄 본드 레겔을 채용하기로 결정했다. 여기에서 윌리엄의 경력을 이야기한다는 것은 매우 유쾌한 일이다.

그는 독일에서 미국으로 직접 건너온 청년으로 비록 영어는 못 해도 크루먼과는 먼 친척이었다. 그는 내 공장에 고용되었다. 그 후 영어에 숙달하게 되어 주당 16달러의 임금을 받았다.

그는 기계에 관해 아무것도 알지 못했지만 열심히 공부하여 고용주에게 도움이 되려고 정성을 다 했다. 그는 곧 공장의 각 부서에서 중요한 활동을 하게 되었고, 드디어는 공장 일에 대해서 모든 것을 알고 있었다.

윌리엄은 또한 인격자였다. 그의 어투는 독일 말투가 채 가시지도 않았으나 그의 영어에는 억센 억양이 있었다. 그가 감독으로 있는 유니온 철공장은 내 사업 중 아주 이익이 많은 부문이었다. 그는 수년간 심혈을 기울여서 일했기 때문에 과로로 몸이 약해져, 나는 그에게 휴가를 주어 유럽 여행을 시키기로 했다.

그가 워싱턴을 경유하여 뉴욕에서 나를 방문했을 때에 그는 독일로 귀성하기보다는 피츠버그로 돌아가고 싶다고 말했다. 그런 감정을 갖게 된 이유는 그가 워싱턴 기념탑에 올랐을 때에 올라가는 계단이나, 또 기타 공공 건축물에 사용한 카네기 각재(角材)를 보고 왔기 때문이라고 했다.

"그것을 볼 때 나는 기쁨을 참지 못했습니다. 즉시 돌아와 공장이 잘 운영되고 있는가 보고 싶어졌습니다."
라고 그는 그 감상을 말했다.

윌리엄은 아침 일찍 출근하여 저녁 늦게까지 공장에 있었다. 그의 생명은 바로 공장에 있었다. 이 청년은 나의 회사 사원 중에서 제일 부지런했다. 그가 죽기 전까지의 연 수입은 약 5만 달러로, 가난한 독일 청년으로는 성공한 셈이었다. 단돈 1센트도 그가 일한 정당한 보수였다.

그는 이야기도 풍부한 사나이였다. 한번은 동료 사원의 1년간 영업 실적을 축하하기 위한 만찬회가 열렸을 때 아주 짧은 연설을 하였다. 그때 윌리엄의 연설의 마지막 대목이 아주 우스웠다.

"여러분! 우리들이 할 일은 가격을 올리고 생산비를 내려, 각자 스스로 가장 나쁜 곳에 서는 것입니다."

이 말을 들은 청중들은 배를 잡고 웃었.

반스 대위는 한때 내 공장의 정부 시찰원으로서 괴팍한 성격의 소유자였다. 반스 대위가 시찰할 때마다 윌리엄은 때때로 아주 곤란해져서는 대위의 기분을 거슬리게 했다. 그러자 대위는 나에게 그의 행동에 대한 불평을 털어놓았다. 나는 윌리엄에게 관리자의 감정을 상하게 하지 말라는 충고를 하려고 했다. 그러나 윌리엄은,

"저 관리는 들어오기만 하면 내 담배를 피우는 대담한 사람이지요. 그런데 그는 밖에만 나가면 나를 헐뜯습니다. 저런 사나이를 어떻게 생각하면 좋겠습니까? 그러나 하루만 지나면 사과를 하는 바람에 또 잘 대해 주곤 한답니다."

하고 말했다.

"자, 대위님. 오늘은 기분이 좋으시지요. 저는 당신을 나쁘게 생각하지는 않습니다."

하며 윌리엄이 손을 내밀자 대위는 웃으면서 그 손을 잡았다.

이후 두 사람은 좋은 관계를 유지했다.

윌리엄은 언젠가 사용할 수 없는 낡은 레일을 피츠버그 선진 제광업자인 내 이웃 제임스 퍼그에게 판 적이 있었다. 퍼그 씨는 그 품질이 아주 나쁘다고 하여 손해배상을 요구해 왔다. 그래서 윌리엄은 휩프스를 동행하여 퍼그 씨와 담판을 하기로 했다.

휩프스 씨는 퍼그 씨의 사무실에 먼저 들어가고, 그 사이에 윌리엄은 공장을 한 바퀴 돌아보면서 손해배상을 청구한 레일을 찾았으나 어디에서도 그 레일은 발견할 수 없었다. 윌리엄은 이럴 때 어떻게 해야 하는지를 잘 알고 있었다. 그는 사무실로 들어갔다. 퍼그 씨가 먼저 입을 열기 전에 이쪽에서 먼저 말을 꺼냈다.

"퍼그 씨, 제가 판 낡은 레일이 제강용에 맞지 않는다는 말을 듣고 저는 오히려 기쁘게 생각했습니다. 그것을 전부 사 가겠으니 돌려주십시오. 귀하는 한 통에 15달러를 버는 것입니다."

윌리엄은 낡은 레일이 전부 사용된 것을 잘 알고 있었다. 퍼그 씨는 매우 난처해졌다. 이 사건은 윌리엄에게 개가를 올리게 했다.

내가 어느 날 피츠버그를 방문하였을 때, 윌리엄은 누구에게도 이야기할 수 없는 비밀을 내게만 밝히고 싶다고 했다. 비밀이란 다름이 아니라 그가 독일을 여행하고 미국에 돌아온 후의 일이었다. 독일에 체재 중, 옛 동창이었으나 지금은 교수로 출세한 친구로부터 수일 내 내게 방문해 달라는 초대를 받았다고 한다.

"카네기 씨, 그 선생의 가정을 돌보아 주는 누이동생이 나에게 아주 친절히 해주었습니다. 그래서 나는 조그마한 선물을 그 누이동생에게 보내기로 했던 것입니다. 그 후 서로 편지를 주고받다가 나는 그녀에게 구혼을 했습니다. 여자는 학벌이 좋은데도 저의 구혼을 흔쾌히 받아주겠다는 답장을 보내왔습니다. 저는 그녀에게 뉴욕에 와달라고 했지만 그녀의 오빠가 편지를 보내오기를, 독일에 와서 결혼하라는 것입니다. 그들은 상업이나 공장 등 현재 제가 위치한 자리를 모르기 때문에 제가 독일로 갈 수 없다는 것을 이해하지 못합니다. 그러니 카네기 씨의 생각을 듣고자 합니다."

"이렇게 중요한 문제를 두고 망설이다니, 아무 걱정하지 말고 어서 떠나게. 부인 될 사람의 친척들이 독일에서 결혼식을 올리라는 건 당연한 것 아닌가? 어서 가 보게."

나는 헤어질 때 다시,

"윌리엄, 자네 연인은 아름답고 높은 인격의 젊은 독일 부인이겠구면."

하고 말했다.

"카네기 씨, 그 여자는 의지적이고 고집이 세지요. 그러나 제가 윤전기에 넣어 다루면 매우 부드러워질 겁니다."

윌리엄의 말투는 모두가 그의 직업적 습관에서 비롯되었다. 휩프스 씨는 제철 공장의 영업부장이긴 했으나, 사업 확장에 따라 제강 쪽에도 관계하지 않을 수가 없었다. 그래서 영업부장의 직함은 윌리엄 포드라는 젊은이에게 물려주기로 했다.

포드의 경력은 어느 정도는 본드레겔과 비슷한 점이 많았다. 처음에는 박봉의 서기로서 내 회사에 고용되었으나 오래 가지 않아서 제철 공장의 요직을 거치게 되었다. 본드레겔의 성공은 윌리엄에 뒤지지 않을 정도로 눈부셨다. 그는 윌리엄과 동등한 물자 사원이 되어 회사의 사장으로 승진하였다.

이즈음 이미 커리 씨는 루이시 용광로의 경영에 현저한 성공을 거두어 다른 사원과 동등한 지위를 차지하게 되었다. 모든 사업의 성공을 가늠하는 방법으로 전심전력을 다해 봉사한 사람들을 승진시키는 것만큼 유효한 정책은 없다.

나는 결국 카네기 맥칸드레스 회사의 조직을 바꾸어서 '에드가 톰슨 제강회사'라 칭하고, 내 동생과 휩프스 씨를 입사시키려고 그들에게 권유했다. 그러나 그들은 처음에는 너무 진취적인 선배들의 뒤를 잇는 것이어서 제강업에 종사하는 것을 주저하는 것 같아 나는 초년도의 수익을 그들에게 제시하고, 만일 그들이 제강업에 종사하지 않으면 결국 방침을 바꾸어 내 회사가 어떻게 될지 모른다고 경고하였다. 그러자 그들은 생각을 고쳐 내 제안에 비로소 동의하였다. 이 일은 그들에게나 내게 있어서도 여간 좋은 일이 아니었다.

내 경험으로 미루어 각 방면에서 모여든 새로운 사람들이 합작하여 회사를 조직하였을 때 결코 모든 일이 순탄하게 진행되는 것만은 아니었다. 변경을 요하는 때가 꼭 있기 마련이다. 새로 세워진 에드가 톰슨 제강회사도 이것에서 벗어나지 못했다.

크루먼 씨는 내가 레일 제조에 착수하기 전부터 경륜과 실력면에서 널리 알려진 사람이었다. 그러므로 신입 사원이 내 회사의 경영을 맡는 것에 대해 매우 불만스럽게 생각하였다. 그래서 나는 크루먼 씨의 지분을 사들이게 되었지만 오래 가지 않아서 나는 그들의 판단이 옳았다는 것을 알게 되었다.

신입 사원은 철도의 감사역으로서 출납 사무엔 노련했으나, 그밖의 공업 분야에 대해 아무런 지식이나 경험도 없었다. 그렇다고 그가 우수한 감사역이 아니라는 뜻은 아니다. 그러나 그에게 불가능한 것을 바랐던 것은 나의 큰 잘못이었다.

공장 개업(강제 레일의 준비가 완료되어 레일 제작을 개시한 것은 1874년이었다)을 앞두고 감사역으로부터 조직 안에 대한 제안을 해주기를 바랐다. 그는 전 사업을 둘로 나누어 그 하나를 스티븐슨 씨에게 관리시키고, 다른 하나는 존슨 씨에게 관리시키자는 제안을 내놓았다.

스티븐슨 씨는 스코틀랜드 사람으로 나중에 공업가로서 훌륭한 기록을 만든 명사였다. 내가 이 제안에 대해서 그때 내린 결론처럼 제강회사의 운명에 중대한 영향을 미친 것은 없었다고 생각한다.

그러나 두 사람에게 동등한 권리를 주어 공장을 맡길 수는 없었다. 두 개의 서로 다른 부문이라도, 한 회사에 두 사람의 지휘자를 배치한다는 것은 두 사령관이 하나의 군대를 지휘하는 것과 같으며, 두 선장이 하나의 배를 조정하는 것과 다를 것이 없어서 이것처럼 비참한 운명을 초래하는 것은 없을 것이다. 그래서 나는 이 제안에 대해,

"이것은 안 되겠어. 나는 스티븐슨이나 존슨을 잘 모르지만, 어느 한 사람에게 공장장을 맡겨서 그 한 사람만이 당신에게 보고하도록 해야 되겠네."
라고 말했다.

그리하여 두 사람 중 존슨 씨에게 맡기기로 했다. 그는 후에 베세머 강업으로 널리 알려진 명사이다. 그는 그 무렵 아주 젊고 야윈, 민첩한 남자로서 웨일즈 인종의 특성을 받아 아주 작은 몸집이었다. 그가 이웃의 존슨 타운 공장에서 일급 2달러의 직공으로 있다가 내 회사에 고용된 지 얼마 되지 않아, 나는 그가 인격자임을 인정하게 되었다.

그는 남북전쟁 때 지원병으로 출정하여 뛰어난 공을 세우고 천하를 호령한 1대대의 대장으로 승진했다. 에드가 톰슨 공장 성공의 공적은 대부분 그에게 돌려야 한다. 후에 그는 회사의 지분을 사퇴하였으나, 만약 그가 그것을 그대로 가지고 있었다면 아마도 대부호가 되었을 것이다.

어느 날 나는 회사의 지분을 준 젊은 사람 가운데, 그가 지금 얻은 것보다 훨씬 많은 이익을 얻고 있는 사람이 있다는 것과, 그리고 내가 그를 사원으로 천거하기 위해 표결했던 것을 얘기했다.

사원이 되자면 재무적 책임이 반드시 따르는 것은 아니다. 그것은 그 지분에서 나온 이익에서 불입한 것을 이미 규정하고 있기 때문이다. 그는 말했다.

"아닙니다. 저는 상업 방면에 관심을 갖는 것을 좋아하지 않습니다. 공장 일을 맡아보는 것만으로도 만족합니다. 귀하께서 혹시 제가 그 이상의 가치가 있다고 생각하시면 많은 봉급을 주십시오."

"좋소, 미국 대통령과 같은 수준의 봉급을 드리겠습니다."

"그런만큼 열심히 하겠습니다."

하고 작은 몸집의 웨일즈는 말했다.

나는 젊은 사원을 선발할 때 이와 같은 방법을 쓴다. 알렉산더 피코크라는 젊은 스코틀랜드인을 불러서 이렇게 물었다.

"피코크 군, 백만장자가 되고 싶으면 어떻게 하는 것이 좋을까?"

"현금에 대해서 많은 할인을 합니다."

라고 대답했다. 피코크는 카네기 제강회사가 미국 제강회사에 병합되었을 때 2퍼센트의 지분을 소유한 사원이었다.

나와 경쟁한 제강업자들의 제강공장 건설이 어려움을 겪게 되자, 나도 1년이 채 못 가서 레일 인도를 하지 못할 것이라고 걱정했었다. 그러나 의외로 그 일이 계속되자 모두가 깜짝 놀랐다.

내가 제조에 착수했을 때는 제강 레일 1톤당 약 70달러였다. 나는 대리 상인을 전국에 파견하여 될 수 있는 한 높은 가격으로 주문을 시켰다. 이것은 경쟁자의 마음이 들떠 있을 때 재빨리 거액의 주문을 받아낼 예상이 서 있었기 때문이었다.

존슨 대위가 선택한 기계의 완전성과 사업 설계의 기묘한 점, 그리고 인물 배치의 적합성, 또 그들 스스로가 훌륭한 경영자였다는 것이 내 성공의 큰 뒷받침이 되었다. 처음 1개월 동안의 사업 실적은 정확하게 1만 1천 달러의 순이익을 내었다. 이것은 대서특필하여도 좋을 만큼 대성공이었다. 내 계산이 정확했기 때문에 이익의 정확한 금액을 얻을 수 있었던 것이다.

나는 제철업의 실험상 정확한 계산이 무엇을 뜻하는 것인지 충분히 배운 셈이었다. 즉, 모든 사업의 과정에 있어서 원료 가격이 갑 부문으로부터 을 부문으로 이동할 때 일일이 그 숫자를 기록하여 놓는 이상으로 좋은 방법은 없다.

제강업 사업이 이토록 잘 풀려 나가자 나는 마음이 놓여 처음으로 휴가를 생각하였다.

1878년 가을, 나는 봔데보올드와 유람의 길에 올랐다. 나는 몇 권의 노트를 휴대하고 연필로 매일 몇 줄씩 생각나는 것을 쓰기 시작했다. 그러나 이것을 따로 책으로 간행할 생각은 아니고, 평소 안면이 있는 사람에게 돌릴 생각이었다.

누구든지 자기의 글이 처음으로 인쇄되어 책의 형태로 태어났을 때의 느낌은 아주 색다를 것이다.

나는 제본소에서 보내 온 책을 풀고는 이 처녀작이 친구들에게 보낼 정도로 가치가 있는지 결정하기 위해 몇 번이고 되풀이하여 읽었다. 그러나 우선 친구들에게 보내서 그들의 비판을 기다리는 것이 최선의 방법이라고 생각하였다.

누구든지 친구에게 줄 목적을 가지고 쓰면 그 책이 불친절하게 받아들여지는 것을 기대하지 않겠으나, 미온적인 인사말로 끝나 버리는 상투성을 면하기는 어렵다. 그러나 내 경우는 예상 외로 진실하게 비평해 준 사람들이 많았다. 적어도 그 평론의 일부분은 그들의 진의에서 나왔으므로 나에게 만족을 주었다.

세상의 저술가들은 남의 찬사를 쉽게 믿는 경향이 있다. 내가 처음으로 많은 찬사를 받은 것은 필라델피아의 대은행가 앤손트레키셀 씨로부터 온 편지였다. 그 찬사는 나를 오랫동안 잠들지 못하고 들뜨게 했다.

그는 나의 책을 읽다가 책을 도중에 놓을 수가 없어서 이튿날 2시까지 계속해서 읽었다고 했다. 이와 비슷한 편지가 여러 통 도착했다. 나는 언젠가 중앙 태평양 철도회사 사장 핸딩그턴 씨와 만났을 때의 일을 잘 기억하고 있다. 핸딩그턴 씨는 나에게 대찬사를 하고 싶다고 해서 그 연유를 물었더니,

"저는 당신의 책을 처음부터 끝까지 읽었습니다."

라는 것이었다. 그래서 나는,

"그렇습니까? 그렇다면 대찬사는 아무것도 아니군요. 나의 친구들도 대개 처음부터 끝까지 읽습니다."

하고 말했더니,

"그렇지만 당신의 친구 중에는 나와 같은 사람은 한 사람도 없다고 생각합니다. 나는 수년간 나의 손익 계산 장부 이외의 책은 한 번도 읽어본 적이 없지요. 나는 당신의 책을 읽으려고 했던 것은 아니었으나, 어쩌다 읽기 시작하니 끝까지 다 읽게 되었습니다. 지난 5년간 내가 통독한 책은 오직 나의 장부뿐입니다."

하고 그는 설명했다.

나는 친구들로부터 듣는 찬사를 전적으로 믿기는 어려웠으나, 이 책이 무척 흥미 있다는 말은 나를 수개월간 도취하게 만들었다. 그렇다고 내가 아첨을 좋아하는 것은 아니다.

나의 책은 독자의 수요에 의해서 몇 판인가 거듭 인쇄되었으며, 그 비평이나 발췌한 것이 때때로 신문에도 나왔고, 마침내는 차레스 스크리프나 회사가 이것을 팔겠다고까지 했다. 1884년 뉴욕 및 런던에서 내가 쓴 《세계 일주기》가 대중들에게 소개된 순간, 나는 이 책으로 저술

가가 되었다.

이 항해에 의해서 새로운 수평선이 내 앞에 열렸다. 그것은 나의 지식과 시야를 크게 바꾸어 놓았다. 스펜서와 다윈은 이 당시 전성기에 있었고, 나는 그들의 저서에 아주 깊은 흥미를 가졌다. 진화론자의 입장에서 인생의 각 방면을 관찰하기 시작했다.

중국에 있어서는 공자의 저서를, 인도에 있어서는 불경 및 인도의 고전을 연구했다. 이 여행의 결과는 나에게 확고한 안심입명(安心立命)의 경지를 주었다. 혼탁하게만 보인 곳에 지금은 질서가 생기고, 나의 정신은 휴식할 곳을 얻은 것이었다.

나는 점차적으로 하나의 철학을 갖게 되었다. '천국은 너희들에게 있다'라는 그리스도의 말씀이 나에게 하나의 새로운 의의를 가지게 했다. 과거도 아니고 미래도 아닌, 지금 여기에 천국이 있다는 것이다. 우리들의 의무는 모든 것이 이 현실 세계에 있다. 성급하게 망상적으로 현세 이외의 사물을 알려고 시도하는 것은 무익하고 아주 얕은 생각이다.

내가 어려서 받은 신학 사상의 잔재와 스위덴볼그가 나에게 준 인상이 지금의 나에게는 하등의 감화를 미치지 못하고, 나의 사상계에도 미치지 못하고 말았다.

나는 어떠한 국민도 그 신성을 인정하는 하늘의 계시에도 진리를 완비한 것은 없다는 것, 어떠한 민족도 진리를 가지지 않을 정도로 몽매하지 않다는 것, 또 어떠한 민중도 자기들의 대교사, 즉 부처·공자·조로아스터·그리스도를 가지지 않은 자가 없다는 것을 알았다. 그러므로 나는 친구라고 부르는 것을 자랑스럽게 여기는 매슈 아널드와 함게 다음과 같은 시를 이야기했다.

　사람의 아들들아! 하느님은 언제나 이 세상의 백성을 다스리고 있다. 세상 사람들이 숭상하는 종교는 무엇이든 천히 여길 수 없다.
　어떤 종교라도 약한 의지에 힘을 준다.
　어떤 종교라도 메마른 정을 윤이 나도록 적셔 준다.
　어떤 종교라도 피로에 지친 사람에게 새로운 힘을 준다.
　너희들이 다시 소생하는 길은 종교뿐이다.

　에드윈 아널드의 《동방의 빛》은 내가 종래까지 읽은 어느 시집보다도 나에게 큰 감동을 주었다. 나는 때마침 인도 여행이 끝난 후에 이 시집을 읽었기 때문에 새삼 인도에 머물고 있는 것같이 느껴졌다. 이 저서에 대한 나의 존경심이 드디어 저자에게 알려진 후 나는 런던에서 이 시인과 만날 수가 있었다. 저자는 그때 나에게 이 원고를 기증했다. 이것은 내가 진실로 아끼는 보배의 하나가 되었다.
　세계 여행을 꿈꾸는 사람은 다소의 희생을 무릅쓰고라도 꼭 다녀보는 것이 좋다고 믿는다. 한정된 여행은 여기에 비하면 모든 것이 불충분하여 겨우 부분 부분에 대해서 막연한 인상만을 줄 뿐이다.
　우리들은 전부를 돌아보아야만 비로소 전부를 보았다는 느낌을 가질 수 있다. 부분이 모여서 하나의 정연한 전체를 만들고, 국가의 동서를 물을 것 없이 어느 곳의 국민들이라도 각자에게 주어진 운명을 다하기 위해 일정한 목적을 향해서 전진하는 광경을 목격할 수가 있다.
　동양의 각 종교를 주의 깊게 연구하는 사람 중 세계를 여행하며 비교

분석하는 사람은 그만큼 배우는 것이 더 많게 된다. 각국의 국민들은 자기의 종교를 제일로 내세운다. 그들은 각자 그 태어난 운명에 자부심을 가져, 자기들의 신성한 국토 이외의 곳에서 태어난 외국인을 멀리하는 경향이 있다. 세계 각국의 국민은 대체적으로 자기들이 제일 행복한 사람이라고 믿고 있다. 모든 민족은 각기 '동쪽이건 서쪽이건 고향만이 최고다'라고 믿고 있다.

이 점을 본보기로 《세계 일주기》 중에서 두 가지의 기사를 지적해 보면 다음과 같다.

내가 싱가포르 부근의 산림으로 다피오카 재배자를 보러 갔을 때, 바쁘게 일하고 있는 사람을 발견했다. 아이들은 벌거벗은 채였고, 어른들은 조잡하고 남루한 옷을 입고 있었다. 그들은 주의 깊게 우리를 바라봤다. 나는 안내인에게 부탁해서 그들과 이야기하였다.

우리 나라는 지금쯤 연못의 물이 얼어서 사람들이 그 위를 걸어다니고, 또 큰 강의 얼음도 얼어서 마차나 수레도 다닐 수 있다고 하였다. 그들은 깜짝 놀라며 우리에게, 그러면 어째서 자신들이 있는 곳으로 이주하지 않느냐고 물었다. 그들은 실로 재미있는 국민이었다.

또 여행 도중에서 라플란드 인의 순록(馴鹿) 부락을 방문하였다. 배의 선원 한 사람이 우리 일행과 함께 동행하게 되었다. 돌아오는 길에 우리는 바다 기슭을 보았다. 그 기슭 가까이에는 점을 찍어 놓은 것 같은 작은 오두막집들과 건축 중인 이층집이 한 채 있었다. 그것이 무엇이냐고 물었더니,

"저것은 도로무스에서 태어나 큰돈을 번 사람의 가옥으로, 이곳으로

돌아와서 안락하게 지내겠다고 합니다. 그는 큰 부자이지요……. 당신은 세계를 여행하고 있다고 들었습니다. 런던이나 뉴욕이나 캘커타, 그리고 멜버른이나 그밖의 여러 곳을 보았겠지요. 당신은 저 사람과 같이 큰 부자가 되면 노후의 주거지로서 어디가 좋다고 생각하십니까?"
라고 선원은 물었다. 그래서 나는,

"저 도로무스만한 곳은 없겠지요."

했더니, 그때 그의 눈은 한결 빛났다. 도로무스는 북극 지대로서 6개월은 밤이다. 그 선원도 도로무스에서 태어났다고 했다. 그러기 때문에 그들의 고향은 그들에게 있어 가장 행복한 곳이었다.

인생의 법칙 또는 자연계의 법칙 중에는 우리 인간의 눈에는 결점이나 무자비하게 보이는 것들이 있다. 그 많은 것들은 아름다움과 우아함을 가지고 우리들을 감탄시킨다. 그들 고유의 성격이나 지방의 특수성에도 불구하고 고향을 사랑하는 인간의 정도 그 중의 하나이다.

하나님의 가르침은 한 사람 또는 한 국민에게 국한되지 않고, 각 인종이 현재의 발달 정도에 적응한 최선의 천명을 받고 있다는 사실을 발견할 수가 있었다.

절대의 힘인 하나님은 어느 사람도 버리지 않는다.

15

결혼

13. 강철 시대

14. 저술과 여행

15. 결혼

16. 공장과 근로자

17. 홈스테드 파업

내가 고향 템퍼린의 자유 시민권을 얻게 된 것은 1877년 7월 12일로, 내게는 첫번째의 특권이자 또 최대의 명예였다. 그래서 나의 감격은 더욱더 컸다. 나의 기명과 모임에서 같은 시민권을 받게 된 월터 스콧의 기명만이 자유 시민 명부에 오른 것이다.

어느 날 나의 양친은 템퍼린의 성에 대해 이야기하고 있는 스콧을 본 일이 있다면서, 그의 풍채를 나에게 이야기해 주셨다. 나는 자유 시민권 수여에 대한 당시의 연설에 대해 크게 걱정했다. 그리하여 숙부 베리 모리슨을 방문하여 그 고민을 밝히고, 어떻게 이야기할 것인가 상담했다.

그는 연설가였기 때문에 몇 가지 주의할 점을 가르쳐 주었다.

"앤드류, 자기가 진실로 느낀 그대로를 이야기하면 그것으로 충분하다."

이같은 주의를 받아들여서 연설의 교훈으로 삼았다. 그래서 나도 젊은 연설가에게 주의해야 할 규칙을 하나 말하고 싶다. 누구든 청중 앞에 섰을 때에는 자신과 절친하게 지내는 사람들이 지금 자신의 앞에 서 있다고 생각하면 된다. 너무 긴장하지만 않는다면 사무실에서 동료와 이야기하는 것과 같아서 실패하는 일은 거의 없다.

우리들은 천진난만하게 자기를 적당하게 토로해야 할 것이다. 내가 모임에서 들은 가장 유력한 연설가 잉카솔에게 웅변의 비결을 물었을 때, 그는 생각처럼 그렇게 어려운 일이 아니라는 듯이 말했다.

"능력가를 뱀이나 전갈같이 생각하십시오. 그리하여 자기 역량을 발휘하십시오."

나는 1881년 7월 27일 템퍼린에서 두 번째의 연설을 했다. 그것은 내가 처음으로 기부한 무료 도서관의 기초석을 어머니 손으로 세웠을 때였다. 아버지는 마을회관에 자신의 장서를 공개하여 처음으로 도서관을 창립한 다섯 사람의 공로자 중 한 사람이었다.

템퍼린 시민들은 내가 이번에 기부한 도서관을 〈카네기 도서관〉이라고 이름 붙였다. 건축 기사는 나의 문장(紋章)을 붙이고 싶다고 하였다. 나는 문장을 가지고 있지 않았지만, 입구 위에 아침에 솟는 해를 조각한 광선에 '빛이 있어라'라는 문구를 써넣으면 좋겠다고 말했다. 기사는 나의 의견을 받아들였다.

나는 일행과 함께 마차 여행을 한 후 템퍼린에 왔다. 1867년 조지 로더, 헨리 휩프스와 함께 영국 각지를 돌아다녔을 때, 나는 나의 가장 친한 친구들과 함께 프라이톤으로부터 인봐네스까지 마차 여행할 것을 생각했다.

오랫동안 계획했던 이 여행을 실행할 시기가 와서, 1881년 봄에 11명의 일행은 나의 생애 중 가장 유쾌한 단체 여행을 시도하기 위해 뉴욕에서 출발했다. 휴가를 이용한 이 여행은 나에게 젊음을 되찾게 했고,

불로불사(不老不死)의 약만큼 효능을 가져다주었다.

이 마차 여행의 기록은 출발 전에 사놓은 값싼 일기장에 매일 몇 줄씩 써놓았다. 나는 이것을 잡지에 세계일주 때와 똑같이 기고를 하겠지만, 그보다 동행자에게 여행담으로 삼을 자료적 가치가 있다고 생각하였다.

어느 겨울날, 나는 3마일 정도 떨어진 뉴욕 사무실까지 가지 못하고 남는 시간을 어떻게 이용할까 생각했다. 문득 마차 여행 때의 일이 생각나서 그것에 관해 글을 쓰다 보니 펜이 자유로이 움직여 하루 동안에 막대한 분량을 써내려 갔다.

나는 폭풍우 때문에 여행을 계속하지 못할 때에는 이 유쾌한 일에 열중하여 마침 23회째에 한 권의 책을 써낼 수 있었다. 나는 원고를 스쿠리부나 회사에 보내서 비매품으로 수백 부를 인쇄하도록 했다. 그 책은 《세계 일주기》와 같이 친구들의 환영을 받았다.

어느 날, 스쿠리부나 씨가 이 책을 읽고 난 후, 자기가 비용을 투자해서 출간하고 싶으니 인쇄비를 지불하는 조건으로 자기에게 맡겨 주기를 부탁해 왔다고 쟘푸린 씨가 말했다.

나는 그 말을 듣고 칭찬하는 것이 고마워서 승낙하였다.

매년 적은 돈이었지만 나는 이 책에서 수입을 얻고 있었다. 이 책이 출간된 후 나는 아주 많은 편지를 받았으며, 그 중에서도 감명 깊은 글들이 있었기 때문에 나의 비서들이 이것을 스크랩북에 보관하고 있다. 무엇보다 이 책을 읽은 불치병 환자들이 자기들의 삶에 용기를 얻게 되었다는 편지를 보내왔을 때 내 마음은 여간 기쁘지 않았다.

이 책은 영국에서 크게 반응을 일으켜, 《스픽데돌》지는 그 호평을 게재하였다. 그러나 본서에 전혀 가치가 없다고 하면, 그것은 저자가 사람을 감동시키려는 노력을 하지 않은 데 있다고 믿는다. 나는 친구를 위해 썼을 뿐이다. 편안한 마음으로 써내려 갈수록 글은 오히려 잘 써진다. 나는 여행을 즐기는 것처럼 글을 쓰는 것에도 즐거움을 느낀다.

프라이톤으로부터 인봐네스까지의 여행 기록은 《나의 마차 여행》이라는 제목 아래 비매품으로 간행했다가, 1883년에 《영국에 있어서 미국식 사두 마차》라고 제목을 붙여 스쿠리부나 회사가 출간했다.

1886년, 나는 쓸쓸하고 외로운 나날을 보내야 했다. 유쾌하고 태연했던 젊은 남자로서, 따뜻한 어머니 아래서 아무런 불편 없이 지내던 나의 생활은 끝나가고 있었다. 아주 심한 장티푸스에 걸려 움직이지조차 못하였다. 나 자신도 괴로움을 당하고 있었기 때문에 일가의 비극을 크게 느끼지 못한 것이 오히려 다행이었는지 모른다.

내가 발병한 것은 동부의 여행에서 돌아와 어머니와 같이 이레니게 산 너머에 있는 크레숀 스프링크스의 별장에서 즐거운 피서를 할 때였다. 나는 뉴욕을 출발하기 직전부터 며칠간 몸이 좋지를 않아서 의사에게 진찰을 받은 결과 장티푸스라고 하였다.

뉴욕에서 첸니스 교수를 초빙하여 진찰받았으나 그 역시 마찬가지 진단을 내렸다. 그래서 즉시 주치의를 고용했다. 그러나 얼마 후 어머니가 병환에 들고 동생도 피츠버그에서 몸이 아프다고 알려왔다.

나는 회복의 가망이 없다고 생각할 만큼 체념한 중환자의 모습이었다. 나의 모습은 완전히 달라진 것처럼 보였다. 그러나 정작 본인인 나는 오히려 느긋했다. 나의 상태 때문에 주변에선 어머니와 동생이 중태에 빠져 있다는 사실을 나에게 알리지 않았다. 두 사람이 다 이 세상을 떠났다는 이야기를 들었을 때, 나는 그들의 길을 따라가는 것이 자연스럽게 생각되었다. 지금까지 한 번도 떨어진 일이 없는 우리들 세 사람이 이렇게 헤어져야 한다는 것을 용납할 수 없었다. 그러나 생명은 인간이 생각하고 있는 것과는 달랐다.

나는 서서히 회복되었다. 나는 마음속으로부터 광명과 위안을 발견하고는 차츰 장래의 일을 생각하게 되었고, 언제나 그 생각만을 하고 있었다. 그 까닭은 수년간 루이스 호이필드 양과 사귀고 있었기 때문이었다. 그녀의 어머니는 같이 마차를 타고 센트럴 공원에서 산책하는 것을 허락했기 때문에, 우리 두 사람은 넓은 공원에서 말을 타고 달리는 것이 최고의 즐거움이었다.

그 즈음 나는 많은 젊은 숙녀들과 교제를 했다. 나는 때때로 그 여자들과 같이 공원이나 뉴욕 부근을 훌륭한 말을 타고 산책했다. 그러나 호이필드 양과 함께 하는 가운데 다른 숙녀들은 나의 주의를 끌지 못하고 거의 나의 관심으로부터 멀어지고, 그녀만이 유별나게 다른 어떤 숙녀보다 훨씬 뛰어나고 완전한 여인으로 비쳤다.

드디어 내 이상형으로서 나의 반려자로 합당한 사람은 이 아가씨 이외에는 없다는 생각이 들었다. 결국 나는 지금까지 알게 된 모든 숙녀 중에서 이 사람을 나의 반려자로 결정했다.

나는 젊은 사람들이 배후자를 선택함에 있어서 먼저 나의 방법을 권하고 싶다.

나는 종래 많은 숙녀들에게는 각기 장점을 볼 수가 있어서 좋다고 생각하였다. 그러나 무엇인가 결점이 있을 때에는 앞에서 발견했던 그 아름다움이 일시에 무너지곤 했다. 그러나 호이필드 양에게서는 누구와도 비할 수 없는 인간의 아름다움을 보았다.

나의 이 생각은 자신 있게 얘기할 수 있다. 지난 20년간 같이 살아온 오늘, 이보다 더 확실한 말은 없다. 나는 진실로 그녀를 사랑했다.

나의 구혼은 별 무리 없이 받아들여졌다. 그녀에게 나 이외에 더 젊은 숭배자가 없었던 것은 아니었다. 나의 부와 미래의 계획은 오히려 장해 요소였다. 나는 부에 있어서만은 자유로웠는데도, 그녀는 나와 같은 사람과 결혼하면 문제가 많을 거라고 미리 짐작하고 있었다. 그녀의 결혼관은 그녀 어머니가 그녀의 아버지에게 한 것과 같은, 참된 내조자로서 모든 일에서 오는 고통을 함께 하면서 백년해로하는 것이었다.

그녀가 21세 때 그녀의 아버지는 이 세상을 떠났다. 그리하여 그 후의 가정을 돌보는 것은 대부분 그녀의 책임이 되었다. 그녀는 28세였고, 인생관이 뚜렷이 서 있었다. 그러나 장래의 희망이 빛을 잃었기 때문에 나와 주고받았던 편지를 나에게 돌려주면서 나의 구혼을 승낙할 수가 없다고 고백했다.

위니스 교수와 그 부인도 내 몸에 차도가 없다는 것을 알고 즉시 뉴욕에 있는 그들의 가정에 오도록 하였다. 여기서 나는 교수의 친절한 배려 속에서 잠시 동안 요양하고 있었다. 펜을 잡게 되자 곧 호이필드 양에게 편지를 보냈고, 그녀는 즉시 찾아와 주었다. 그리하여 그녀는 이때 처음으로 내가 그녀의 내조를 필요로 하고 있다는 것을 알 수가 있었던 것 같았다.

나는 이 세상에 나 혼자만이 남아 있었다. 어느 면으로 생각해 보아도 그녀가 나의 훌륭한 반려자가 될 수 있을 거라고 보았다. 그녀는 인정과 지혜로움을 가지고 나의 구혼에 전적으로 동의하게 되어, 우리는 함께 와이드설에서 보내기로 했다.

그녀는 와이드설에서 이상스러운 들꽃을 발견하고는 아주 기뻐했다. 아마 책에서 읽기는 했으나 실제로 보기는 처음이었기 때문인 것 같았다. 로다 숙부와 사촌 동생이 스코틀랜드로부터 방문하였다. 그 후 나를 위해 킬구자스돈을 피서지로 선정해 주었기 때문에 나는 즉시 그쪽으로 동행했다.

스코틀랜드는 그녀의 마음을 사로잡았다. 그녀는 어렸을 때 스코틀랜드에 관한 책을 즐겨 읽었다고 했다. 스콧의 소설이나 《스코틀랜드의 영웅》 등을 애독했다고 말했다. 그녀는 어느새 나 이상으로 스코틀랜드 사람이 되었다. 이렇게 되자, 그녀의 모든 행동은 처음부터 내가 진정 바라던 꿈을 실현하게 해주었다.

우리 두 사람은 템퍼린에서 며칠을 보냈다. 정말로 즐거운 한때였다. 나의 어린 시절 놀이터나 세상에 알려지지 않은 이야기가 간직된 곳을 찾아다니면서 재미있는 이야기를 들려주었다. 우리가 가는 곳 어디에서나 사람들은 우리를 칭찬했다. 우리의 부부 생활의 시작은 아주 좋게 시작된 것이었다.

계속 여행하여 에든버러를 방문하였을 때, 나는 자유 시민권을 얻게 되었다. 많은 사람이 모인 가운데 로즈 베리 경이 연설을 했다. 나는 시에서 가장 큰 회관에서 노동자들에게 연설을 하고는 그들로부터 기념품을 받았다. 아내도 장식품을 받고 아주 기뻐했다.

그녀는 파티에 참석하여 피리 소리에 귀를 기울이고는 그들을 뚫어져라 쳐다보았다. 그녀는 피리 부는 광경에 흥미를 느끼고, 단 한 사람이라도 좋으니 그들을 집에 초청하여, 아침 일찍 눈을 뜰 때나 식사 때에 피리 소리를 들을 수 있었으면 좋겠다고 하였다.

그녀는 만일 쓸쓸한 섬에 유배되어 달만 쳐다보는 운명에 처했을 때, 하나의 악기를 선택할 기회를 준다면 반드시 피리를 택할 것이라고 말했다. 그래서 재빨리 피리 부는 사람을 초청하려 할 때 한 사람이 그루니 맥퍼슨의 추천장을 들고 나를 찾아왔다.

나는 그를 고용하였다. 그러고는 킬구자스돈의 집에 들어갈 때면 그에게 우리들 앞에 서서 피리를 불도록 하였다.

아내는 킬구자스돈보다도 더 황량한 고원 생활을 희망했으나, 킬구자스돈도 즐거운 곳이었다. 이곳을 찾아오는 사람 가운데 명사는 매슈 아널드, 부렌 부처(夫妻), 미국 상원의원인 유젠 헤르 부처 등이 있었다.

아내는 뎀퍼린에서 나의 친척, 특히 노인이 된 숙부·숙모 등을 모셔 왔으면 하고 바랐다. 그녀와 교제하는 사람은 누구나 그녀에게 매력을 느꼈다. 그들은 어떻게 해서 그녀가 나의 아내가 되었는지 매우 경탄하였다. 나도 그들과 같이 스스로 놀랐다고 고백했다. 나의 결혼은 분명히 신이 정해 준 천생배필이었다고 생각한다.

나는 뉴욕에서 돌아갈 때 피리 부는 사람과 약간의 고용인을 데리고 갔다. 콜 미망인은 20년간을 한결같이 함께 지내다 보니 한 가족과 같았고, 존 어빈도 1년이 지난 후 같이 지냈다. 고용인 앤더슨도 그러했고, 그들은 모두 지극한 충성과 열성을 다하는 사람들이었다.

그루니 성을 빌릴 수가 있다기에 다음 해에 그곳으로 가서 피서를 보냈다. 피리 부는 사람은 이곳에 대해서 잘 알고 있기 때문에 여러 가지 이야기를 들을 수 있었다. 그가 성장한 곳이라는 사실이 내가 이곳을 선택하게 된 동기와 어느 정도 관계된 것이라고 생각된다. 그 후 몇 년간을 계속해서 여기서 여름을 보냈다.

1897년 3월 30일, 우리들 사이에 아이가 태어났다. 내가 처음으로 아기를 보았을 때, 아내는 말했다.

"당신 어머니의 이름을 본떠서 마가렛이라고 하겠어요. 그리고 또 하나의 부탁이 있어요."

"부탁이라니 뭐요?"

"어린아이도 생겼으니 우리들의 별장을 꼭 하나 가지고 싶어요. 빌리는 집은 들어가는 날짜와 나오는 날짜가 미리 정해져 있기 때문에 좋지 않아요. 그래서 우리 것이 아니면 안 된다고 생각해요. 당신은 어떻게 생각하세요?"

나도 동의를 했다.

"그런데 조건이 있어요."

"그것은 무엇이오?"

내가 물었다.

"스코틀랜드의 고지가 아니면 안 되겠어요."

"그것은 내가 바랐던 것이오. 당신이 알고 있는 대로 나는 광선을 피하지 않으면 안 되기 때문에 그 높은 나무 숲속처럼 적당한 곳은 없다고 생각하오. 내가 한번 알아보겠소."

조사 결과 스키보 성이 적당한 듯싶었다. 어머니와 유일한 동생이 세상을 떠나고 나 혼자 쓸쓸하게 남은 후 수개월이 지난 뒤, 나는 아내를 맞아들인 것이다. 이 결혼이야말로 나의 생활을 변하게 만들었다. 돌이켜보면 그것은 지금으로부터 20년 전의 옛 이야기이다.

나의 생활은 아내에 의해서 행복해졌고, 나는 그녀의 보호가 없었더라면 정말로 살아 있을 수 있었을까 하는 의문까지 갖는다. 나는 파티 낸드 시험에 합격했을 때 그녀의 성격을 알고 싶었으나, 내가 본 것은 그저 그녀의 외형적인 모습에 지나지 않았다. 순결함·신선함·총명함 등은 나로서는 도무지 그 깊이를 잴 수가 없었다.

내가 사업을 위해 동분서주하여 시간이 없거나, 또 만년에는 여러 가지 공적 생활에 정신없이 바쁠 때, 그녀는 각 방면의 사람, 특히 나의 친척이나 자기 고향의 친척 등에 신경을 써주었다. 그녀의 훌륭한 감동이 미치는 곳에는 꼭 평화와 안정이 따랐다. 그녀의 의무적 행동을 필요로 하는 일이 있을 때에는 제일 먼저 그것을 했다.

그녀는 천성이 온화하여 누구와도 다투는 것을 싫어해 한평생 싸우는 일이 없었다. 사교계에서도 그녀에게 배척당했다고 불평을 터뜨리는 사람은 단 한 사람도 없었다. 또 인격을 존중했지만, 그렇다고 부귀나 사회적 지위 등으로 그녀의 마음을 움직이게 하지는 못했다.

야비한 언행을 하지 않는 미덕이 천성적으로 배여 나왔다. 그렇다고 품위를 낮추지는 않았다. 그의 친구들은 모두 선량한 사람들이었다. 주위 사람들의 이익에 늘 신경을 쓰면서, 필요한 때에는 적절한 선물을 생각하며 친구들을 놀라게 만드는 지혜로운 사람이었다.

나는 이 20년간 그녀의 내조가 없었더라면 어떻게 되었을까 하는 두려운 생각까지 들면서 새삼 고맙게 생각한다.

또 아내가 나보다 먼저 이 세상을 떠난다는 것은 생각만 해도 오싹한 일이다. 순조롭게 생이 진행된다면 내가 먼저 죽는 것이 당연하긴 하나, 그렇게 되면 또 남자의 주의와 결단을 요할 때에 그녀가 혼자 살아 남아 곤경에 빠져 허우적거리는 모습이 상상되어 그 고통을 견딜 수가

· 앤드류 카네기

없다.

어린것을 생각하면 나는 어쨌든 살아 있고 싶다. 아내가 그 괴로움을 참을 수 있다면 그것은 의지할 딸이 있기 때문일 것이다. 또 마가렛을 생각해 보면 아버지보다는 어머니에게 더 의지할 것이다.

어쨌든 나는 지상에 건설한 천국을 버리고 왜 목적도 이룰 수 없으며, 서로 사랑하는 사람을 남겨두고 저세상으로 가야 하는지 생각해 보았다.

"밧사니오 님의 품행이 신중한 것은 당연하오. 저런 좋은 아내를 얻게 되었으니, 이 세상에 있는 가운데서도 극락에 올라간 것과 다름없지요."

라고 한, 《베니스의 상인》의 밧사니오와 그 부인 포샤의 관계를 떠올린다.

16

공장과 근로자

14. 저술과 여행

15. 결혼

16. 공장과 근로자

17. 홈스테드 파업

18. 노동 문제

철강업에 대해서 영국에서 나는 참으로 중요한 교훈을 얻었는데, 그것은 원료를 자급하여 그 목적에 필요한 제품을 완성하는 것이었다. 나는 에드가 톰슨 공장에 있어 레일 문제를 해결한 직후, 그 다음 수단을 강구하기로 하였다.

선철의 공급을 규칙적으로 받아들이는 어려움과 불안은 나로 하여금 용광로의 건설에 착수하게 했다. 용광로는 이미 세 개를 건설하였는데, 한 개는 크루먼 씨와 관계했던 에스카나바 제철회사에서 사들여 개조한 것이었다.

그러나 사들인 용광로는 새것을 만드는 것보다도 오히려 그 비용이 훨씬 많이 들었다. 또한 용도에 있어서도 별로 좋지 못하였다. 말하자면 삼류 공장에서 사들인 것일수록 만족스럽지 못하였다.

이 구매는 결국 실패하긴 했으나, 결과를 따져보면 경철(鏡鐵)의 제조 또는 후년 함철 망간의 제조에 알맞은 소형 용광로서 큰 이익을 만들어 내는 재원이 되었다.

미국에 있어 경철을 만들어 내는 회사는 우리 회사가 제2위를 차지하고, 함철 망간을 만들어 내는 회사로는 1위를 차지하였다. 그 후 몇 년 동안에는 우리 회사가 유일한 회사였다. 그 이전 우리 회사는 1톤에 80달러의 고가를 지불하고 필요한 원료의 공급을 외국에서 사들였다.

용광로 지배인 줄리앙 케네디 씨는 우리 회사의 소형 용광로의 부근에서 사들인 철광석을 원료로 하여 철망간을 제조할 것을 제안한 공로자이다. 이 제안은 큰 성공을 거두었다. 그러나 전 미국에 공급할 수가 있어서 이 제품의 가격은 1톤당 80달러에서 50달러로 폭락하는 결과를 가져왔다.

버지니아산 광석을 시험할 무렵, 나는 유럽인들이 함철 망간 제조의 목적을 가지고 비밀리에 광석을 사들이는 것을 발견했다. 그러나 광산 소유자들은 다른 목적에 사용되는 것이라고 믿고 있었다.

이 산을 사들이는 운동이 우리 회사의 휩프스 씨에 의해 즉시 시작되었다. 그는 자본도 없고 채굴의 기술도 불충분한 소유자들로부터 판매의 우선권을 얻어내고, 그 이권에 대해서는 거액의 대가를 지불해, 결국 나는 그 소유자가 되었다.

이것은 충분히 조사를 끝내고 수지 관계가 맞을 만한 망간 광석이 존재하고 있음을 확신하고 결정한 일인만큼, 그 결정에 따라서 모든 것을 전격적으로 해나갔다. 일단 광석을 발견하고 난 뒤에는 하루라도 헛되게 보내는 것은 좋지 못한 일이었다. 이 점은 합명회사보다 장점이다. 주식회사의 사장은 중역 회의에 참석하게 되어 몇 달 동안 그 결정을 기다리지 않으면 안 되는 허송세월을 보내고 있을 때, 산은 이미 다른 사람의 손에 들어가는 것을 모르고 있을 정도였다.

용광로를 발전시켜 나간 우리 회사는 새로운 용광로를 가설할 때마다 그 이전 용광로에 비해 좋은 실적을 올렸고, 드디어는 표준 용광로를 만들었다. 그 결과, 그 후에는 세밀한 것을 개량할 필요가 있었지만, 내가 관찰하는 한 완전한 공장이 되었기 때문에 생산 능률은 1개월에 선철 5만 톤에 이르렀다.

용광로를 완비하고 즉시 우리 회사 사업의 독립과 성공에 결점이 없도록 하는 수단을 강구해야 했다. 당시 우량 해탄의 공급은 일정량에 한정되었다. 즉, 콘넬스빌 탄광에 한정되어 있었다. 나는 사업의 진행이 가능하기 위해서는 선철의 용해에 필요한 땔감이 공급되어야 된다고 생각했다.

그래서 이 문제를 철저하게 연구한 결과, 후리크 해탄 회사가 제일 좋은 석탄 및 해탄을 소유하고 있다는 것을 알았다. 이것으로 후리크 씨가 이 경영에 참으로 적당한 천재였다는 것을 알 수 있었다. 그는 보잘것없는 철도 서기로 시작하여, 그 재능이 비범했음을 입증할 만한 경력을 가졌다. 1882년에는 그 회사의 주식의 반을 사들이고, 그 후 또 다른 주주로부터 주식을 사들여 그 주식의 대부분을 매점했다.

이리하여 최후에 필요한 공급은 철광석뿐이었다. 우리 회사는 이것만 손에 들어오면 유럽의 최대 제철회사와 어깨를 같이할 수가 있었다. 한때는 이 마지막 원료를 펜실베이니아에서 발견하였다고 생각했으나 참된 성공은 아니었다.

타이론 지방에 투자한 것은 전혀 예상과 맞지 않아, 그 지방의 광석을 채굴하여 사용하려 한 결과 많은 돈을 잃었다. 몇 세기 동안의 천후(天候)작용으로 잡물을 씻어내고 광석을 풍부하게 하였으나, 있을 듯싶은 곳의 내부를 파들어 가면 끊긴 광맥밖에 없어 채굴 효과가 없었다.

그래서 화학자 프라우자 씨를 펜실베이니아에 파견하여 그 지방에서 수집한 원료를 자세하게 분석하고, 또 그 지방인에게 될 수 있는 대로 광물의 견본 제공을 장려하도록 지시했다.

그 무렵, 사람들은 화학자라면 무조건 두렵게 생각했었다. 한 예로, 성인·소년·실험실의 조수를 고용하는 데 아주 곤란을 겪었다. 그것은 이 화학자가 이상한 기구로 돌 속에 있는 것을 조사해서 알아맞히는 것을 보고 마법이라도 사용하는 것이 아닌가 의심하는 사람도 있었기 때문이었다. 나는 피츠버그 사무실의 조수를 프라우자 씨 밑으로 보내기로 하였다.

어느 날 그는 인석을 함유한 이상한 광석을 발견했다고 보고해 왔다. 이것은 정말로 베세머 제강에 적합한 광석이었다. 그 발견은 내 관심을 끌었다. 이 산은 모세스 톰슨이라는 유복한 농가의 소유로서 펜실베이니아 주 센터 군의 제일 좋은 경지 7천 평 정도의 땅을 가지고 있었다. 그래서 이 광석이 발견된 지점에서 그 사람과 만나기로 약속을 하였다.

전에 목탄용 용광로의 원료 채굴을 위해 이 산을 시험해 보았는데, 당시의 평판은 그렇게 좋지 않았었다. 그 까닭은 산출 광석이 다른 광석에 비해서 너무 지나치게 많았기 때문에, 같은 양의 용제를 사용하면 용해가 곤란해진다는 데 있었다. 너무 좋은 원료가 도리어 무용지물이었던 것은 그 무렵의 기술이 발달하지 못했기 때문이었다.

결국 나는 6개월 이내에 광산 양도의 권리를 얻고 실험에 착수했으나, 이 실험은 산을 사기 전에 최대의 심혈을 기울여 임해야 했다. 산의 측면 50척마다 선을 긋고, 또 이것을 횡단하여 백 척마다 선을 긋고 그 교차점에 굴을 파내려 갔다.

이 실험을 80군데에서 하고는 그 광석을 각 척의 심도에서 분석했다. 산 주인의 요구 대금인 10만 달러를 지불하기도 전에 나는 그 광석의 내용을 상세하게 알 수가 있었다. 그리하여 예상 이상의 좋은 결과를 얻을 수 있었다.

나의 사촌 동생이며 동료 사원인 로다 씨의 기술에 의해 채굴비와 세척비는 훨씬 절감할 수 있었다. 스코샤 광석은 그동안 다른 광석 때문에 내가 초래한 손실에 대한 원가를 돌려주고도 그 이상의 이익을 남겼다. 이때야말로 나의 승리는 적어도 호랑이 입에서 꺼내온 거나 마찬가지였다.

화학자의 지도를 받아서 나는 안전지대를 확보했다. 이것에 의해 나는 원료 획득의 단호한 결심을 품게 되고, 또 이것을 추구하는 데 있어서는 민첩했다는 것을 알 수가 있었다.

나는 손해도 득도 얻었으니, 사업상 또다시 위기 일발의 운명에 부딪쳤다. 어느 날 휩프스 씨와 동행하여 공장에서 피츠버그 펜스토리트의 내셔널 신탁회사로 갔더니, 나의 회사 유리창에 큰 글자로 개인적인 채무 변상의 책임을 주주에게 맡긴다는 글이 씌어 있었다. 이 날 아침, 나는 이미 우리 회사 재산목록에서 대방 지분에 내셔널 신탁회사 주권 20주라는 것을 보아 놓은 것이다. 그래서 나는 해리에게 말했다.

"이것이 내가 주주로 되어 있는 회사라면, 오늘 오후 사무실에 돌아가기 전에 주를 팔도록 해주지 않겠소?"

그러자 그는 그렇게 서둘 필요가 없다고 하면서 때를 놓치는 일만 없으면 좋다고 하였다. 그러나 나는 또다시 말했다.

"그렇지 않아, 해리. 지금 곧 부탁하네."

그는 내 말대로 수속을 끝냈다. 이것은 정말로 다행한 일이었다. 그 후 얼마 가지 않아 신탁회사는 거액의 결손을 내고 파산해 버렸다. 모리스는 실패한 주주의 한 사람이었다.

이와 같은 불운을 맞은 사람은 다수였다. 재계에 닥친 공황의 나쁜 징조를 가지고, 만일 내가 내셔널 신탁회사의 채무에 대해서 개인적으로 책임을 지게 되었더라면 나의 신용은 아주 위험한 위기에 빠졌을 것이다. 위기 일발이란 바로 이런 것이었다. 친구들이 나의 이름을 주주 명의에 내고 싶다기에 겨우 20주, 가격 2천 달러의 주식만을 잡아둔 것이 나쁜 인연이 되었다. 그 교훈은 결코 헛되지 않았다.

사업에 있어서 건전한 생각으로 이익이 있으면 아끼지 않고 투자하는 것은 좋지만, 명의는 결코 빌려주어서는 안 된다. 즉, 회사원으로서 개인적 책임이 있는 명의를 빌려주지 말라는 것이다. 수천 달러의 투자는 조그마한 것에 지나지 않으나, 이 조그마한 것에도 사람의 사활(死活)을 좌우하는 폭발력이 있다.

강제가 철제에 대신하는 변화가 눈앞에 닥쳐온 것을 나는 분명히 간파할 수 있었다. 나의 키스톤 교량 공장에서도 강제를 철제에 대응하는 것이 차차 많아졌다. 철은 신강철에 새 시대의 자리를 양도하지 않으려 했다. 그러나 나는 이것을 성공시키려고 끊임없이 노력하였다.

1896년에 각종 현장의 강제 제조를 목적으로 에드가 톰슨 공장에 함께 신공장 건설안을 세우고 있을 때, 홈스테드에 제강 공장 건설을 위해 협력했던 피츠버그의 주요한 제조업자 56명이 그 공장을 나에게 매도하고 싶다고 말해 왔다.

원래 이 공장은 제조업자들의 합작으로 시작됐다. 그들은 각자의 영

· 앤드류 카네기

업에 필요한 호경기 사업 중의 하나였던 강제 레일 사업에 마음을 두고 있었다.

우리는 공장을 세울 것을 결정하였다. 따라서 서로 경기가 좋을 때에는 레일을 제조할 수가 있었으나, 공장이 본래 그 목적을 위해 설계되어 있지 않았기 때문에 선철의 공급에 필요한 용광로도 없고 땔감 공급의 해탄 광구도 소유하지 않고 있었다. 그래서 결코 그들은 나와 경쟁할 수가 없었다.

이 공장을 사들이는 것은 나의 이익이었다. 나는 공장의 소유자들에게 교섭을 성공시킬 계획이 유일하게 있다는 것을 생각했다. 즉, 카네기 형제 회사의 합작 조직을 제안하는 것이었다. 나는 쌍방 동등한 자격으로 그들이 투자한 1달러는 나의 자본금 1달러에 해당한다는 조건을 냈다. 이 조건을 기초로 하여 교섭은 재빨리 추진되었다.

그렇긴 하나 일동으로부터 현금으로 인수하는 선택권을 주었을 때, 조지 싱거 씨를 제외하고는 모두가 여기에 응낙하여 현금을 가져왔다. 싱거 씨는 나와 합자하여 경영하기로 했다. 이것은 나에게 있어서 큰 만족을 주었다. 싱거 씨로부터 나중에 들은 바에 의하면, 그의 친구들은 처음에는 내가 내놓은 조건에 불만이 있었으나 쌍방 동등의 조건을 내놓은 후부터는 한 마디의 불만도 입 밖에 내지 않았다고 한다.

이 매수 작업으로 인해서 나의 회사들은 전적으로 개조하게 되었다. 홈스테드 공장 경영의 목적으로 1886년에 카네기 휩프스 회사가 새로 창립되었다. 윌슨 워커 회사는 카네기 휩프스 회사와 합병되어 워커 씨가 사장으로 선출되었다.

동생은 카네기 형제 회사의 사장으로 전 사업을 맡았다. 다시 사업을 확장하여 홈스테드 공장의 생산과 각종 제품을 만들기 위해 하트만 제강 공장을 설립하게 되었다. 그리고 우리 회사에서는 거의 모든 것을 강제(鋼製)로 만들었다. 보통의 못에서부터 여러 가지 제품을 만들어 냈다.

1888년에서부터 1897년까지 10년간 우리 회사의 발전상을 고찰해 보면 흥미가 있을 것으로 생각된다. 1888년 우리 회사의 투자액은 2천만 달러였으나 1897년에는 배 이상, 즉 4천5백만 달러가 되었다. 1888년의 연간 선철제조 연액 60만 톤은 3배가 되어 약 2백만 톤을 제조하였다. 1888년의 철제 및 강제의 1일 제조 기록 2천 톤은 6천 톤을 초과하게 되었다.

해탄(骸炭) 공장은 1888년에는 약 5천 개의 노(爐)를 갖추고 있었으나, 그 수는 3배로 늘어나 6천 톤은 1만 8천 톤으로 증가했다. 1897년에 있어서 우리 후리크 해탄 회사는 탄산 4만 2천 평을 소유하고 있었으나, 이것은 콘넬스빌 광맥 3분의 2에 해당한다. 그 후 10년간 산출 증가도는 그전의 10년간과 똑같은 발전이 있었으리라고 예상된다.

미국과 같이, 마치 말이 급속도로 달리는 것 같은 속도로 발달해 가는 나라에 있어서 공업회사의 발전이 중단된다는 것은 곧 쇠퇴의 의미라고 믿어도 과언이 아닐 것이다.

1톤의 강철을 만들기 위해서는 철광석 1톤 반을 채굴하여 철도로 1백 마일에 걸쳐 대호까지 운반해야 한다. 그리고 다시 수백 마일을 배에 실은 다음, 기차에 옮긴 후 150마일을 철도로 피츠버그까지 운반해야만 한다. 이러한 생산비를 들여 강제 3폰드를 2센트에 판매해도 손실이 없는 것은 참으로 이상스러운 일이었다. 나는 스스로 고백한다. 이것은 일종의 기적이라고…….

　미국은 날이 갈수록 최고가의 강철 생산국에서 최저가의 나라로 낙후되고 있었다. 벨화스트의 조선소는 이미 우리 회사의 고객이었다. 이것은 발전의 시초에 지나지 않는다. 얼마 후 미국에서도 강제의 생산이 본격화되었다. 모든 노동은 자유롭고 만족하며 열심히 한 그 공적에 따라 상당한 보수를 받게 된다. 기계 공업에 있어서 최고율의 노임처럼 사실상 염가인 것은 없다. 이 점에 있어서 미국은 세계 제일이다.

　미국의 세계 시장에 대한 장래의 경쟁상 정말로 편리한 것은 이 나라의 공업가들이 최고로 우수한 국내 생산력을 가지고 있다는 점이다. 그들은 이것으로 인해 자본의 반환을 기대할 수가 있다.

　또 잉여 생산을 유리하게 수출할 수가 있고, 그 대다수가 실비에 미치는 정도로 수출하지 않으면 손해가 된다. 최량의 국내 시장을 가지고 있는 국민은 특히 미국에서와 같이 생산품이 표준적으로 정리되어 있을 때에는 외국 생산자를 이길 수 있다.

　이런 점에서 내가 영국에서 인용한 이야기로는 '과잉의 법칙'이었다. 이것은 그 후 무역 논단의 상투어로서 일반에게 널리 사용되게 되었다.

17

홈스테드 파업

15. 결혼

16. 공장과 근로자

17. 홈스테드 파업

18. 노동 문제

19. 부(富)의 복음

나의 공업 경영 문제를 이야기함에 따라 내가 하나 남겨 놓아도 좋다고 생각하는 것이 있다. 1892년 7월 1일, 스코틀랜드의 고지 여행 중 우리 회사에서 공업사상 유일하게 중대한 노동 쟁의가 발발한 일이 있었다. 이 일이 있기 전만 해도 26년간 나는 노사 관계를 내 스스로 열심히 감시하여 왔으므로, 모든 관계가 유쾌하고 만족스러웠던 것은 내 생애의 자랑이었다.

　나는 사용자 편을 들기 위해 귀국하지 않고 홈스테드 파업 중에도 유유히 해외에 머물고 있었다. 그에 대한 비평을 근로자 휴이프트 씨가 1914년 1월 30일자 〈뉴욕 헤럴드〉지에 기고하여, 나를 위해 변명한 수고만큼의 가치가 나에게 충분히 있으면 된다고 마음먹었다. 그 취지는,

　'나는 늘 무리가 있어도 근로자 측의 요구에 응하는 경향이 있었다.'고 하는 것이었다. 그러므로 사원 중에는 내가 미국에 돌아오지 말기를 바라는 사람도 한둘은 있었다. 고용주와 고용인은 벗이라는 감정상의 문제를 중요시하지 않고, 단순하게 경제적 결과를 가지고 판단하여도 고용주를 존경하고 만족하는 근로자에게는 많은 임금을 지불하는 것은

좋은 투자이며, 또 실로 큰 배당을 만들어 내는 자라고 하여도 과언이 아니다.

　제강 공업은 베세멜 개방식 용광로의 기초적 발명에 의해서 전적으로 혁신되었다. 종래 사용했던 여러 기계는 폐물이 되어 우리 회사는 수백만 달러를 투자하여 홈스테드 제철 공장을 개축 확장했다. 신식 기계는 구식 기계에 비해 약 60퍼센트 향상된 제강 능률을 보였다. 218명 이외의 근로자, 즉 강철 1톤에 따라 약간의 임금을 받는 근로자는 3년 계약으로 노동하고, 그 마지막 해에 일부는 신식 기계를 사용하게 된다. 그러니까 계약 기간이 끝나기 전에는 근로자의 수입이 거의 60퍼센트 증가된다.

　회사는 계약의 갱신에 의해 신임금률 60퍼센트를 회사와 근로자가 절반으로 하자는 조건을 냈다. 즉, 근로자가 수입이 옛날보다는 30퍼센트가 늘고, 다른 30퍼센트는 회사의 설비에 할당하는 조건이었다. 기계의 개량으로 능률이 증가했기 때문에 근로자가 종래보다도 일을 많이 하는 것은 아니었다. 이것은 공정 관대한 것이기 때문에, 보통의 경우 같으면 근로자 쪽에서 감사해 하며 쾌히 승낙할 만한 일이다.

　그러나 당시 회사는 미국 정부를 위해 무기의 제조를 인수하였고, 인수하기에 앞서 두 번이나 사양했음에도 불구하고 국가의 위급한 상태로 어쩔 도리 없이 인수해 버린 것이다. 또 시카고 박람회에 재료 공급까지 한 사실을 노조 대표가 알아내고, 이때야말로 회사가 꼭 응낙할 것이라고 생각하여 60퍼센트 전부를 임금 증가에 충당할 것을 요구한 것이다.

　그러나 회사는 여기에 응할 수가 없어 단호하게 이것을 물리쳤다. 내가 만일 미국에 있었다고 해도 강탈적이기까지 한 그 부정 수단에 굴복한 기분은 결코 아니었으리라고 생각된다.

이때까지는 만사가 제법 순조롭게 되어 가고 있었다. 노조 측과 의견을 달리했을 때 내가 취한 방침은 인내하며 때를 기다리고, 그들과의 대화를 통하여 그 요구가 부당하다는 것을 알리긴 하지만, 결코 그것을 이유로 그들을 해고하고 새로운 직원을 입사시키려는 것은 아니었다.

홈스테드 공장의 감독은 이 쟁의에 참가하지 않은 3천 명이 그 작업을 계속할 수 있다고 제안하자, 노조 측에서는 이에 반대하여 단결하려고 했다. 그리고 노조 측은 다른 부문의 직원, 즉 노조에 가입하기를 거부하는 218명을 배척하고 싶다고 한 것이 화근이 되어 조성된 것이다. 이렇게 되니 이 조합에는 강철의 가열공과 윤전공만이 가입권을 인정받고 있는 셈이었다.

사원들이 잘못한 것은 그 노조 대표를 오해했기 때문이었다. 그는 새로 승진한 사람으로서 여러 가지 일에 경험이 없었다. 그렇기 때문에 소수 노조원의 불리한 요구와 이것을 반대하는 3천 명의 비노조원의 의견들이 그에게는 전혀 곤란한 것이 아니었다. 또한 직원들이 약속을 지킬 것이라고 믿은 것이 잘못은 아니라고 생각한다. 그 3천 명 가운데는 218명의 역할을 하고 싶다는 사람이 많다는 것이 나에게 보고되었다.

지금 돌이켜보면 공장을 개방하여 사원들이 작업을 재개하도록 사활적 수단을 취하는 것은 결코 이득 없는 것임이 분명해졌다. 회사가 노조 측에 말하고 싶은 것은 이것 외에는 없었다.

"이 노동 쟁의는 당신들끼리 해결하지 않으면 안 된다. 회사는 당신들에게 참으로 관대한 조건을 내놓고 있다. 공장은 쟁의가 해결되면 작업을 시작한다. 해결되지 않을 때까지는 시작하지 않는다. 그때까지는 너희들이 다시 작업할 수 있도록 지위를 보장한다."

그러나 3천 명의 비노조원이 218명의 노조원에 대해 자신을 보호하는 책임을 스스로 지지 않으면 안 되는 형편이었다. 그런데 이 방법을 행하지 않고 당국에 요청해서 218명에 대해 3천 명이라는 다수자를 보호하기 위한 조치를 취해 줄 것을 요구하는 것이 현명한 판단으로 생각되었다.

218명은 모두들 과격하고 싸움을 좋아하는 자들로서, 권총 등을 휴대하고 3천 명을 위협할 무기를 갖고 있었다는 것은 사건 진행에 따라 곧 밝혀졌다.

참고로 그 당시 기록해 놓았던 것을 소개하고자 한다.

'회사의 방침에 대한 내 입장은 이러하다. 직원들의 작업 중단은 그들과 격의 없이 대화하고, 그들이 다시 일을 시작하는 결단을 내릴 때까지 끈기 있게 기다리며, 결코 새로운 사람을 고용해 문제를 해결하지 않는다는 결심을 보여주는 것이다.'

훌륭한 사람, 우수한 직원들은 떠돌아다니면서 원하는 직업을 구하지 않는다. 보통 못난 사람만이 직업을 잃는 비참함을 맛보게 된다. 내가 원하는 직원은 불경기 때라도 쉽게 해고할 수 없는 사람들이다. 근대식 제강 공장의 복잡한 기계를 신참 직원들에게 처음부터 끝까지 취급하도록 할 수는 없다.

원래 노동자는 신참자를 자기들 패거리에 넣는 것을 싫어하기 때문에, 회사가 파업의 보결로써 신참자를 채용하는 문제는 신중을 기하여야 한다. 3천 명의 비노조원들처럼 오래된 직원이 신참자를 썼기 때문이었다. 이렇게 보면 책임이 비단 직원 측에만 있다고 할 수는 없는 문제였다.

그러나 내가 만일 미국에 있었더라면 공장 감독이 원했던 것처럼 종래의 근로자가 약속한 대로 작업을 재개할지 시험하기 위해서도, 공장의 작업 개시 수단에 찬성했을지 모른다. 그러나 또 사실상 사원들이 애초부터 공장을 개방하여 신규 직원을 채용하는 방침을 취할 리 없다. 사실은 그와는 반대로 종래의 직원 3천 명의 희망에 응해서 공장을 개방한 사실을 내가 도미(渡美)했을 무렵 알게 되었다.

이것이 중요한 점이다. 사원들은 공장 감독의 진언을 받아들여 그 수단을 취했다는 점에 있어서는 어쩔 수가 없었다. 신입 사원을 결코 뽑지 않고 종래의 직원이 복직하기를 기다린다는 회사의 규칙은 그때까지 한 번도 어긴 일이 없었다. 노조 측 근로자들을 향해 경찰이 발포한 후에 이루어진 공장의 재개에 관해서도 지금 돌이켜보면, 종래의 직원 측에서 복직의 결의를 보이기까지 공장을 닫아두는 것이 훨씬 이득이었다.

그런데 펜실베이니아 주지사는 8천 명의 경찰을 동원하여 이 쟁의 처리의 임무를 맡겼다.

이 곤란한 문제가 발생할 당시, 나는 스코틀랜드의 고지를 여행하고 있었다. 그래서 사건 발생 후 이틀이 지나 처음으로 그 사실을 알게 되었다. 나의 생애 중 이처럼 마음을 아프게 한 사건은 없었다. 내가 사업을 하는 과정에서도 홈스테드 사건처럼 상처가 깊게 남은 적은 없었다.

파업자들은 신식 기계를 운전하여 새 임금률을 받게 되면 구식 기계 때보다는 3할이 증액되어 하루에 4달러 내지 9달러씩 받게 될 것이다. 나는 스코틀랜드에 머무르는 동안 노조 측 임원으로부터 이런 전보를 받았다.

"친절한 주인이여, 어떻게 하면 좋은지 귀하의 의견을 알려주십시오."

이것은 참으로 사람의 마음을 움직이게 하는 전문이었다. 그러나 슬픈 것은 시기를 잃었다는 것이다. 이미 실책이 행해져서 공장은 주지사의 권한 내에 있었다. 때는 이미 늦어 버렸다.

내가 해외 여행 중에 이러한 사정을 알게 되어 매우 불쾌한 나날을 보내고 있으리라고 생각되었는지, 여러 친구들로부터 많은 위로의 편지가 왔다. 그 중에서도 구라트스턴 씨로부터 받은 편지가 가장 잊혀지지 않는다.

일반인들은 당시 내가 스코틀랜드에 머물고 있다는 것을 모르고 있었다. 또 홈스테드 사건의 발생에 대해서도 전혀 알지 못하고 있었다. 세상에 알려진 사실은 내가 경영하고 있었던 카네기 공장에서 노동자가 살해당했다는 것이다. 그것만으로도 수년간 나의 이름은 비난의 표적이 되기에 충분했다. 그러나 점차 완화되는 상태였다.

원로원 의원 핸나 씨는 국제시민연맹(National Civic Federation)의 총재였다. 이 연맹은 자본가와 근로자로 구성된 단체로, 고용주 및 사용인에게 매우 좋은 영향을 미쳤다.

당시 부총재였던 오스카 스트라우스 씨는 만찬회를 열어, 나를 초대하고 회원들을 만날 기회를 주었다. 그런데 그전에 나의 친구이고 또 클리블랜드에 있어서 우리 회사의 전 대리인이었던 동회 회원 마크 핸나 씨가 갑자기 세상을 떠났다.

시민연맹의 폐회에 임해서 스트라우스 씨는 핸나 씨의 후임자를 선정하자는 의견을 제출했다. 그는 처음부터 이 문제를 신중히 검토하여 노동단체의 의견을 타진해 보았는데, 각 분야에서 나를 적임자라고 인정하고 있다는 것이었다. 그 자리에는 근로자 측의 지도자도 몇 사람 참석하고 있었는데, 그들은 차례로 일어나서 스트라우스 씨의 의견에 찬성을 표했다.

나는 이처럼 의외의 느낌을 받아본 적이 없었다. 또 노골적으로 말하면 이때처럼 고맙게 느낀 적도 없다고 기억된다. 나는 노동자 측의 찬성이 있다면 그 지위에 취임하는 것이 가치가 있다고 스스로 느끼고 있었다. 또 자신이 노동자에게 따뜻한 사랑을 가지고 있다는 것을 인식하고 있었다. 또 우리 회사의 근로자들로부터 존경을 받고 있었던 것도 알고 있다. 그러나 홈스테드 사건으로 인해서 나는 자연히 국민들로부터 그 정반대의 평가를 받고 있는 것도 사실이었다.

세상의 평가는,

'카네기 공장은 근로자들의 정당한 월급을 지불하지 않는 카네기의 전투 기관에 지나지 않는다.'

라고 헐뜯는 사람들도 많았다.

나는 아주 곤란해졌다. 그것은 그들이 나에게 표했던 최고의 경의였다는 것을 느꼈기 때문이었다. 나는 스트라우스 댁 만찬회에 참석한 회원들에게 이렇게 큰 영광을 수락할 수 없는 이유를 설명했다.

즉, 나는 피서를 위해 한여름에 해외 여행을 떠느라고 노동쟁의가 일어났을 때 즉각 해결하지 못한 잘못이 있다고 말했다. 이때의 기회는 나의 상처 입은 마음에 좋은 약이 되었다. 나는 어쩔 수 없이,

"이번에 세상을 떠난 내 친구의 후임으로서 실행 위원에 선출된다면

그 임무를 맡는 것이 큰 영광이라고 생각합니다."
라고 말했다. 그러자 전원 일치로 나를 그 후임에 선출했다. 이와 같이 홈스테드 사건과 근로자의 살상에 대해서, 근로자들로부터 그 사건은 나의 책임이라고 인식받아 온 것을 일소할 수가 있었다.

이 설욕은 전적으로 오스카 스트라우스 씨의 덕택이었다. 그는 처음부터 노동 문제에 관한 나의 논문이나 연설 등을 읽고, 또 그것을 때로는 노동자들에게 인용하여 들려주기도 했다. 피츠버그에 와서 이 만찬회에 참석한 아멜메데트 유니온 조합의 쌍벽인 화이트 및 시에파도 역시 노동 문제에 관한 나의 이력을 조합의 노동 회원들에게 설명해 준 유력한 사람들이다.

그 후 피츠버그 도서관의 부속 회관에서 나를 환영하기 위해 직원 및 그 아내들의 모임이 열렸다. 나는 있는 힘을 다해서 연설을 했다. 그 중의 한 구절은 지금도 기억하고 있어 언제까지나 잊혀지지 않을 것 같다. 그 취지는 자본과 노동력과 고용주, 이 셋은 필요 불가결한 삼각관계로서 그 우열을 가릴 수가 없다고 이야기하였다.

연설이 끝나고 여러 사람으로부터 열렬한 박수를 받고 만사가 조용하게 끝났다. 이와 같이 직원의 아내들과 마음으로부터 화해를 이루게 되어, 나는 진실로 무거운 짐을 벗어 놓은 느낌을 갖게 되었다. 이런 일이 있기 전까지는 현장에서 수천 리 떨어져 있어도 두려운 마음에 사로잡혀 있었다.

나의 친구인 라도카스 대학 교수 존 반다니크로부터 들은 홈스테드 사건과 관련된 숨은 이야기를 여기에 옮겨보고자 한다.

1900년 봄, 나는 소라 산중에서 일주일 간 수렵을 할 생각으로, 캘리포니아만 두코에메스에서 라라노리아 바데의 한 친구가 조용히 살고 있는 목장에 갔다. 목장은 실제 얘기와는 반대로 멀리 떨어진 벽지였기 때문에, 소수의 야생적인 토인 이외의 문명인과 해후하리라고는 생각조차 하지 않았는데, 뜻밖에도 영어를 마음대로 구사하는 사람을 발견했다.

그는 틀림없이 미국인이었다. 무엇 때문에 여기에 왔느냐고 물었을 때, 그는 적적하게 지내고 있었기 때문인지 자기가 먼저 스스럼없이 이야기를 했다. 그의 이름은 마쿠라키라고 하였다.

1892년까지 그는 홈스테드의 카네기 제강 공장에 고용된 숙련 노동자였다. 그는 반장쯤 되는 고급 직원으로서 거액의 임금을 받고 있었고, 그 무렵 아내와 같이 일가를 이루어 비교적 많은 재산도 소유하고 있었다고 한다. 그리고 마을에서도 존경을 받는 사람이었다.

1892년 파업이 일어나자, 마쿠라키는 자연 파업 측에 가담하여 반장의 자격으로 공장 보호와 질서 유지를 목적으로 핑카톤 형사, 탐정 등을 체포하라는 명령을 내렸다. 그는 이러한 행동에 충분한 이유가 있다고 스스로 믿고 있었다. 그의 설명에 의하면, 탐정 등은 무장하여 그의 행정 구역에 침입한 자로서 핑카톤은 이들을 대표하여 무기를 압수시킬 수 있는 권한이 있었다고 한다. 이 명령은 급기야 유혈 사태를 야기시켜 쟁의가 진짜 피싸움으로 확대되기에 이르렀다.

물론 이 파업의 전말은 세상에서 알고 있는 바와 같다. 파업 측은 결국 실패했다. 마쿠라키는 살인·소요·좌경 및 기타 알지도 못하는 몇 가지의 범죄가 있다고 기소되었다. 그는 공장에서 도망쳐 나올 수밖에 없는 운명에 처했다.

부상으로 몸이 괴로웠고 허덕이면서 경찰에 쫓기게 되니 있는 힘을 다해서 숨을 수밖에 없었다. 또 미국 제강업자 간에도 그가 요주의 인물이라고 인식되어 취직시켜 줄 리도 없었다.

수중에 갖고 있는 돈도 없고, 아내도 죽어 가정은 파멸해 버리고 말았다. 이와 같이 시련에 겹친 고난과 비운 때문에 그는 멕시코로 가기로 결심했다. 내가 그와 만났을 때는 라라노리아 바데에서 15마일 떨어진 광산에서 일하고 있었다. 그러고 보니 멕시코의 광업가들은 아주 낮은 미숙련 노동자를 최저 임금으로 고용하면 된다고 생각하고 있었기 때문에, 마쿠라키와 같은 우수한 노동자는 과분했다.

그는 일할 곳도 없고 돈도 없는 비운에 빠졌다. 나는 이 비참한 이야기를 듣고 그가 몹시 불쌍하게 느껴졌다. 특히 그가 자기의 어려움에 대해 조금도 입 밖에 내놓지 않는 것에 더욱 감명받았다.

나는 홈스테드 파업 후 얼마 되지 않아 카네기 씨와 알게 되어 그를 만나러 스코틀랜드의 쿠루니 씨와 같이 갔었으나, 그때는 이 이야기를 카네기 씨에게 하지 않았다. 또 카네기 씨로부터 들은 바도 없다.

그러나 마쿠라키는 카네기 씨가 안테 현장에 있었더라면 어려움은 일어나지 않았을 것이라고 몇 번이고 되풀이했다. 그는 될 수 있는 한 카네기 씨를 비난하지 않으려고 주의하는 모습이었다고 한다. 그가 안테에 있었더라면 자신들과 가깝게 지냈을 것인데, 사원 가운데 몇 사람 때문에 사이가 벌어졌다고 생각하는 것 같았다.

나는 목장에 일주일 동안 머물면서 밤중에는 마쿠라키의 인품을 신중히 관찰했다. 그리고 이곳을 떠나는 즉시, 애리조나의 마크손으로 가서 카네기 씨에게 편지를 낼 기회를 얻었다. 편지에는 마쿠라키와 만났던 것을 이야기했다. 또 그 사람에 대해서 내 마음에 걸리는 것을 써서 보냈다. 카네기 씨는 즉시 회답을 보내왔고, 그 편지의 끝에다,

'마쿠라키에게 쓸 만큼 돈을 주도록 하게. 그리고 내 이름은 말하지 말고.'

라고 씌어 있었다. 나는 즉시 마쿠라키에게 편지를 내고, 돈은 얼마든지 주겠다고 했다. 액수는 말하지 않고, 그냥 재기의 자본이 될 만큼의 충분한 액수를 알려주는 말을 했다. 그러나 그는 사양했다. 언제까지라도 혼자의 힘으로 이루겠다고 했다. 이것이 즉 참된 미국의 얼이라고 하는 취지의 회답이었다. 나는 그의 정신을 칭찬하지 않을 수가 없었다.

지금 생각난 일인데, 그 후 그에 대한 이야기를 친구인 소노라 철도의 총지배인 노구루 씨에게 말했다. 어쨌든 마쿠라키는 그 철도회사에서 우물 파는 작업을 맡아 크게 성공했다. 1년 후, 아마 그 해의 가을로 생각된다. 나는 코에마스에서 마쿠라키와 다시 만났다. 그는 그곳에서 철도공장의 기계 수선 공사를 감독하고 있었다.

그는 이전에 비해 아주 힘있어 보이고, 또 유쾌하게 보였다. 멕시코 여자와 재혼하여 가정의 즐거움까지 맛보고 있는 듯 대단히 만족한 표정이었다. 이제 그에게 일신상의 어두운 구름이 가셨기 때문에, 옛날 돈을 보내겠다던 사람을 밝혀서 그가 한때 투쟁한 상대방을 부당하게 생각하지 않도록 하고 싶었다.

그래서 헤어지기 전에 나는 그에게 말했다.

"마쿠라키, 내가 주고 싶다고 했던 돈은 내 것이 아님을 알아주게.

그것은 앤드류 카네기 씨의 돈으로서 내 손으로 자네에게 주었으면 좋겠다고 했던 것이네."

나의 말은 들은 마쿠라키는 눈을 동그랗게 뜨고는 몹시 놀라는 표정이었다.

"훌륭한 카네기 씨군."

나는 이 마쿠라키의 아름답고 용기 있는 경험을 지표로 해서 이 세상을 시험해 보고 싶은 마음이다. 그리고 나는 마쿠라키가 선인(善人)이 되리라는 것을 잘 알고 있었다.

홈스테드의 마쿠라키 소유 재산은 3만 달러에 달했다고 한다. 그는 반장 겸 홈스테드 남자 위원회 의장직에 있으면서도 경관에게 발포했다는 혐의로 영장이 집행되어, 어쩔 수 없이 도망칠 수밖에 없었던 것이다.

18

노동 문제

16. 공장과 근로자

17. 홈스테드 파업

18. 노동 문제

19. 부(富)의 복음

20. 교육 기금

내가 경험한 노동 쟁의의 한 예가 노사 양쪽에 교훈적인 자료가 될 것 같아 여기에 소개하고자 한다.

언젠가 우리 회사 강철 레일 공장의 용광로를 담당하는 직원이 유인물을 돌리며 회사가 월요일 오후 4시까지 임금을 올리지 않으면 일동은 사직하겠다고 표명했었다.

직원들과 계약한 임금률은 연말까지의 기한으로 되었다. 이 일은 그로부터 수개월 전에 있었던 일이다. 이 행동에 나는 일단 맺은 계약을 깨고 두 번째의 계약을 해도 아무 소용이 없으리라 생각했다. 어쨌든 나는 뉴욕에서 밤차를 타고 다음날 아침 일찍 피츠버그에 도착했다.

나는 공장 감독에게 명령하여 공장의 세 위원회 회원 전부, 즉 파업에 가담한 용광로부 위원만이 아니라, 윤전부 및 제작부의 위원들까지도 소집하였다. 그들은 소집에 모두 응했다. 물론 나는 그들과 부딪치기도 했지만, 따뜻한 대화가 가장 훌륭한 방법이라고 여겼다.

그래서 나는 노동자들과 면담하는 것을 늘 즐겁게 여겼다. 나는 노동자를 깊이 이해하면 이해하는 만큼 그들이 지닌 덕을 존중하게 된다는 사실을 고백하지 않을 수 없다.

노동자에게는 그들만의 어려움이 있다. 가난해서 배우지도 못했다. 우리들은 그것을 존중하지 않으면 안 된다. 어려움의 근본은 무지이지, 적개심은 아니다. 위원들은 반원형으로 내 앞에 앉았다. 그들은 모두 모자를 벗고 있었다. 물론 나도 모자를 벗었다. 참으로 모범적인 회의 체제를 갖추었다.

나는 윤전 위원장에게 먼저 질문을 던졌다.

"막케 씨, 연말까지가 당신과의 계약 기간이 아닙니까?"

하는 말에 대해 그는 이렇게 대답했다.

"카네기 씨, 계약은 그렇습니다. 그러나 회사 측의 수익은 또 우리들의 계약을 파기시킬 정도로 올라가지 않았습니까?"

"그것만이 진실로 미국 근로자가 말할 수 있는 것입니다. 당신과 같은 인물이 있다는 것은 나의 명예에 속합니다."

라고 나는 말했다.

"존슨(레일 제작위원장) 씨에게도 똑같은 계약이 있다고 생각되는데요?"

아주 야윈 존슨은 단정한 태도로 대답하기를,

"카네기 씨, 계약에 서명을 요구받았을 때는 꼭 주의하면서 그것을 읽습니다. 그러나 마음에 들지 않으면 서명하지 않습니다. 물론 마음에 들면 서명을 합니다. 서명한 이상 그것은 꼭 지킵니다."

"자존심이 있는 미국 노동자의 발언을 지금 들었습니다."

하고 나는 말했다.

용광로부 위원 케리를 향해 나는 똑같은 질문을 던졌다.

"케리 씨, 당신 쪽에서도 금년 동안 계약이 남아 있지 않습니까?"

케리는 기억하고 있지 않다고 대답했다. 언젠가 서류가 와서 서명은 했으나 충분히 읽지 않았기 때문에 무엇이 씌어 있는지 알지 못한다고 변명하였다. 이때 공장 경영에는 좀 뛰어나긴 하나 성질이 급한 공장 감독 존스가 고함을 질렀다.

"가만 있어 봐, 케리. 내가 저 서류를 두 번이나 자네에게 읽어주고 자네와 충분히 의논하지 않았나?"

"존슨 씨, 케리는 설명할 권리를 가지고 있습니다. 나도 서류를 읽지 않고 서명하는 일이 가끔 있습니다. 법률 고문이나 사원들로부터 요구해 오는 서류에는 그런 것이 많이 있습니다. 케리 씨는 그와 비슷한 사정에서 그 계약서에 서명했다고 봅니다. 그러니 그의 말을 듣지 않을 수 없습니다. 그러나 케리 씨, 나의 생각으로는 부주의로 서명한 계약서라고 해도 그 조항을 일단 이행하고 다음 계약에는 신중하게 서명하는 것이 최선의 방법이라고 생각합니다. 이 계약으로 이미 4개월을 일했으니, 만일 다음 계약을 맺을 때는 잘 알아서 서명을 한다면 여러 사람을 위하는 것이 아니겠습니까?"

여기에 대해서 그는 아무 대답도 하지 않았다. 나는 일어서며 말했다.

"용광로부 위원 여러분, 여러분은 계약의 파기를 주장하고 금일 오후 4시까지 회사가 여러분의 요구를 들어주지 않고 대답이 없을 때에는, 여러분은 용광로에서 물러나 파업을 해야 한다고 회사를 위협하고 있습니다. 아직 3시도 되지 않았으나, 여러분이 요구하는 것에 대한 회사의 대답은 즉시 해드릴 수 있습니다. 물러서려면 물러서도 좋습니다. 용광로의 주위에 일이 쌓이는 한이 있어도 회사는 결코 여러분의 위협에는 굴복하지 않겠습니다. 노동자 스스로 계약을 깨고 자기의 자존심을 잃어버리는 날에는 노동사상 최악의 기록을 만드는 것입니다. 여러분의 요구에 대한 회사의 대답은 바로 이것입니다."

회의는 이것으로 끝났다. 사원들은 무겁게 침묵을 지키고 있었다. 그때 국외자가 도중에 위원들을 만났을 때, 이러한 이야기를 들려주었다.

"내가 들어왔을 때, 안경을 걸친 케리라는 아일랜드인이 다가서면서 이렇게 말하더군요. '이 사람들아! 나중에 알겠지만 지금 알아두는 것도 좋겠네. 이 공장에 서로 손해가 되는 행동을 해서는 안 되겠어'라고요."

나중에 내 측근 한 사람이 용광로 담당자들에게 동태를 들은 바에 의하면, 케리와 그 위원들은 직원이 모여 있는 곳으로 갔다. 물론 직원들은 위원들이 오기를 기다리고 있었다. 용광로부까지 모두가 모였을 때 케리는 큰 소리로 외쳤다고 한다.

"일하자. 배신자들아, 무엇을 하고 있나? 위원의 대표가 지금 티협을 했다. 나는 싸우게 되면 최후까지 싸우는 사람이지만, 이제 싸우지 않겠다. 일을 하자, 이 배신자들아."

아일랜드와 스코틀랜드의 혼혈아는 어떻게 보면 아주 별종인 듯 보이지만, 그것을 극복하고 마음을 알게 되면 일을 함께 하는 데 아무 장애가 없는 참되고 좋은 반려자가 된다. 케리도 그 후 나의 충실한 친구가 되어 나를 존경하고 있었으나, 그전까지만 해도 공장의 제일 난폭한 직원 중 한 사람이었다. 내가 경험한 바에 의하면, 노동자의 대부분은 무엇인가 문제가 일어나면 그 지도자와 함께 단결하지만, 그 밖에는 늘 올바른 정신을 지니고 있다.

가령 길을 잘못 들었을 때에도 그들은 지도자에게 충성을 다하는 훌륭한 예가 되었다. 가슴 한쪽에 성실한 마음이 있는 사람이면 어떠한 큰일이라도 성취할 수 있기 때문에, 문제는 그들을 공정하게 취급하는 데 있다.

우리 회사의 강철 레일 공장에서 파업의 계획이 깨진 재미있는 실례가 하나 있다. 이때도 한 부분의 직원 134명은 동지로서 단결해서 연말까지 수개월 남았는데, 그 해 연말까지 꼭 임금을 인상하라는 비밀 서약을 받아 놓는 서명 운동이 있었다.

그러나 신년이 되어 보니, 아주 심한 불경기로 전국에 있는 다른 철강 공업자들은 모두가 임금을 내리기로 단행했다. 그럼에도 불구하고 비밀 서약을 한 사람들은 임금을 올려주지 않으면 일을 하지 않겠다고 결심한 이상 꼭 그 요구를 관철하지 않으면 안 된다고 생각하고 있었다.

우리 회사에서는 경쟁 회사가 임금을 인하하고 있는 마당에 그들의 요구에 도저히 응할 수가 없었다. 그럼에도 직원들은 파업을 해버렸다. 이 파업 때문에 공장의 다른 부서도 영향을 받아 용광로부까지 계약 기간 며칠 전에 파업을 하여 나는 아주 심한 곤경에 빠졌다.

나는 피츠버그로 가서 용광로 작업조차 계약 조건을 위반하며 작업을 중단하고 있음을 발견하고는 놀라지 않을 수 없었다. 나는 피츠버그에 도착하여 이튿날 아침 직원들과 회견할 생각이었다. 그러나 공장 직원으로부터 전해 온 말은, 그들은 이미 용광로에서 물러났기 때문에 내일이 아니면 안 되겠다는 것이었다.

그래서 내가 답하였다.

"묘한 짓을 하는군. 아니, 내일 나와 만나자는 것인가? 그것은 안 되지요. 나는 내일 이곳에 없다고 그들에게 전해주시오. 누구든지 작업을 쉬는 것은 괜찮지만, 곤란한 것은 그것을 다시 시작하는 것이오. 언젠가는 그들은 꼭 작업이 시작되기를 바랄 때가 있을 것이오. 그들은 어쨌든 누가 그것을 시작하여 줄지 찾아다닐 것이오. 그때라도 나는 생산가격에 응하여 증감하는 평균 임금률을 정하는 조건이 아니면 결코 작업을 개시하지 않겠소. 그 임금률은 3년간 계속될 것으로 그들의 제안을 허락하지 않을 것이오. 종래 그들이 가끔 임금 인상을 요구해 왔으나 금년은 회사가 제출하는 것이 당연한 순서로 회사에서 임금률을 제출하겠소."

내가 사원들에게 알려준 결론은 이것이었다.

"나는 오늘 오후 뉴욕에 들어가기 때문에 이 이상은 일이 되지 않겠소."

이러한 대답이 직원들에게 전해지자 어느새 그들은 내가 출발하기 전에 면회가 될 것인지를 물었다. 나는 물론 면회가 된다고 대답하였다.

나는 그들에게 말했다.

"여러분, 여러분의 위원장인 펜네트는 여러분에게 내가 언제나 하는 것처럼 꼭 나와서 무엇인가 여러분과 협정한다는 것을 보증했으리라고 봅니다. 그것은 진심입니다. 위원장이, 나는 다투지 않는 사람이라고 여러분에게 말하는 것이 진실입니다. 위원장은 진실한 예언자이지만 그밖에 무엇인가 이야기한 것이 있는 것 같은데, 그것은 조금 틀린 것 같습니다. 그는 내가 싸울 수가 없다고 말하였습니다. 여러분, 그는 내가 스코틀랜드의 남자라는 것을 잊어버리고 있습니다. 나는 결코 여러분과 싸우지 않겠습니다. 근로자와 싸우기보다는 더 나은 방법을 찾겠습니다. 무릎을 맞대고 담판 짓는 일이라면 어떤 위원회에게도 지지 않을 자신이 있습니다. 지금 나는 그 담판에 임하려 합니다. 이 공장은 근로자 측 3분의 2의 다수로 작업 개시를 표결하기까지는 어떤 경우에도 개시하지 않겠습니다. 그렇게 개시할 때는 오늘 아침, 여러분에게 전한 회사 제출의 평균 임금률도 개시합니다. 나는 이 이상 말할 것이 없습니다."

그들은 물러났다. 그로부터 2주일쯤 지나서 내가 있는 뉴욕 도서실로 점심을 배달하는 사람이 명함을 가지고 왔다. 그 명함에는 우리 회사 직원 두 사람의 이름과 목사의 이름이 적혀 있었다. 그들은 피츠버그로부터 나를 면회하러 온 사람들이었다. 나는 심부름꾼에게 말하였다.

"손님 중에 용광로 담당자로 계약을 파기하고 작업을 중단한 사람이 있는지 물어보도록 해라."

그런 사람이 없다고 대답했기 때문에, 나는 순수한 온정과 조심성을 가지고 그들을 맞이했다. 우리는 자리에 앉자마자 뉴욕의 이야기로 꽃을 피웠다.

목사가 입을 열었다.

"카네기 씨, 실은 공장의 분쟁 때문에 왔습니다."

"아, 그렇습니까? 근로자들이 투표를 했습니까?"

"아닙니다."

하고 그는 대답했다. 나는 잠깐 당황했다.

"그렇다면 나는 그 문제를 더이상 이야기하고 싶지 않습니다."

작업 개시의 결의는 엄연히 3분의 2의 다수로 해결하기까지는 상담조차 하지 않겠다고 나는 선언했었다.

"여러분은 아직 뉴욕을 구경하지 못했다고 하니 지금부터 같이 나가 구경하고 나서 1시 반에 여기로 돌아와 점심이나 합시다."

좀 서먹해진 분위기를 바꾸기 위해 여러 가지 이야기를 했으나, 그들이 희망하는 것에 대해서는 이야기하지 않았다. 그러나 그들은 즐겁게 점심을 먹었으리라고 생각된다.

미국의 근로자와 외국의 근로자 사이에는 하나의 큰 차이가 있다. 미국의 근로자는 인격자이다. 그들이 다른 사람과 함께 할 때는 태어날 때부터 갖는 신사다운 행동을 취한다. 그들은 실로 훌륭한 사람들이었다.

공장 이야기는 하지 않고 그들은 피츠버그로 돌아갔지만, 그 후 얼마 되지 않아 근로자들의 투표가 있었다. 작업 개시에 반대한 근로자들은 극소수였다. 나는 다시 피츠버그에 가서 근로자들의 위원회에 임금률을 제시했다.

그것은 생산 시가에 의한 평균치로 진심으로 노사 양측을 공동 경영자로 인정하며, 근로자가 회사와 생사고락을 함께 하는 고안이었다. 물론 근로자들은 생활 보장을 위해 그 이하로 임금률이 내려가지 않는 최저 하한선으로 제시했다. 그들은 이 임금표를 전에 본 적이 있었기 때문에 재조정할 필요가 없었다.

"카네기 씨, 우리들은 어떤 조건에도 응할 각오입니다. 그러나 한 가지 조건이 있습니다. 그것만은 들어주십시오."

위원장은 굳은 결심을 펼쳐 보이기라도 하듯 강경한 태도로 말했다.

"그 조건이 정당한 요구 사항이면 얼마든지 들어주지요."

"그것은 이 계약서에다 직종 대신 조합의 인원이 기명하는 것으로 허락해 주셨으면 하고요."

"그것은 좋습니다. 기쁘게 받아들이겠습니다. 그러면 나도 작은 희망이 있습니다. 내가 여러분의 희망을 들어준 것처럼 여러분도 나의 희망을 들어주기 바랍니다. 내 마음에 만족을 주기 위해 임원이 기명한 뒤에 근로자들도 각자 스스로 기명해 주기 바랍니다."

3년간 계속되는 이 임금률을 몇 사람이 단결했다고 하여 조합장이 대표할 수 있는 권리는 없다고 말할지 모르겠으나, 근로자 한 사람 한 사람이 기명해 놓는다면 어떤 오해도 일어나지 않음을 펜네트 군이 설명했다. 그러자 얼마간 말이 없던 펜네트 측에 있던 남자가 중얼거렸다.

"큰일났다. 소동이 시작되었다."

그러나 이것은 직접 공격이 아닌 측면 공격에 불과했다. 내가 조합의 임원에 기명을 허락하지 않는다면 대화는 결렬되어 또다시 파업의 구실이 된다. 그것을 허락한다면 자유 독립의 미국 시민이 각자에게 기명해야 하는 극히 단순한 요구를 거절하는 것이 된다. 나의 기억에 의하면, 실제 조합의 임원은 기명만 하면 될 것인데 그렇게 하지 않았다.

기명하겠다는 근로자들이 나타났으므로 임원이 기명할 이유는 없어졌다. 이것으로 노동자들이 그 임금률이 실시되면 조합은 아무런 힘도 가지고 있지 않음을 알고 있기에 조합비를 내지 않고 조합에서 점점 탈퇴하게 되었다. 그 후 조합의 소식은 끊기고 말았다. 이것은 1889년의 일로 지금으로부터 27년 전이다. 이때의 임금률은 지금까지 계속되고 있다.

근로자들이 변해도 이것만은 변하면 안 된다. 내가 말한 대로 이 임금률은 그들의 이익분으로 되어 있는 것이다.

내가 노동자를 위해서 가장 잘 했다고 생각하는 것은 평균 임금률의 창설을 조정했으나 이것은 노사 쌍방이 건실한 공동 경영자로서 사업의 성쇠와 운명을 같이하여 노사 문제의 해결책이 되었다.

왕년에 피츠버그 지방에서 1년이라는 기간을 정해 놓고 임금률이 행해졌으나, 이것은 노동자와 고용주 사이에 대립의 불씨가 되었다. 그것보다는 쌍방에서 별도로 기한을 정하지 않고 임금률을 협정하는 쪽이 훨씬 좋다. 반 년 혹은 1년 전의 규정 사항을 설정하여 개정의 여지를 남겨두면 몇 년간 동일한 임금률을 유지할 수가 있다. 노동 대 자본의 분쟁이 작은 일에 의해 좌우된다는 것은 다음의 두 가지의 사건을 보면 자세히 알 수 있다.

어느 날 회사 측에서 부당한 요구를 했다고 생각되어 근로자들의 모임에 참석한 일이 있었다.

나는 오랫동안 그들을 알아왔기 때문에 이름을 외우고 있다.

물론 그들과의 회견은 우호적인 기분으로 시작되었다. 회견장은 책상에 둘러앉는 곳이어서 대표자의 자리가 한 모서리에 있고 내 자리도 반대편 모서리에 있었기 때문에, 두 사람은 서로 얼굴을 마주볼 수가 있었다. 내가 문제를 내놓았을 때 대표자는 일어섰다. 그리고 모자를 쓰는 것을 나는 보았다. 이것은 퇴장을 암시한 것이다.

내가 취해야 할 좋은 기회는 여기에 있었다.

"이보시오, 이 자리는 공적인 회합이오. 그 모자를 벗든지, 퇴장하든지 어느 한쪽을 택하시오."

나는 그를 똑바로 쳐다보았다. 그때의 분위기는 물을 끼얹은 것처럼 아주 조용했다. 대표자는 주저하다가 내가 그에게 한 말에 대해 아주 당황하는 얼굴이었다. 그가 만약 퇴장하려고 모자를 썼다면 자리를 함께 한 사람들에게 무례한 짓이 되고, 만약 다시 모자를 벗고 자리에 앉는다면 나의 힐책에 마치 전쟁에서 철모를 벗는 것과 같은 육중함을 느낄 것이다. 그는 이 중 어느 것도 취할 수 없어 자신의 입장을 어떻게 취해야 할지 난감해 했다.

그는 할 수 없이 내 말에 항복하였다. 천천히 모자를 벗어 책상 위에 놓았다. 그리고 회의 진행 중 한 마디도 하지 않았다. 나중에 그의 말을 들어보니 그는 어쩔 수 없이 이곳을 떠나 버렸다고 했다. 그러나 동석했던 사람들은 이때의 일을 유쾌하게 생각하는 듯했으므로 협정은 조화롭게 진행했다.

3년 임금률이 근로자들에게 제안되었을 때, 그들은 16명의 위원을 선정하여 회사 측과 교섭토록 했다. 이야기가 처음부터 진전이 없고 제자리를 맴돌게 되자, 나는 약속이 있어 다음날 꼭 뉴욕에 돌아가지 않으면 안 된다고 설명했다.

근로자들은 16명의 위원 외에 다른 사람을 더해 32명으로 위원회를 조직하여 절충시키는 것은 어떻겠느냐고 제안해 왔다. 이것은 그들끼리의 분열을 보여주는 뚜렷한 증거였다. 물론 회사 측에서는 승낙했다. 위원들은 피츠버그에 사무실이 있어서 나와 회담을 위해 공장으로 왔다. 의장은 근로자들 사이에서 훌륭한 인물로 평판이 높은 피리 에드워드였으며, 그의 사회로 시작되었다.

그의 의견으로 제안된 금액은 공정하긴 하나, 임금률이 평형을 이루지 못하고 있기 때문에 한 부문에서는 문제가 없으나 다른 부문의 대우가 공정하지 못하다고 했다. 근로자들의 대다수는 자연적으로 이와 같은 의견에 동의했으며, 임금률이 아주 낮게 책정될 것 같으면 서로 다른 의견이 나왔다. 각 부문의 근로자들 가운데 누구 한 사람도 이와 같은 의견을 좋다고 할 사람은 없었다.

피리의장은 협상이 지지부진해지자 피곤한 듯 천천히 말을 시작했다.

"카네기 씨, 우리들은 1톤당 전액이 공정하다는 데에는 반대의 의견이 없습니다. 그러나 그 분배가 적당하지 않다고 생각합니다."

그 말은 마치 '당신이 나의 직업을 한번 빼앗아 보십시오' 하는 식의 건방진 말투였다. 나는 큰 소리로,

"피리 군, 잠자코 있게. '카네기 씨, 나의 직업을 빼앗아 주십시오'라는 듯한 자네 말투는 무슨 뜻인가? 카네기는 근로자들의 직업을 뺏는 사람이 아니야. 근로자들의 직업을 뺏는 것은 고급 근로자 사회에 있어서 용서 못 받을 죄악이란 말이야."

하고 말했다. 그러자 일동은 모두 크게 웃었다. 이 웃음은 내게 갈채를 보내는 박수의 의미였다. 나도 여러 사람의 웃음에 따라 빙그레 웃고 말았다.

이것으로 인해 피리도 그 당당하던 기세가 한풀 꺾이고, 이 제의도 즉시 해결되었다.

근로자의 문제는 단순히 돈 때문만이 아니다. 또 돈은 주요 문제가 아닐 때도 종종 있다. 그래서 감동, 인간적인 대우, 공정한 취급 등이 근로자에게 가끔 훌륭한 감화를 주는 것이다.

고용주는 거의 돈을 쓰지 않고 근로자들을 위해 많은 일을 할 수가 있다. 어느 회합에서, 내가 무엇을 하면 그들에게 제일 도움이 되겠는지를 물었을 때, 피리 에드워드가 일어나서 말했다. 근로자들의 대다수

는 월급으로 지불받기 때문에 상점에 외상이 생긴다고 했다.

"나는 계획성이 있는 좋은 안건을 가지고 있습니다. 우리들은 매월 네 번째 토요일 오후 피츠버그에 나가 다음 달 분의 물건을 한꺼번에 모두 사들이고 수입의 3분의 1은 저축합니다. 그러나 우리 근로자들 중에는 이렇게 하지 못하는 자가 많습니다. 이곳 상점은 모든 것이 비싸고, 거기에다 석탄은 더욱 비쌉니다. 회사가 월 지불을 하지 않고 2주일 단위로 지불해 준다면 계획성 있는 근로자에게는 임금 1할 이상의 증액을 하여 주는 것과 같은 결과가 될 것입니다."

"에드워드 군, 앞으로는 자네가 말하는 대로 하겠네."
하고 나는 대답했다.

이것을 실행하는 데는 잡무가 많아지고 경리도 늘리지 않을 수 없었다. 그러나 그것이야말로 아주 사소한 일이었다. 그리고 물건이 비싸다는 말을 듣고는 노동자들을 위한 소비조합 판매점을 설치할 것을 생각했다. 이 고안은 나중에 실현되었다. 그러나 회사에서 그 건물의 임대료를 지급할 생각도 있었으나 물품을 조사하고 상점을 경영하는 것은 근로자들의 책임이라는 것을 주지시켰다.

브라츠토크 소비조합의 시작은 이러했다. 이것을 유익한 조직이라고 인식하는 많은 이유가 또 있었다. 어떤 사업에 곤란한 문제가 있다는 것을 근로자들에게 가르쳐 준 것은 썩 바람직한 일이었다.

석탄 구입에 대한 어려움을 해결해 주기 위해 회사는 싼 가격으로 근로자 모두에게 제공해 주었다. 석탄 장수로부터 직접 사게 되면 이 금액의 배를 더 지불하지 않으면 안 된다. 또한 각 근로자들의 거처까지 옮겨주었으므로 사는 사람은 배달료만 지급하면 되었다.

거기에다 또 하나의 어려움이 있었다. 총명한데다 알뜰한 근로자들은 은행을 믿지 않고 있다. 불행하게도 미국 정부는 우편 저금제도를 설치한 영국 정부의 모범을 따르지 않았기 때문에, 노동자들이 그 저축액을 걱정하는 것을 알 수가 있었다.

그래서 회사는 근로 저축 장려를 위해 각 근로자들이 2천만 달러를 예치하면 6분의 2씩 이자를 주는 조건을 만들어 냈다. 그들의 저금은 사업 자금과는 별도의 계정으로 신탁 자금으로 쓰고, 주택 건축 등의 희망자에게 대부해 주었다. 나는 이것이 저축하는 근로자를 위해 제일 좋은 방법의 하나라고 생각했다.

사실상 이러한 특전은 경제적 입장에서 생각해 보면 회사로서는 유익한 일이었다.

휩프스 씨가 말한 것처럼 내 동료 사원 중 두 사람은,

"무리하는 한이 있어도 늘 근로자의 요구에 응하는 것이 자네의 행동 방침이었다는 것을 알고 있네."

라고 하였다. 이 점에 있어서 나의 좋지 않았던 일들을 회상해 보면, 오히려 그 경향이 더 많았으면 하는 생각이 든다. 근로자의 신뢰를 얻는 것처럼 유익한 투자는 없다.

이 방침은 어느새 우수한 실적을 나타내고, 우리 회사에 모인 근로자들에게 천하에 무서운 적이 없다는 듯 일치단결하는 아주 좋은 그룹을 만들었다고 나는 믿고 있다. 즉, 근로자로서도 인간으로서도 훌륭한 그룹의 일원이 된 것이다. 우리 회사에서는 분쟁이나 파업 등은 과거의 역사가 되었다.

홈스테드의 노동자들이 외부에서 모집해 채우지 않고 안에서 키워

낸 노동자였다면 1892년의 소동은 일어나지 않았을 것이라고 생각된다. 1889년에 처음으로 실시한 강철 레일 공장 임금률은 현재(1914년)까지 계속되고 있고, 나는 그 후 노동분쟁 같은 것이 결코 일어나지 않았으리라고 생각한다.

앞에서 지적한 것처럼 노동자들은 3년 계약을 한 이상 노동조합에 회비를 지불할 필요가 없기 때문에 조합을 해산해 버렸다. 노동조합은 해산했으나 이것보다 뛰어난 별도의 조합, 즉 고용주와 근로자 간의 협조적인 조합이 생기게 되었다. 이것은 쌍방에 있어서 어디에 비해도 훌륭한 조합이었다.

모든 고용주는 그 근로자가 만족한 수입을 얻으면서 사업에 종사하는 것을 볼 때처럼 참으로 기쁠 때가 없다고 본다. 평균 임금률은 회사로서도 시장의 변화에 순응하는 것이었고, 또 때로는 주문을 받아 공장을 계속 가동하는 방침도 취할 수가 있었다.

이것만은 근로자에게 있어서 썩 잘된 것이다. 높은 임금이 기분 좋은 것은 틀림없다. 열심히 일한 만큼의 대가를 받는 즐거움은 크다. 나의 의견으로는 에드가 톰슨 공장은 노사 협조에 있어서는 이상적이었다.

들은 바에 의하면, 노동계 일반에게는 작업 시간 3분설보다는 2분설에 기울어지고 있는 것 같다. 장래는 꼭 3분설이 승리를 얻을 것이라고 생각한다.

시대의 발전에 따라 노동 시간은 단축된다. 8시간제가 원칙이 될 것이다. 즉, 8시간 일하고, 8시간 잠자고, 8시간은 휴식과 오락으로 충당된다.

나의 실업 생활 가운데 노동분쟁은 단순한 임금 문제에서만 기인하지 않는다는 것을 입증하는 몇 가지의 실례가 있다. 쟁의를 없애는 참으로 유효한 예방법은 근로자에게 적당하게 존경을 표시하고, 늘 기쁨과 슬픔을 그들과 함께 하는 것이다.

이것으로 그들에 대한 진실한 배려와 그들의 성공에 대한 기쁨을 나타내고, 그러면서도 어려운 문제를 타결하는 자세로 나가야만 한다. 나는 위선 없이 나의 마음을 고백하고, 늘 근로자들과 회담하는 것을 기쁘게 생각했다. 그것은 꼭 임금 문제에 관한 일만은 아니었다.

또 그들을 깊이 아는 만큼 나는 그들을 사랑하게 되었다. 그들은 대체로 고용주의 선행 하나에 대하여 두 개의 선행을 행한다. 그들은 친구·동료 사이에 관용의 덕을 보여주는 것이다.

노동은 자본에 대해 무력하다. 자본가는 최후의 수단으로써 대체로 공장의 문을 닫아 버리고 잠시 이윤을 취하지 않기로 결심해 버리면 된다. 그래도 그들의 습관·식사·복장·오락 등에는 아무런 변화가 없다. 그들에게는 가난에 대한 고통은 조금도 없다.

이에 반해 자본가에게 고용되었던 노동자의 상황은 어떨까? 돈은 나날이 줄어들어 그들에게는 생계에 대한 커다란 고통을 가져다 준다. 인생의 위안이라고는 아무것도 없다. 처자의 건강에 필요한 것조차 없을 정도로, 병에 걸린 아이가 있어도 적당한 보호를 받을 수가 없다. 그래서 우리들이 보호해야 할 것은 자본이 아니고 생산의 주체인 노동자인 것이다.

내일이라도 내가 실업계에 복귀할 것 같으면 노동분쟁으로 인한 번민보다는 오히려 빈궁에 대한 해결책이나, 마음은 바른데 타인에게 오해받는 근로자에 대한 온정 등이 나의 임무로 생각되어 노사간의 관계를 부드럽게 만들 것이다. 나의 마음을 부드럽게 함은 곧 그들의 마음을 부드럽게 하는 결과가 될 것이다.

1892년 홈스테드 사건 후, 나는 피츠버그로 돌아와서 공장을 시찰하였다. 그 소동에 가세하지 않았던 근로자들이 많이 면회하러 찾아왔다. 그들은 내가 미국에 있었더라면 파업은 일어나지 않았을 것이라고 생각했다.

그래서 나는 그들에게 나의 의견을 들려주었다.

"회사는 충분한 조건을 제시했을 것이오. 또 그들의 전보가 스코틀랜드에 닿았을 때에는, 이미 주지사가 병력을 데리고 현장으로 충돌하여 법률의 위엄을 가지고 조건을 제시했지요. 이미 문제는 사원들의 손에서 떠났기에 어떤 방법도 없었소."

라고 이야기하고, 거기서 다시 이야기를 진전시켜서 이렇게 말했다.

"여러분의 생각이 잘못되었습니다. 사원의 제안은 아주 관대한 조건이어서 이것을 승낙한 것이기에, 내가 있었더라도 그런 정도의 조건을 제시했을지 모르겠습니다."

라고 했을 때 한 윤전공이 대답하기를,

"그렇지 않습니다, 카네기 씨. 돈 문제가 아닙니다. 우리들은 당신의 발에 채이는 것은 괜찮지만, 다른 사람 같으면 머리 털 하나 닿기가 꺼려집니다."

근로자와의 교섭은 곧 인생의 한 부분이기 때문에 여러 사람이 합해지면 큰 힘이 된다.

근로자의 심리를 이해하지 못하는 사람은 대체로 이런 것을 믿지 않는다. 노사분쟁의 태반은 뚜렷하게 임금 문제에 쟁점이 있는 것이라고 생각한다. 그러나 나는 그렇지 않다고 생각한다. 고용주가 근로자의 입장을 이해하지 않거나 또 친절하게 취급할 용의가 결여된 데 원인이 있다고 생각된다.

근로자 중에는 기소된 자가 많이 있었으나, 그들은 나의 귀국을 기다렸다. 나는 귀국 즉시 기소 취하 수속을 밟았다. 옛 근로자 중에서 폭행에 가세하지 않은 자는 모두 복직시켰다. 나는 스코틀랜드에서 전보를 쳐 쉬와프 씨를 홈스테드에 돌려줄 것을 사원에게 명령했다.

그는 그 사건이 일어나기 전에 승진되어 에드가 톰슨 공장으로 이전되었다. 그는 홈스테드로 돌아갔다. 나는 그를 '찰리'라고 불렀다. 그는 이 공장에 오자마자, 신속하게 질서와 평화와 협조를 회복했다. 그가 혹시 이 공장에 처음부터 유임해 왔었더라면 귀찮은 일은 일어나지 않았으리라고 본다. 찰리는 근로자를 사랑하고, 근로자들도 그를 사랑했다.

19

부(富)의 복음

17. 홈스테드 파업

18. 노동 문제

19. 부(富)의 복음

20. 교육 기금

21. 평화전과 베텐구리프

졸저 《부의 복음》이 출판된 후, 나는 부를 만드는 노력을 그만두고 책 속의 교훈을 실행할 필요를 느꼈다. 나는 축재를 그만두고 축재에 비해 무한히 중대하며, 어려움이 많은 분배 사업을 시작하기로 했던 것이다. 나의 수익은 이미 연간 4천만 달러에 달하고, 새로 더 증가될 가능성에 놀라지 않을 수 없었다.

우리 회사의 후계자인 미합중국 제강회사는 매수 후 불과 1년 만에 순이익 6천만 달러를 올렸다. 내 계산으로는 팔지 않고 계속 운영하면서 확장 계획을 수행했다면 연간 7천만 달러의 수익이 있으리라고 생각된다.

《부의 복음》은 1886년부터 1899년 사이에 잡지에 논문으로 게재한 것을 모아서 만든 책이다. 강철은 이미 왕과 같은 존재가 되어 모든 것을 제압하고 있었다. 강철업의 여세는 충천했다.

내 입장에서 말하면 눈앞에 닥친 분배 작업은 늙은 노인에게는 힘겨운 짐인 것을 잘 알고 있었다. 나는 셰익스피어의 그 독특한 매력에 끌리어 사상에 접촉하기를 좋아한다.

'남은 보배는 흩어지게 하며, 사람마다 족하면 행복하다.'

1901년 3월 나는 쉬와프 씨에게 몰간 씨의 뜻을 전했다. 그들은 내가 진실로 실업계의 은퇴를 희망하고 있는지 알고 싶다고 했다. 또 그렇다면 상당한 발전이 있을 것이라고 내게 말했다.

그는 또 우리 사원 일동의 의견을 들었을 때 몰간 씨의 제출 조건이 마음에 들어 팔아도 좋다는 의견들이었다. 나는 쉬와프 씨에게 사원들의 의견이 그렇다면 나도 똑같은 생각이라고 답변했다. 그래서 결국 매각하기로 했다.

이 무렵 투기를 가장한 사기가 판을 쳐, 낡아빠진 철강 공장을 싸게 사들여서 법에도 없는 가격으로 세상물정 모르는 사람들에게 값싸게 파는 하찮은 물건으로 주식이 거래되었다.

나는 보통의 주식이라면 어떤 일이 있어도 팔지 않겠다고 주장하였다. 보통 주식을 사서 팔았다면 몰간 씨가 내게 이야기한 것처럼 약 1억 달러에 5부 이자가 붙는 증권을 가질 수밖에 없었을 거라고 생각한다.

나의 제강 사업은 이처럼 성황이었고, 또 이처럼 통화 가격이 높았던 것이다. 그 후 보통 주식이 계속해서 5부의 이익이 붙어 돌아가는 것을 보면, 그 1억만 달러를 가산하여 요구하였더라도 결코 부당한 요구가 아니었다는 것은 재계의 실황에 의해 명백해졌다. 그러나 앞에서 입증한 것처럼, 분배에 관해 연구하느라고 점점 바빠졌기 때문에 그런 것을 돌아볼 겨를도 없었다.

분배 정책의 시작은 우리 회사 공장의 근로자에게 먼저 주었다. 다음 편지와 서류들은 그 내용을 말해주고 있다.

내가 실업계에서 은퇴 후 먼저 첫 번째 작업으로 나의 수익 가운데서 평소 나의 성공에 공헌한 근로자 여러분에게 사의를 표하기 위해 일면 저당 5부 이익짜리 증권 4백만 달러를 기증하고자 합니다. 기부의 목적은 사고로 인한 이재민을 구제하는 것과 부조(扶助)의 필요가 있는 사람에게 소액의 연금을 기증하고, 또 증권 1백만 달러의 이익을 가지고 우리 회사 근로자를 위해 도서관 및 회관 등의 유지비에 충당할 목적입니다.

1901년 3월 12일 뉴욕에서
앤드류 카네기

여기에 대해 홈스테드 근로자들이 다음과 같은 답사를 보내 왔다.

 홈스테드 제강공장 사원 일동은 대표위원 연서를 가지고 앤드류 카네기 구제기금을 설정하게 됨에 따라 귀하가 일동에게 주신 인자한 은혜에 대해 감사를 표합니다. 이 기금 운영에 관해 제1차년의 보고서는 지난 달 일동에게 제시되어 귀하가 부하 근로자 일동에게 주신 인정이 강하게 그들을 감격시켰고, 그 감동이야말로 말로는 표현할 수 없을 정도입니다.
 우리들의 복리를 계획한 '앤드류 카네기 구제기금'이야말로 가치있는 것으로, 우리들의 전도는 물론 우울한 가정에 희망과 새로운 힘을 줄 것입니다.

1903년 2월 23일 펜실베이니아에서
대표위원, 윤전공 헤리 에프 로즈 올림

루이시 용광로 근로자들은 다음과 같은 헌사를 조각한 아름답고 화

려한 기념패를 내게 보내 왔다.

앤드류 카네기 구제 기금에 관한 루이시 용광로 결의문

앤드류 카네기 씨는 위대한 박애 정신으로 카네기 회사 사용인의 편리와 이익을 제공하기 위해 앤드류 카네기 구제 기금을 기부한 것에 의해서 루이시 용광로 사용인들은 특별 회의를 통해 다음과 같이 결의한다.

1. 앤드류 카네기 씨의 유례없는 거액의 기부금에 대해서 성실한 감사와 경의를 표한다.

2. 앤드류 카네기 씨께서 이 사업이 아름다운 결과를 맺는 것에 즐거움을 느끼도록 진심으로 희망한다.

대표위원장 제임스 스콧

그 후 얼마 되지 않아 나는 유럽으로 떠났다. 여느때와 같이 동료 사원 가운데서도 어떤 사람은 기선까지 와서 배웅하고 고별 인사를 나누었다. 그러나 무슨 변화일까. 어쩐지 말할 수 없는 엄숙한 변화가 일어났다. 나는 그것을 인식하지 않을 수 없었다. 이 이별은 진정으로 슬픈 것이었다.

"잘 가세요."

하는 인사 가운데 비통한 고별의 뜻이 담겨 있었다.

수개월 후 뉴욕에 돌아왔으나 어쩐지 살풍경함 같은 것이 느껴졌다. 상륙 때 선착장에 옛 근로자 친구 몇 사람이 환영 나와 있는 것을 보고 아주 유쾌하였으나 생활의 변화에는 어쩔 수 없었.

제휴 사원들과의 교제를 끊었지만 친구로서의 친교는 계속되고 있었다. 그러나 그것만으로는 무엇인가 모자라는 느낌이었다. 지금 나는 나의 남은 재산을 현명하게 분배하는 대사업에 매달려야 할 때를 맞이하고 있기에, 이것이 나에게 끊임없는 흥미를 주는 것이다.

《스코테이스 아메리칸》지에서 여러 번 좋은 글귀를 발견하여 아주 귀중한 잡지라고 생각하고 있다가, 우연히 한 줄의 격언이 눈에 띄었다.

'옷감을 짜고자 기회를 노리면 신들은 실을 주게 된다.'

이 구절은 나를 위해 직접 주어진 것같이 생각되었다. 이것은 나의 가슴에 깊이 파고들었다. 정말로 신들은 적당한 형식으로 실을 갖춰 주었다. 뉴욕 도서관에 제어 비링크스 박사는 나의 대리인으로 한 번에 525만 달러를 뉴욕 시에 기부하여 68개의 지부 도서관을 설립시켰다.

그 다음 차례에는 브루클린에 20개를 설립할 계획이었다. 나의 아버지는 뎀퍼린 최초의 도서관을 설립한 5인 중 한 사람이었다.

그들은 각자 적은 장서를 모아서 그들보다 독서가 불충분한 이웃에게 도움이 되고자 꾀하였던 것이다. 디딤돌이 된 것은 나의 어머니였다. 그러니까 공공 도서관은 실제 나의 기증으로는 첫 번째였다. 그 다음 기부는 에레니게 시에 공공 도서관 한 개와 회관이었다. 에레니게 시는 내게 있어서 제1의 고향이다.

해리슨 대통령은 친절하게도 워싱턴으로부터 나와 동행하여 이 건축의 개관식에 참석했다. 그 후 즉시 피츠버그로부터 도서관 기부의 청구가 있었기 때문에 거기에 응했다. 이 도서관은 점차적으로 확장되어 구내에 박물관·미술관, 그리고 남녀 공학인 마가렛 모리슨 학교가 세워지게 되었다. 이상의 여러 건축물을 1895년 11월 5일 내가 직접 개관식에 주재하였다.

제2의 거액의 기부로는 워싱턴의 '카네기관' 건설을 위한 것이었다. 1902년 1월 28일, 나는 5부 이익 증권으로 1천만 달러를 기부하였다. 그 후 사업의 성과에 비쳐 점차로 추가 기부를 했기 때문에 합계 2천5백만 달러의 기부액에 이르렀다.

나는 워싱턴 내의 사업인만큼 자연적으로 루스벨트 대통령과 상담하기를 원했다. 또 될 수 있으면 국무장관 존 헤이 씨를 권유해서 이사회의 의장이 되어주기를 바랐는데, 그는 쾌히 응낙했다.

그의 보좌역으로서 이사회에 취임한 사람들은 나의 옛 친구 애이브러햄 비링크스 박사, 윌리엄 도츠, 에리유 히치슨 장군, 디이 밀즈, 에스 미치엘 박사 등등이었다. 취임을 승낙한 여러 명사들의 명부를 루스벨트 대통령에게 제시했을 때, 그는 이렇게 말하였다.

"이 이상의 인물을 얻을 수는 없을 걸세."

그는 이 계획에 대찬성이었다.

1904년 4월 28일, 국회의 의결을 거쳐 재단법인의 조직을 성립했다. 그 결의안은 다음과 같다.

'제반의 조사·연구·발전 및 인류 생활의 개량에 대한 지식의 응용을 아주 광범하게 연구하며 자유스러운 방법으로 수행할 것을 장려하기 위해 과학·문학·미술의 각 부분에 걸쳐서 조사를 행한다. 또한 자금을 제공하고 원조를 주어, 이러한 목적을 가지고 있는 자국의 정부·대학·전문학교·학회·개인 등과 협의를 수행한다.'

초기의 관장으로서 다니엘 크루만 박사를 선정함에 있어서, 나는 비링크스 박사의 지도를 지지하지 않을 수가 없었다. 크루만 박사는 수년 후 세상을 떠나 비링크스 박사의 후임으로서 로버트 우즈워드 박사를 추대하였다.

그는 좋은 성과를 올린 적임자였다. 박사와 같은 인물이 오랫동안 관장 자리에 머물렀다는 것은 내가 진심으로 바랐던 것이다. 본관의 사업 성과는 책자로 자주 발간되어 세상이 다 아는 사실인만큼 여기서 더 쓸 필요가 없다고 본다.

그러나 그 중에서도 두 가지만은 어디에 비할 수 없는 위대한 업적이라 생각되기 때문에 여기에 쓰고자 한다.

요트 〈카네기호〉는 목재와 구리로 건조된 것이긴 하나, 늘 세계를 돌아다니면서 과거에 측량했던 것을 정정하는 봉사적 행동을 수행하여 왔다. 과거의 공해 측량은 나침반이 맞지 않았기 때문에 오류가 많았다.

구리는 본래 자력이 없으나 철과 강철에는 강하게 자력을 느끼기 때문에 종래의 관측은 오류에 빠지기 쉬웠던 것이다. 그 현저한 예로는, 큐나트 회사의 한 기선이 아조아즈 군도 부근에서 산산이 부서진 일이 있었다. 카네기호의 선장 피타즈는 본 건을 시험하는 것이 가치가 있다고 생각하고 이것을 실시했다.

불행한 큐나트 기선의 선장은 영국 해군성의 해도(海圖)에 명시되어 있는 항로를 따라 배를 움직였으므로 선장의 과실이 아니었음이 밝혀졌다. 결국 본래의 측량이 잘못되어 나침반이 맞지 않는 오류는 즉시 정정되었다. 이 정정은 침몰한 배를 가지고 나라에 보고되었다. 이것은 많은 일 중에서 작은 일부분에 지나지 않는다. 이들의 나라들로부터 두터운 찬사를 보내왔다는 것은 우리들에게는 대단한 보수였다.

나는 나의 기부 행위 중에 우리 연소한 공화국이 발전하여 선진국의 은혜에 보답하고자 희망하였다. 이 희망이 점점 실현되는 것을 보고 나는 아주 유쾌했다.

뿐만 아니라 그 어디에도 비할 수 없이 공헌한 것은 캐나다에 있어서 해발 885척의 윌슨 산(山) 정상에 건설된 관측소이다. 주임은 헤루 교수였다. 어느 해 그는 로마에서 열린 세계 유수의 천문학자 회의에 출석하여 놀랄 만한 발견의 보고를 한 결과, 같이 참석했던 학자들은 다음 차례의 천문학자 회의의 회의장을 윌슨 산으로 결정하고 다음과 같이 결의하여 실행했다.

윌슨 산이라고 하면 세계에서 하나밖에 없다. 지하 72척의 깊이로 신성한 모습을 사진으로 포착했다. 그 최초의 원판에는 신세계가 많이 발견되었다. 두 번째의 원판에는 인류의 눈에 소개된 신세계가 90개나 찍혔다고 생각된다. 세 번째의 원판에는 백 개의 상을 헤아리고, 그 중의 몇 개는 태양의 20배라고 한다. 그 거리가 지구로부터 너무 멀기 때문에, 그 광선이 인류에 달하기에는 8년을 요한다니 자연에 대해서 머리가 숙여질 정도다.

'자연계에 대해서 우리들이 알고 있는 것은 알지 못하는 것에 비해서 너무 적다.'

지금 세계에 존재하는 것은 무엇이든지 3배 크기라고 불린 그의 거대한 망원경이 사용될 것 같으면 무엇인가 새로운 발견이 될 것이다. 달에 만일 인간이 살고 있다면 그것은 틀림없이 보일 것이라고 나는 확언하고 싶다.

세 번째 일은 의용 기금의 설정이었다. 나는 여기에다 나의 전력을 다하였다. 내가 들은 한 사고 현장 이야기에 의하면, 피츠버그의 탄광

· 앤드류 카네기

에 중대 사건이 일어났을 때, 전임 탄광 감독 테라 씨는 당시 다른 업무에 종사하고 있었는데도 사고 소식을 듣고는 즉시 현장으로 급히 뛰어갔다.

그는 위급한 사건이라는 소식을 듣고 달려온 유지자를 지휘하며 지하에 묻혀 있는 광부들을 구하기 위해 탄광에 들어갔다가 유감스럽게도 생명을 잃었다고 하였다.

나는 이 광경을 지울 수가 없어 그 사고가 일어났던 이튿날 아침 의용 기금 설정을 결심했다.

이 취지로 성립된 것이 5만 달러의 의용 기금으로써 의용 행위를 한 당사자에게 보상을 주거나, 또는 그 동료를 위해 봉사하거나, 이들을 구하려다 생명을 잃은 사람의 가족을 부양하기 위한 것이다. 사고 때문에 궁핍한 생활에 빠진 자를 부양하기 위한 구조비로도 보태어 주는 것이 목적이었다.

1904년 4월 15일에 설정한 이 기금은 어떤 측면으로 생각해도 훌륭하게 성공되었음이 분명해졌다. 누구로부터 부탁을 받은 것도 아니기 때문에, 나는 이 기금에 대해서는 아버지가 아들을 대하듯 즐거운 느낌을 가졌다.

나중에는 나는 이것을 고국, 즉 스코틀랜드에도 적용하여 뎀퍼린을 중심으로 카네기 뎀퍼린 신탁회사의 이사에게 그 관리를 맡겨 아주 훌륭한 성과를 올렸다. 시기를 기다렸다가 프랑스·독일·이탈리아·벨기에·노르웨이·스웨덴·스위스·덴마크 등에도 영향이 미치게 했다.

독일의 기금 운영에 대해서 나는 베를린 주재 미국 대사인 디바이트 히로 씨로부터 한 통의 서한을 받았다. 그 서한을 줄여보면 다음과 같은 내용이다.

독일 황제 폐하께서는 독일 의용 기금의 운영에 관하여 얼마나 기뻐하는지 모른다는 소식을 알려드리고, 폐하는 이것을 설치하게 된 귀하의 총명과 박애를 참으로 깊이 칭찬하고 있음을 알려드립니다.

어떤 청년이 어린이가 익사하려는 순간 그 아이를 구하여 작은 배에 태우긴 했으나, 그 청년은 젊은 아내와 작은 사내아이만을 남겨둔 채 심장마비로 죽었습니다. 그런데 그 미망인은 이미 의용 기금의 보조를 받아 작은 점포를 열어 그것으로 생계를 잇고 있으며, 작은 아이도 교육 자금을 얻어 학교에 다니고 있다는 것도 아울러 알려드립니다.

영국의 에드워드 국왕도 기금의 설치에 깊이 감동을 받아 내가 고국에 기부한 이 기금에 대해서 특히 고맙다는 친서까지 주셨다.

'짐은 경이 우리 나라에 기부한 위대한 공적 제설비에 대한 공로에 감사한다.'

미국 신문들은 처음에는 의용 기금의 공적에 회의적 태도를 보였으며, 첫 해의 사업 보고서에도 비평을 가했다. 그러나 지금은 모두가 과거의 일이 되어버리고, 이 기금의 활동을 열성껏 칭찬하고 있다. 이것으로 이미 비평을 극복한 것이었다. 그래서 어느 시점에 가면 망한다고 생각했던 일도 언제 있었던 일인가 싶게 잊혀지게 되었다.

과거 미개 시대의 영웅은 동포 인류를 다치게 하거나 또는 죽였다. 그러나 현대의 영웅은 이웃을 돕고 또는 구제한다. 여기에서 육체적 용기와 도덕적 용기, 미개인과 문명자의 구별이 있다.

전자의 시대에 속하는 영웅은 머지않아서 멸망한다. 왜냐하면 우리들은 서로 죽이는 사람들을 식인종으로 취급할 수밖에 없다. 그러나 후자의 시대에 속하는 영웅은 신성한 용기를 나타내는 자이기 때문에 인류가 지구상에서 존재하는 한 사멸하지 않는다.

의용 기금은 주로 연금 형식을 취했다. 이것은 이미 많은 의로운 사람 또는 그의 처자 등에게 연금을 주게 되는 것이다. 여기에 대하여 처음엔 이상한 오해가 있었다. 많은 사람은 그 목적이 의용 행위를 자극하는 데 있다고 생각하고, 의로운 사람들이 보상을 얻기 위해 일부러 의로운 일을 하려는 유혹도 있는 것으로 생각했다. 그러나 이것은 전적으로 나의 어리석은 편견에 불과했다.

의로운 사람은 보수 같은 것을 생각지 않는다. 그들은 그냥 감격하여 동포 인류의 위급을 구제하는 것뿐이지 자신은 결코 생각지 않는다.

기금의 목적은 젊은 사람이 위기에 처한 사람을 구하려다가 오히려 생명을 잃어버리는 경우, 그 유족을 돕기 위해 연금을 주는 것이었다. 이것은 이미 그 발단에 훌륭한 활동을 명시했다. 그 목적과 봉사가 세상의 신뢰를 얻는 것에 따라 호평은 더욱 좋아졌다.

현재 미국에서 의용 기금의 연금을 받고 있는 사람, 또는 가족의 수는 1,430명이나 된다.

의용 기금 재단 총재로서 카네기 그룹의 노련한 찰리 테라를 나는 적임자라고 인정했다. 그는 소년 시절부터 카네기 그룹에서 입신 출세한 인물로서 월급으로 1센트도 받기를 희망하지 않았다. 그러나 그는 이 사업을 아주 좋아하면서 이 사업과 같이 생활하도록 허락만 해주면 자기의 돈을 다 내놓을 정도로 열심히 하였다.

말하자면 그는 윌머트 씨의 유력한 보좌를 받아 카네기 노동 연금(카네기 구제 기금) 및 내가 구 관리국장 시절에 설치한 관내 철도 종업원 연금의 관리까지도 인수했다. 이것은 3대 구제 기금으로 다같이 타인의 편리와 이익을 도모하는 유익한 시설이었다.

늘 타인을 위해 일한다는 것을 나에게 역설해 온 찰리에게 하루는 내가 복수한 일이 있었다. 그는 리하이 대학의 졸업생으로 충실한 모교 옹호론자였다.

리하이 대학은 건물 한 채의 증축을 희망하여 왔는데, 찰리가 그 주창자였다. 나는 아무 말 없이 대학 총장에게 편지를 내고, 그 건물의 명명을 나에게 일임할 조건으로 건축 자금 기부 신청을 하였다. 총장이 이것을 승낙하여 나는 '테라관'이라고 명명하였다.

찰리가 이것을 알고는 나에게 항의를 했다. 그는 평범한 졸업생에 지나지 않고, 그의 이름이 명예롭게 공표할 자격도 없음을 스스로 표명했다. 나는 그의 항의를 아주 재미있게 받아들이며, 다음과 같이 그의 변명에 대답하였다.

"내가 꼭 테라관이라고 명명해야 한다는 주장이 자네에게는 부끄러운 일이 되는지 모르나, 리하이를 위한 것이라고 생각하면 도리어 자네의 감정을 희생하는 것이 좋지 않은가. 자네의 감정이 이성을 잃지 않았다면 모교를 위해 그 이름 정도 빌리는 것은 쉬운 일이 아닌가. 뭐라해도 테라는 크게 이름을 떨칠 만큼의 인물은 아니야. 이런 일로 떠드는 것은 필경 억누를 수 없는 자존심 때문이겠지. 자네는 자존심을 극복하지 않으면 안 되네. 결단은 자네의 마음에 달려 있네. 테라의 이름을 희생할 것인가, 리하이를 희생할 것인가는 자네 마음 하나에 달려 있네."
　테라라고 명명하지 않으면 기부금을 내지 않겠다고 하자 결국에 그는 승낙했다. 나는 테라가 리하이의 교우로서 인류의 복지를 위해 선전하는 복음의 사도였고, 이것을 위해 온갖 것을 다 바쳐 일한 인류사상 참으로 선량한 인물의 한 사람이었다고 믿었다. 구제 기금 총재는 실로 훌륭한 인물이었다.

20

교육 기금

18. 노동 문제

19. 부(富)의 복음

20. 교육 기금

21. 평화전과 베텐구리프

22. 매슈 아닐드

1905년 6월, 대학의 노교수들에 대한 연금으로서 기부하고자 하는 카네기 장학 기금의 1천5백만 달러는 중요한 기부금으로서 이것을 관리하기 위해 미합중국에 있는 학교의 교장 중에서 25명을 이사로 구성해야 했다.

이사 25명 중 병으로 결석한 시카고 대학 총장 하버 교수를 제외한 24명이 이사회의 조직을 목적으로 내 집에 모였다. 나는 그 가운데서 여러 명과 사귈 기회를 얻을 수 있었다. 반다리프 씨는 워싱턴에서 공무를 취급한 경험을 가지고 있었기 때문에 처음부터 유력한 힘이 되었다. 이사장 헨리 프리스츠에트 박사는 없어서는 안 될 인물이었다.

여러 교수 가운데 이 기금에 해당되는 기한에 달한 사람들도 있었다. 그런데 이들 교수들이 과거 사계(社界)에 공헌한 공이 크다는 것을 알고 있는 내게 이 기금의 의미는 귀중한 것이었다.

교육의 기능 같은 것은 인간의 기능 중 참으로 귀중한 것이라고 할 수 있다. 그러나 사실 이 귀중한 기능과는 반대로 교육의 기능처럼 불공평하고 모욕적인 대우를 받는 것도 없다.

젊은이들의 교육에 전 생애를 바치고 있는 교육자의 보수는 얼마나 적은지 모른다. 나는 코넬 대학의 한 이사로 추대되어서야 처음으로 교육자의 보수가 작아서 대개는 기업에 종사하는 사무원과 비교된다는 것을 알았다.

교육자가 노후를 위해 저축한다는 것은 꿈과 같은 이야기이다. 따라서 연금 제도가 없어서 모든 대학은 노교수의 퇴직을 필요로 하여도 그 후의 제도가 마련되지 않아 이것을 실행하지 못하고 교수들을 그냥 현직에 머물게 할 수밖에 없었다고 한다. 그래서 이 기금의 효력에 있어서는 의문의 여지가 있을 수 없다.

1919년에 이 기금의 총액은 2천9백25만 달러에 달했었다. 최초로 공표된 혜택을 받은 사람들의 목록이 이것을 증명하고 있다. 이들은 학자로서, 세계적 명성을 가진 그들의 학문 증진에 공헌한 업적을 높이 찬양하지 않을 수 없다. 이상의 혜택을 받은 사람들이나 그밖의 미망인들로부터 온 편지에는 감사함이 넘쳤다.

나는 다른 것을 포기하더라도 이들을 보호하지 않고는 견딜 수 없었다. 내가 우울증에 빠졌을 때 위안이 되는 것은, 그들이 나에게 보내온 감사의 편지를 다시 읽는 것이다.

뎀퍼린에 있어서 나의 친구인, 지금은 귀족이 된 토머스 쇼 경은 영국의 어느 잡지에 투고하기를, 스코틀랜드에는 거의 대부분의 사람들이 아이들을 대학에 보낼 여유가 없어서 많은 희생을 지불해도 그 목적을 달성하지 못한다고 했다.

나는 쇼 씨의 투고를 숙독한 후 5푼 이익 공채 액면 1천만 달러를 기부할 결심을 했다. 그리하여 이것으로 생기는 연이자 10만 4천 파운드의 반을 고학생의 학자금에 충당하고, 나머지 반은 대학 개선비에 충당하기로 했다.

스코틀랜드 대학 카네기 기금 관리자의 첫째 회합은 1902년 에든버러의 스코틀랜드 사무대신 관저에서 개최되고, 바레의 발파 경이 의장이 되었다. 그 날의 회합엔 저명 인사들이 많이 참석했다.

그 자리에는 발파 수상, 헨리 반나만으로 후에 수상이 된 사람, 존 포레 자작, 제임스 부라이즈 자작, 에루친 백작, 로즈베리 경, 쇼 경, 뎀퍼린의 존 로즈 박사 등이었다.

로즈 박사는 동료 박사에게 사숙(私淑)하는 사람에게 감화를 주는 활동의 대표자로 불리는 인물이었다. 나는 개최 무렵 최근 발표된 교육위원회의 보고를 읽어보고, 스코틀랜드에 있는 대학의 교수회에 기본금을 기부하지 못하기 때문에 부득이 교수회에 관리를 부탁하게 되었다고 했을 때 발파 의장은 웃는 얼굴로,

"그렇겠죠. 한 푼이라도 기부는 할 수 없겠죠."

하고 말하자, 교육위원회의 한 사람인 에루친 경도 전적으로 여기에 동의했다.

기부 행위의 요령이 낭독되었으나 에루친 경은 여기에 관하여 요령은 무엇보다 중요하기 때문에, 구체적이 아닌 이상은 이 기부금을 수납하는 것이 아주 곤란하다고 했다. 그리하여 에루친 경은 관리자의 한 사람으로서 어떠한 임무를 맡아야 할 것인가 확실히 해놓을 필요가 있다고 하였다.

나는 기부 행위의 목적 및 이 기금의 사용법에 관해서 상황에 따라 스코틀랜드 교육계의 요구에 순응하는 형식으로 만사는 관리자회의 다

수결에 일임할 것이라고 말하였다.

바레의 발파 씨, 에루친 경 및 발파 수상도 나의 의견에 찬성하였다. 그러나 동시에 수상은, 유언자가 가진 관리를 아예 유언 집행자에게 준 예를 본 일이 없어 이것은 파격적인 행위이며, 관례를 중하게 여기는 사람으로 취할 방침인지 의문이라고 하였다.

여기에 대해서 나는 대답하기를,

"발파 씨의 말씀은 알겠습니다만, 여기 참석하신 분들과 같이 현 상황에 달관하여 한 세대나 앞을 내다보고 율법을 제정하는 단체는 다른 곳에서는 볼 수가 없습니다. 말하자면 자기들이 현재 속해 있는 시대의 요구에 응하는 율법을 제정한다는 것에 따라 성공하는 예가 적어, 용이하고 간단한 것은 아닙니다."

라고 했다.

자리를 같이했던 모든 사람은 화기에 넘쳤고, 수상은 특히 감동을 받은 듯했다. 그래서 미안한 얘기이지만 여기에 대해 탁견을 가지고 있는 기부자는 발파 경이 처음이라고 했다.

나는 일체의 결의는 과반수로 하기로 제안하였으나, 발파 경은 3분의 2 이상으로 하자는 의견을 내세웠기 때문에 에루친 경의 찬성도 있어서, 드디어 만장일치의 승인을 거쳐 확립되었다. 이 규정이 장래 꼭 유익한 것이 되리라는 것을 나는 굳게 믿었다.

뎀퍼린의 에루친 경이 흔쾌히 이 기금의 관리위원장이 되는 것을 승낙하여 주었다. 이에 대해 발파 수상도 아무런 주저 없이,

"당신은 대영제국 안에서 이 이상의 적임자를 얻을 수가 없을 것입니다."

하고 대답하여 주었다.

템퍼린 시의 자유 시민권을 받은 사람들 중 오늘까지 생존하고 있는 사람은 반나만, 에루친 경, 존 로즈 박사 및 나까지 네 사람이다.

이 네 사람이 다같이 스코틀랜드 대학의 관리자라는 것은 일종의 기적이다. 템퍼린 시가 역사상 파격적으로 여성에게도 자유 시민권을 수여한 사람은 즉 나의 아내였다. 아내는 나와 같이 성실한 시민이 되었다.

1902년 나는 성 앤드류 대학의 명예총장에 추대되었다. 이 사실은 내 생애에 있어서 대서특필할 일이었다. 이것에 의해 나는 이제까지 관계가 없었던 최고학부에 출입하게 되었다. 성 앤드류 대학은 창립된 지 거의 5백 년의 세월이 지났고, 명예총장의 지위는 그간 많은 훌륭한 후계자들이 맡았었다.

내가 새로 취임한 후 첫 번째 교수회가 열렸을 때 받은 인상은 나의 생애 중 느껴보지 못했던 새로운 느낌이었다. 나는 며칠 안으로 취임 연설을 하지 않으면 안 되기 때문에 그것을 준비하기 위해 역대 총장의 연설집을 탐독했다.

그러나 그 연설 중에서 참으로 놀라운 한 구절을 발견하였다. 즉, 학생에 대한 스탄레 학장의 연설 중에 '신학에 뜻을 두는 자는 꼭 번스의 시를 읽을 것'이라는 말이 적혀 있었다. 스코틀랜드 교회의 태두로서 빅토리아 여왕의 우대를 받고 있는 학자 존 녹크스가 대학의 학생들에게 이처럼 대담한 말을 했다는 것은 신학 역시 시세의 변천에 적응해야 한다는 교훈을 명시한 것이었다. 번스의 시에는 경탄할 만한 처세술이 많이 있다.

그 중 제일이라고 할 수 있는 것은 '네 자신의 비난만을 중시하라'

고 말한 것이었다. 나는 일찍이 소년 시절에 있어서 이것을 생애의 표어로 삼았다.

'자기가 명예의 구속을 엄하게 느끼는 것만이 내가 늘 지킬 본분이다.'

성 앤드류스 대학생에 대한 존 스튜어드 및 총장의 연설은 유명한 것으로, 이 총장은 확실히 자기의 최선을 다하여 그들을 지도하고자 했다. 그리고 이 총장이 우아하며 기쁨의 한 부분인 음악을 교양 있는 생활의 일부로서 장려한 것은 기억할 만한 교육법이었다. 나의 경험에 있어서도 이것은 천명되었다.

스코틀랜드에 있어서 네 대학의 학생 및 부인들에 대해 스키보에서 일주일을 지내자고 초대장을 발송한 것은, 우리들 부부에 있어서 자랑할 만큼 유쾌한 결과를 가져다주었다.

제1회의 회합에 출석한 사람 중에는 스코틀랜드 대학 기금 관리위원장인 에루친 경, 스코틀랜드 사무대신인 바아레의 발파 경 및 그 부인들도 같이 왔다. 그때부터 대학장들과 한 주를 보내는 일은 연중 행사가 되었다.

이 회합에 의해 서로 맺은 친목은 스코틀랜드 대학 발전에 지대한 공헌을 하였다. 이 회합에 따라 협동 단결의 정신이 자극되었다. 제1회 회합이 끝나고 고별할 때에 랑그 학장은 내 손을 잡고 이렇게 말했다.

"스코틀랜드 대학 학장들이 어떻게 하면 서로 만나서 회의를 열 수 있을까 하는 것이 5년 동안의 문제였습니다. 그러나 이번에 함께 일주일을 지낸 것이 그 해결이 되었습니다."

1906년 스키보의 회합에서 특기할 것은 벤자민 프랭클린의 증손뻘

이 되는 사람으로, 라드구리프 대학 학장인 아그네스 어빙 양이 참석하여 대학장들과 일주일을 지내게 되어 참석한 일동에게 즐거움을 준 일이었다.

지금으로부터 150년 전 프랭클린이 처음으로 박사 칭호를 얻은 것은 이 성 앤드류스 대학에서였다. 프랭클린 탄생 200주년 기념식이 필라델피아 시에서 성대하게 올려졌을 때, 성 앤드류스 대학은 세계의 여러 대학과 같이 축사를 보냈다. 성 앤드류스 대학은 또 그 증손에게도 박사 칭호를 수여했다.

나는 그때 성 앤드류스 대학 총장이었기 때문에 대학의 대표로 식장에 임석하여 학위를 수여하고 학위장을 그녀의 어깨에 걸어주었다.

이 의식은 기념회의 전야제로서 청중들 앞에서 행해졌다. 그때 200통 이상의 축사가 전달되었다.

청중에게 큰 감동을 준 것은 다음과 같다. 증조부한테 최초의 박사 칭호를 준 성 앤드류스 대학은 147년 후 그 증손에게 똑같은 학위를 수여한 것이다. 이 학위는 단순한 명예 칭호가 아니라, 라드구리프 대학 학장에게 주는 실력에 대학 칭호였다. 이것을 수여한 사람은 카네기로서 당시 성 앤드류스 대학의 총장이었다. 그러나 나는 실로 형제국의 시민이 아닌 입장에서 성 앤드류스 대학 총장에 추대된 최초의 총장이었다.

나는 역시 프랭클린과 같은 출생지였고, 또 프랭클린처럼 나 역시 미국에 귀화했기 때문에 학위를 수여할 권리가 있었던 것이다. 이 성대한 축하식장은 필라델피아 시였고, 프랭클린은 이 시에 유해를 묻었으므로, 축하객들은 누구나 프랭클린의 덕망을 찬미하고자 참석했다.

축하식은 실로 아름다운 것이었다. 나는 이와 같은 성대한 식에 참석한 것을 매우 영광으로 생각하였다.

성 앤드류스 대학 학장 도날드슨 씨가 이와 같은 기획을 세운 것은 확실히 하나님의 소리를 들은 것이라고 말할 수밖에 없다.

나는 성 앤드류스 대학의 학생들이 제2기의 총장으로 나의 경쟁자를 지명하지 않고 만장일치로 나를 재선시킨 것에 대하여 깊이 감사했다. 나는 아직도 학생이나 교수회의 회원들의 모임이 아니라 총장만을 상대로 회합하는 '총장의 밤'을 개최한 것을 참으로 감동스럽게 생각하고 있다. 이 회합은 극히 유쾌한 것이었다.

첫 번째 총장의 밤이 끝난 후, 도회의 서기가 도날드슨 학장에게 보고한 내용은 다음과 같다.

'총장은 대부분 우리들에게 할 내용이 있을 때나, 아니면 특별한 연설 시간일 때 항상 강단 위에서 이야기했으나, 카네기 씨는 우리들의 줄에 끼어서 우리들과 같이 이야기했다'라고 씌어 있었다.

나는 꼭 일류 대학을 지원하고 싶은 마음은 없었다. 예컨대 5천 명 내지 1만 명의 학생이 있는 하버드 대학 및 2만 5천 명의 학생이 있는 콜롬비아 대학 등은 이미 충분히 발전되어 있어서 이것보다 더 크게 확장되기를 바라지 않았다.

그러나 2류 대학, 특히 자신들의 대학 발전을 도모하고자 노력하는 대학에 자금을 투자하는 것은 훌륭한 착상이라는 생각을 하게 되었다. 따라서 나는 그 대학에만 원조할 것을 결심했다. 이것은 곧 좋은 성과를 올렸다. 그 후 록펠러 씨는 일반 교육재단이라고 칭하는 유익한 교육기금제도를 설치하였다. 나와 록펠러 씨와는 처음에 아무 의논도 하지 않고 별도로 그 유망한 교육 사업을 위해 활동하였기 때문에, 때로는 그 결과가 서로에게 불리한 점도 있었다.

록펠러 씨가 나에게 그 재단에 가담할 것을 희망하여 나는 그 재단에 가담하기로 하였다. 그래서 우리는 하나의 통일된 방침을 취했기 때문에 상호간에 큰 편리와 이익을 얻을 수가 있었다.

여러 대학에 기부금을 투자하여 칭찬과 찬양을 받은 영광의 사람들은 결코 소수는 아니었다. 예컨대 나의 동업자인 찰리 테리 씨와 같은 사람이 있다. 디킨스 대학의 군위관은 몽키아 콘위 씨에 의해 명명된 것이다. 몽키아 콘위 씨의 자서전이 출판되었다. 여기에 대한 세평으로는 '우수한 문학'이라고 한다. 그 자서전 끝은 다음 구절로서 결말을 짓고 있다.

"독자 여러분, 나는 작별에 임해서 경들이 평화를 기도하고 구하기를 바란다. 그런데 내가 희망하는 평화는 영웅 호걸 사이에서 행하여지는 평화이다. '현대에 평화를 주소서' 하고 기도하는 사람은 이 기도를 성취시키기 위해 노력해야 한다. 그리고 세상에서 싸움을 하지 않도록 기도하면 경들의 마음속에 곧 평화가 깃들인 것이다."

콘위 씨의 말은 나에게 좋은 교훈을 주었다. 투쟁은 기필코 빨리 문명국에서 없어져야 한다.

오하이오의 켄용 대학에서의 스텐턴 경제학 강좌는 '레리우루드 기금'이라고 칭할 생각이었다. 그러나 역대 국무장관 중 대수완가라고 불리고 또 루스벨트 대통령보다도 희귀하게 평가되는, 대현인이라고 칭찬을 받은 그는 나의 뜻을 대학에 전하지 않고 기부금을 처리해 버린 것 같았다. 그래서 내가 이 겸양적인 태만을 추궁했을 때 루즈 씨는 웃

으면서,

"미안하게 되었습니다. 귀하가 다음에 기부할 때는 태만을 되풀이하지 않도록 하지요"

하고 대답했다.

두 번째의 기부에 의해 이 결함을 결국 메우기로 되어 있었으나, 나는 이번의 기부 행위에 대한 조치를 직접 루즈 씨에게 일임하지 않기로 하였다.

그러나 해밀턴 대학의 25만 달러에 달하는 '루즈 기금'은 루즈 씨에 의해 도저히 파괴할 수 없을 정도로 견고한 것이 되었다. 참으로 루즈 씨는 위인이었다. 그리고 현인들에게나 볼 수 있는 결백성이 루즈 씨에게 실로 현저하게 나타났다.

루스벨트 대통령은, 만약 자기가 백악관으로부터 국회의사당까지 기어감으로써 루즈 씨를 대통령으로 만들 수 있다면, 자신은 그것을 즐겁게 받아들일 수 있다고 하였다.

루즈 씨는 여러 회사의 고문으로 있었으며, 큰소리나 치고 잡담이나 늘어놓는 정치가가 아니었다. 그리고 웅변으로 대중을 움직이는 데는 너무나 침착한 정치가였다. 공화당이 이 인물을 대통령 후보로 삼지 않은 이유도 여기에 있었다고 본다.

미국인들이 노예였던 흑인들을 문명으로 끌어들일 목적으로 세워진 햄프튼 다스케이 대학과 내가 관계를 맺은 것은 유쾌한 마음과 만족을 주었다.

워싱턴을 알게 된 것도 이때였다. 나는 워싱턴, 즉 흑인을 노예 신분에서 해방시킨 행적뿐만이 아니고, 흑인을 문명까지 인도한 인류의 이 은인을 대할 때는 모름지기 고개 숙여 경의를 표하고 싶다.

내가 다스케이 대학에 60만 달러를 기부한 후, 그는 나를 방문하여 한 가지 부탁을 말했다.

"귀하의 기부에 감사를 드립니다. 그 기부액의 일부분을 우리 부부의 노후에 보충해 준 데 대해서 매우 감사하게 생각하고 있습니다. 그러나 카네기 씨, 그 금액은 우리들에게는 필요 이상이고 흑인에게는 큰 재산입니다. 혹시 내가 이것을 다 받아 쓸 것 같으면 내가 그동안 빈곤을 감수하면서 정성을 다해 우리 동포의 개선을 위해 노력해 온 것이 순수한 마음에서가 아니라, 무엇을 바라는 마음에서 행동한 것같이 됩니다. 그러므로 귀하의 기부 조항에서 '지정액'의 석 자를 지우고, 대신 '상당한 수당'으로 했으면 합니다. 장래의 처지에 대해서 저는 대학의 이사 여러분에게 신뢰를 받고 있습니다. 우리들 부부에게 필요한 것은, 그야말로 적(敵)은 아닙니다."

나는 그 청을 받아들였다. 그리고 기부 증서는 그와 같이 정정하였으나 원증서와 정정한 것의 교환을 요구했을 때, 볼드윈 씨는 그것을 반대했다.

그는 자기가 수신인이 되어 있는 귀중한 문서는 잘 보존해서 후세에 전하도록 해야 한다고 했다. 그리고 원증서는 별도로 보관하고 정정한 것을 대학의 서류철에 끼워둘 것을 주장했다.

이것은 흑인의 지도자다운 그의 품성을 상징하는 것이었다. 진실로 극기의 정신이 풍부한 호걸로서 그처럼 뛰어난 인물은 없다. 그는 일체의 미덕을 한몸에 지닌 보기드문 인물이었다. 그는 순결, 고상한 인물로서, 그와 친해질 수만 있다면 누구에게나 도움이 되는 사람이었다.

즉, 인간이 그처럼 고상한 품격을 갖춘다는 것은 이미 신성(神性)을 갖춘 자라고 하지 않을 수 없다.

혹시 현대나 장래 또는 과거에 있어서 최저보다 최고로 올라간 인물을 묻는다면, 나는 워싱턴이라고 대답하겠다. 그는 노예 문제로 시작해서 그 민족의 지도자가 되었으니, 옛날 모세와 요셉을 합쳐 현대화한 인물이라고 말하고 싶고, 그 민족을 진보 향상시켜 준 위대한 업적은 그들과 다름없다.

이들은 모두 타인을 위해 일신을 헌신적으로 바친 사람들이었다. 이들과의 교제는 나에게 많은 도움을 주었다. 쿠타 유니온이라고 칭하는 상공업자 조합이나 내가 흥미를 갖고 교류했던 단체를 통해서 그들의 시간과 사상은 자기 종족을 위한 계획으로 쓰여지고 있으며, 빈민 구제와 도움을 주고자 하는 노력에 모든 것을 바치고 있는 다수의 사람을 알게 되었다.

여러 교회에 오르간을 기부한 것은 중년부터 시작한 일이었다. 그 발단은 아버지가 즐겨 출석하신 이레니게의 스위덴볼그파 교회를 위한 기부였다.

회원은 백 명도 채 안 되는 소수로서, 내가 신교회당을 세워서 기부하겠다고 말하였을 때, 교인이 너무 소수이기 때문에 그만두는 것이 좋겠다고 하여 오르간 하나만을 기부했다. 이 소식을 들은 여러 교회에서는 서로 다투어 오르간 기부를 부탁해 왔다. 즉, 피츠버그의 커다란 교회뿐만 아니라, 시골의 작은 농촌 교회에 이르기까지 낡은 오르간을 교체해 달라고 부탁해 와 나는 아주 바빴다.

각 교회는 낡은 오르간을 팔아 새것을 장만하는 것이 큰 이익이라고 인식했다.

　시골의 아주 작은 교회에서 있었던 일이다. 그 교회가 오르간을 기부해 달라고 부탁했기 때문에 그쪽을 알아보았다. 그 교회의 오르간은 내가 처음 기부했던 스위덴볼그 교회의 것과 같았는데, 그 오르간은 낡은 것처럼 보여서 교회에서 기부를 의뢰하기 전에 미리 수표를 끊어주자는 사람도 있었다. 그래서 결국 기부에 관한 엄격한 규정을 만들기로 하였다. 즉, 질문지에 자세한 답을 기입하여 보낸 후가 아니면 오르간을 기부하지 않기로 하였다.

　지금은 오르간 기부의 사무 취급부가 완전히 조직되어 질서정연하였다. 즉, 오르간은 교회 규모에 비례하여 기부한다는 규정을 만들어 실행하게 되었던 것이다.

　나의 이 기부 운동에 대해 엄격한 스코틀랜드 고지의 교회들은 기독교의 예배를 퇴폐시키는 결과를 가져왔다고 비난하였다. 그 지방의 엄격한 장로 교회는 지금도 하나님으로부터 주어진 천부적인 인간의 음성을 사용하지 않고, 기계적인 음악으로 하나님을 예배하는 것은 신에 대한 모독이라고 비난하고 있다. 그 후 나는 나의 죄악을 분담하는 자를 세우기로 결심하였다.

　오르간의 기부를 원하는 교회는 새 오르간의 대금을 절반씩 불입하는 조건이었다. 이것을 기초하여 오르간 사무 취급부는 지금도 왕성하게 사업을 계속하고 있다. 개량 오르간의 수요는 지금도 많다. 점점 늘어가는 인구에 비해 교회의 시설이 더욱 필요하게 되었고, 그것에 비례해서 오르간이 모자라는 것은 당연했다.

　교회 오르간을 바꿀 때마다 매입 가격의 절반을 그 교회에 부담시키는 것은 낭비를 방지하고, 금전을 필요로 하는 의미 있는 목적에만 사용하게 하려는 이유에서였다.

나의 경험상, 하늘의 아버지라는 종교의 성스러움을 모른 채 설교를 듣는 몇몇 신도에게 신성한 음악을 통해 자연에 경건한 마음을 불러일으키게 하는 오르간 소리는 없어서는 안 되었다. 그러므로 마음을 평온하게 하는 신앙에 투자한 돈은 결코 무익한 것이 아니라는 느낌이 들었다. 그리고 나는 오르간을 지금도 가지고 있다.

내 자선사업 가운데 아주 품격 높은 결과를 나타낸 것은 개인 은급기금(恩給基金)의 설치였다. 선과 성의를 베푼 유명한 노인에게 위안을 주는 것처럼 나에게 만족을 주는 것은 결코 없었다.

현재 이들 노인들이 생활의 곤궁에 빠져 있는 것은 결코 그들의 과실이라기보다는 전적으로 희생적인 삶을 살아가기 때문이라고 생각하면, 그들 노후에 위로금을 주는 것은 귀중한 일이다. 극히 소액의 돈으로 그들에게 즐거움을 줄 수가 있었다. 그러나 나는 보조가 필요한 사람이 대단히 많은 것을 발견하고는 놀라지 않을 수 없었다.

그 가운데에는 내가 실업계를 은퇴하기 전부터 어려운 상황에 처해 있던 사람이 많았기 때문에, 나는 그 일에 공헌한 것을 아주 기쁘게 여기고 있다. 그러나 나는 구조할 만한 가치가 조금도 인정되지 않는 사람은 명부에 등록시키지 않았다. 이것은 일체 공표하지 않는 비밀이었다. 어떤 사람이 나의 도움을 받고 있는지는 아무도 알지 못한다.

이 일은 나의 마음에 결코 지울 수 없는 의미를 주었다. 그것은 '내가 받은 모든 것에 대한 은혜를 보답하는 행위로써 나는 이 세상에서 무엇을 했던가?' 하는 물음에 대한 참된 답변이라고 생각한다. 즉, 개인연금

명부에 등록되어 있는 나의 친구들이 나에게 만족한 답을 주고 있다.

나는 인생의 축복에 대해, 내가 받아야 할 몫 이상으로 많이 받고 있다. 그래서 나는 알지 못하는 사람에게 무엇을 기대하지 않는다. 우리들은 현재 우주의 법칙에 지배되고 있다. 무엇이든 이유 없이 구하지 않고 근거 없이 두려워하지 않으면서 오로지 우리들의 적당한 의무를 수행한다.

현세나 내세에 있어서도 하등의 보상을 구걸하지 않으면서 묵묵히 앉아 머리를 숙이고 가슴속 양심의 명령에 따를 수밖에 없다.

'받는 것보다는 주는 것이 행복하다'는 것은 곧 진리이다.

이 친구들은 나의 지위가 바뀌어도, 나와 내 가족에게 내가 그들을 위했던 만큼 보답하리라는 것을 믿는다.

그들이 나에게 보내는 보답의 인사에는 아주 귀중한 것이 많다. 그 가운데는 매일 밤 내가 축복을 받도록 하나님께 기도를 드린다는 사람까지 있었다. 여기에 대해서 나는 때때로 나의 진심을 나타낼 수밖에 없었다.

"제발 그것을 중지해 주십시오. 나를 위해 기도하는 것은 이제 필요 없습니다. 나는 지금까지 내가 받을 복보다 훨씬 많은 것을 받고 있으니, 공평한 위원회의 심판으로 조사할 것 같으면 나에게 주어진 하늘의 행운을 도로 빼앗아 다른 이에게 주어야 한다고 할 겁니다."

이 기금은 수년 전에 설치된 것으로 점차적으로 발달하여 오늘날은 크게 성장했다.

이것은 내가 펜실베이니아 철도회사의 국장 시절에 나의 직원으로 있었던 유능한 직원이나 미망인을 많이 구제했다. 그리고 내가 처음으로 철도 직원이 되었을 때는 일개 소년이었던, 내 친구의 이름을 아직까지 잊지 않고 있다. 그들은 나에게 아주 친절하였다. 그 연금을 받고 있는 사람은 대체로 나의 지기이며, 나의 친구였다.

내가 4백 달러를 기부한 공장 직공의 연금 기금 수령자 중에는 나와 안면이 없는 사람이 몇 백 명도 더 되었으며, 그런 것이 현재 내게 도움이 된다고 생각하면 흡족할 뿐이다.

21

평화전과 베텐구리프

19. 부(富)의 복음

20. 교육 기금

21. 평화전과 베텐구리프

22. 매슈 아널드

23. 영국 정계의 영수(領首)

영어를 사용하는 민족끼리는 서로 평화로워야 한다는 생각은 이미 나의 소년 시절부터 형성되어 있었다.

1869년에 영국이 세계 최대의 전함으로 알려진 '모나크'를 진수(進水)시키면서 그 전함의 위용을 자랑하고, 미국의 각 도시로부터 헌납금을 거두어들였다. 사람들은 그 이유를 잊어버린 지 오래되었다.

그러나 그 소문이 세상에 알려졌다. 하지만 어떠한 권력이라도 여기에 저항할 수 없다고 자랑스럽게 선전하였다. 나는 당시 영국의 내각의원이었던 존 브라이드에게 전보를 보냈다. 영미간의 해저 전선은 그제서야 개통되었다.

'모나크가 할 첫째의 역할은 비포데의 유해를 본국에 수송하는 일이다.'

비포데는 미국의 실업가이자 자선가로서, 1869년 런던에서 객사했다.

이 전보에는 발신인의 이름이 적혀 있지 않았으나, 이상스럽게도 이 일은 실행되었다. 그래서 모나크는 파괴의 도구가 아니라, 평화의 도구가 되었다.

그 후 오래 있다가 버밍엄의 한 만찬회에서 브라이드 씨와 면회했을 때, 그 발신인이 나였음을 얘기했다.

그는 발신인이 없는 전보에 놀라긴 했으나, 전보가 그의 마음을 움직였기 때문에, 즉시 그 일을 실행했다고 말했다. 나는 그가 참으로 훌륭한 정신을 발휘했다고 믿는다. 실은 그와 같은 일이 이루어진 것은 전적으로 그의 공로였다고 생각된다.

남북전쟁 당시에도 우리 공화국이 해외에 도움을 청했을 때, 그는 여기에 응해 좋은 친구가 되어주었다.

나는 그를 현대에 살고 있는 영웅으로 생각한다. 나의 아버지께서는 그를 존경하고 있었다. 그는 정계에 진출한 초기에는 난폭한 급진론자라는 지탄을 받기도 했으나 점점 기반을 굳혀, 드디어 전국의 모든 사람이 그의 정견에 귀를 기울이게 되었다.

평화는 그의 지론으로서 크리미아 전쟁 같은 것도, 솔즈베리 경이 나중에 인정한 것처럼, 그는 철저히 방지하려고 하였던 것이다. 그러나 영국은 나중에 불의의 싸움에 참가했다는 불명예를 얻게 되었다.

나는 브라이드의 친구로서 윈체스터 국회 의사당에 비치된 빈약한 브라이드 조각을, 복제이긴 하지만 훌륭한 것으로 바꾸고 싶다고 브라이드 일가에게 말했다. 그때 브라이드 가족은 쾌히 승낙했다. 그것은 그들이 나에게 준 특권으로서, 나는 뜨겁게 감사하고 있다.

나는 첫 영국 방문 중 대영국평화협회에 흥미가 있어 여러 번 그 협회에 출석했다. 나중에는 특히 국회의 유명한 노동당 대의사 크레만 씨를 알고 그가 설립한 국회의원협회에 흥미를 갖게 되었다.

현대인으로서 이 크레만 씨와 어깨를 겨룰 사람은 극히 적다. 그가 노벨 상금 8천 파운드를 받았을 때 1천 파운드를 중재위원회에 기부하였다. 참된 영웅에게 금전은 먼지와 같다.

크레만 씨는 런던에서 생활할 수 있는 비용을 그의 동업자들로부터 일주일에 몇 달러씩 지원받고 있었다. 그러나 느닷없이 큰돈이 굴러들어왔으나, 그는 조금도 망설임 없이 전부 평화를 위해 써버리고 말았다. 이런 점은 실로 훌륭한 행위라고 할 수 있다.

내가 1887년 워싱턴에서 이 중재위원을 클리블랜드 대통령에게 인사시켰을 때, 그들은 아주 기뻐했다.

대통령은 그들과 만나 그들의 사업에 협조를 약속했다. 그날부터 전쟁과 전멸이라는 것이 나의 가슴을 점점 무겁게 하고, 드디어 일체의 것을 압도하게 되었다.

제1회 헤이그 회의의 놀랄 만한 활동은 나에게 강렬한 기쁨을 주었다. 본래 군비 철폐의 목적으로 소집된 것이었으나, 국제 분쟁을 해결하는 상설 중재 법정을 설치한 구체적 성과를 올린 것은 그 회의의 일대 권위였다.

나는 이것이 인류사상 평화를 정착시키는 최대의 수단이라고 인식했다. 그러나 마치 한 영웅의 영감에 의한 것같이, 많은 예비적 토론도 없이 잠깐 사이에 이 수단은 결정되었다. 숭고한 평화의 신념이 이 회의를 지배한 것이 분명하다.

호루즈 씨의 죽음은 나를 아주 슬프게 만들었다. 그때 그가 살아 있어서 상석 미국 대표 앤드류 화이트와 같이 제2회 헤이그 회의에 대표로 출석하였다면, 그들의 협조로 전쟁 철폐의 국제 법정 설치안을 통과시킬 수가 있었을지도 모른다.

상석 대표로 위임을 받고 밤중에 헤이그에서 독일로 출발하여, 독일의 황제와 외무대신과 회견을 가져 그들을 설복시키고, 독일 대표의 '헤이그 철수의 위협 수단'을 번안토록 하여, 고등법원 설치안을 승복시킨 것은 바로 호루즈 그였다.

군비 철폐를 위한 그 혁혁한 공은 인류의 행복에 공헌한 최대의 공적으로서 역사상 대서특필할 만하다. 그러나 슬프게도 아직 노령에 접어들기도 전에 이 위인은 아깝게도 세상을 떠나버렸다.

이 국제 법정이 성립되는 날이 왔더라면, 이것이야말로 세계의 역사상 기억할 만한 날로 기념될 것이다.

그 날에는 인간의 죄악인, 아주 심각하고 흉악한 테러나 다름없는 전쟁이 끝나는 종소리가 일시에 울릴 것이다.

그 날은 세계 각국의 대축제일로 기념될 것이다. 나는 이 축제일이 먼 장래가 아니라, 가까운 날에 오리라고 믿는다.

그 시대에는 종래 전쟁에 공훈을 세워 영웅으로서 찬양받는 역사적 인물들은 평화와 인도 정신을 조성하는 데 잊혀질 아무런 노력을 하지 않았기 때문에, 점차 세상 사람들로부터 잊혀질 것이다.

앤드류 화이트와 호루즈가 헤이그에서 돌아왔을 때, 헤이그에 '평화의 전당'을 건설할 자금을 제공하지 않겠느냐고 제의를 해왔다. 나는 내가 자진하여 제공하는 것은 오해를 받을 것 같으니, 네덜란드 정부가 나에게 자금 조달을 요구한다면, 나는 흔쾌히 받아들이겠다고 하였다.

그러나 네덜란드 정부에서 내 제의를 거절하여 자금 제공을 그만두기로 하였다.

그런데 나중에 워싱턴 주재 네덜란드 공사 제워즈 남작을 통해 청구를 해왔기 때문에 즐겁게 승낙하였다.

그러나 나는 그것을 기념하기 위해 네덜란드 정부의 수표를 발행해 줄 것을 요구했으나 즉시 송금하지는 않았다. 그 후 네덜란드 정부는 나에게 수표를 발행해 주었고, 지금까지도 150만 달러의 수표를 기념으로 보존하고 있다.

평화의 전당이라는 참으로 신성한 목적으로 건설된 세계 최고의 건축물에 나 개인이 자금 제공을 맡는다는 것은 실로 과분한 명예이다.

롯테가 말한 것같이, 우리들 인간은 신에게 봉사하는 것일 뿐 신을 원조할 수는 없다. 신은 인간의 도움을 필요로 하지 않는다. 신은 숭고한 존재자로서 그 신의 영광을 위해 세워지게 된 성 베드로 사원도 역시 동일한 목적을 갖는다. 기타 어떠한 대건축이라도 이 평화의 전당에는 결코 미치지 못한다고 생각한다.

이 전당은 타락하는 신의 아들들에게 평화를 주는 것을 목적으로 하고 있다. 롯테는, '신께 바치는 참으로 고상한 예배는 인간에게 봉사하는 것이다'라고 했다. 송구스럽긴 하지만, 나도 롯테나 프랭클린과 같은 느낌이다

나의 친구들이 1907년에 뉴욕평화협의회를 조직하여 나를 그 회장에 추대하려고 했다. 그렇지만 나는 바쁘다는 이유로 응하지 않았다. 사실 바쁘긴 하였으나, 거절한 것에 대해 마음속으로 미안하게 생각하고 있다.

평화를 위해 자기를 희생하지 않는다면 무엇을 위해 희생할 것인가? 나는 도대체 무엇을 위해 일할 것인가? 스스로 자문해 보았으나 그 답은 괴로울 뿐이었다. 다행히 며칠 지나서 목사 라이만 아푸트, 목사 린

치, 기타의 명사들이 나에게 다시 한번 생각해 달라고 찾아왔다.

　나는 그들이 온 목적을 미리 알고 있었으므로 이야기를 들을 필요가 없다고 솔직히 말했다. 실은 추천을 사양하였기 때문에 양심에 걸리는 점이 많았으므로 빨리 승낙하여 나의 책임을 다할 생각이었다. 그 후 4월, 국민대회가 열렸다. 이것은 평화협회의 역사상 최초의 대집회였다. 미국 연방 중 35개 주의 대표자와 저명인·외국인 등이 다수 참가하였다.

　내가 훈장을 받은 첫 경험은 이때 뜻밖에 프랑스 정부로부터 받은 레지온 오노아의 '나이트 콘만타'라는 것이었다. 거기에 이어 내가 주재한 뉴욕의 평화협회 대향연에서, 다에스트넬 콘스탄트 남작이 연단에 서서 일동의 갈채 속에 일장 연설을 하였다. 그것은 내가 왕의 표창을 받는다는 뜻밖의 말이었다.

　국제평화의 큰 뜻에 공헌한 공적을 표창한다는 뜻을 지녔기 때문에 나에게 있어서는 실로 큰 영광이며, 또 감사한 것이었다.

　명예는 사람을 자랑스럽게 만드는 것이 아니라, 도리어 겸손하게 만든다고 생각한다. 그래서 나는 거절하지 않았다.

　이것은 또 나를 점점 격려하여 내가 훌륭한 인격을 갖추게 하는 데 도움이 되었다. 나에게 찬사를 보내 주신 사람들의 그 연설 역시 내가 마치 이 표창의 표준 인물처럼 말했지만, 그것은 전적으로 그들의 잘못된 판단이었다.

　여기에는 나의 소년 시절의 감동이 넘쳐 있기 때문이다. 그래서 그 감격이야말로 참으로 순수하고 상쾌한 것이다.

　나는 여기서 어떻게 해서라도 이것에 대한 사정을 이야기하지 않을 수 없다. 내가 가졌던 물욕에 대해 기억하고 있는 것은, 사원 경내와 왕성, 그리고 고적의 일부와 뎀퍼린 시의 땅을 갖기 위한 유지들의 운동이었다. 이 운동을 개시한 것은 나의 조부 모리슨이라고 듣고 있었으나, 어쨌든 그는 그 유지의 한 사람이었다.

로다 및 모리슨 숙부는 계속하여 그 운동을 담당하였으며, 모리슨은 사원 성벽의 일부를 파괴할 목적으로 사람을 선동하였다는 혐의까지 받기도 했다. 시민들은 이 사실을 최고 법정까지 끌어내어 싸움에서 승리했음에도 사원의 우두머리는 그 후,

'모리슨 일족은 일체 계곡에 들어가지 말라.'

라고 제한구역을 설치하여 복수를 하였다.

나도 모리슨 일족이라고 해서 금지 제한을 받았다. 베텐구리프는 대대로 우두머리와 시민 사이에 좋지 않은 감정을 가지고 있었다. 내가 아는 한 이 계곡은 세계의 어디에도 비할 수 없는 비경이었다. 이 성벽은 사원 및 왕성의 경내에 인접하여 그 서쪽과 북쪽에 2개의 통로로 되어 있다. 면적은 670평으로, 울창한 수목이 번창하고, 근방의 높은 곳은 하늘을 찌를 듯한 거목이 있어 참으로 일대 장관이다.

이곳은 뎀퍼린의 소년에게는 항상 낙원이었다. 나에게도 마찬가지였다.

내가 낙원의 이야기를 처음으로 들었을 때, 베텐구리프 계곡이 이 낙원의 모습과 가장 가까울 것이라고 상상하곤 했다. 혹시 문이 열린 곳이나 성벽 위에서 내부의 광경을 바라볼 수 있을 때는 그 황홀경에 도취되어 날아갈 듯이 기뻐했다.

거의 매주 일요일마다 로다 숙부는 도드와 네기를 데리고 사원의 주

위에서 계곡을 쳐다볼 수 있는 데까지 산책하였다. 그때마다 보이는, 이름 모르는 날짐승들이 큰 나무 날개를 접고 앉아 있었다.

나 같은 소년에게 있어서 그곳의 우두머리는 부귀의 권위로 보였다. 나의 유년 시절은 물론 청년 시절의 뇌리에 그려진 공중 누각 등, 베텐구리프의 굉장한 모습에 비교할 만한 것은 하나도 없었다.

나의 숙부 로다는 내가 성장하면 무엇이 될 것인지 종종 말씀하셨다. 만약 내가 큰 부자가 되어 베텐구리프의 우두머리가 될 것이라고 예언해 주었더라면, 그 이상 내 마음을 기쁘게 해줄 것은 없었으리라고 생각한다.

그리고 또 나의 소년 시절에 있어 천하의 낙원이었던 이 베텐구리프를 공원으로서 뎀퍼린에 기부할 수가 있다면 어떻게 했을까? 나는 나에게 왕관을 제공하여 이 특권을 교환하자는 사람이 있어도, 그것만은 거절했을 것이다.

로즈 박사가 핸드 장군의 계곡 매각설을 나에게 들려주었을 때, 나는 주의깊게 귀를 기울였다. 박사는 장군이 터무니없는 고가를 원한다고 생각했다. 그 후 얼마 동안은 그 계곡에 대한 이야기가 없었다.

1902년의 가을, 나는 런던에서 병으로 누워 있으면서도 이 문제에 관심이 집중되어 로즈 박사에게 방문해 줄 것을 요청하기로 했다.

어느 날 아침, 아내가 내 방에 와서 손님이 왔는데 알아맞혀 보라고 하였다. 나는 박사가 아닌가 물었다. 정말로 로즈 박사였다. 우리는 베텐구리프의 이야기를 하였다.

우리들의 친구인 에든버러의 쇼 경과 핸드 장군의 대리인과 회견할 기회가 있으면, 그들에게 다음과 같은 이야기를 해주기를 부탁하는 것이 좋겠다고 말했다.

'핸드 장군은 나와 매매 계약을 체결하지 않은 것을 유감으로 생각할 때가 올지도 모르고, 또 나처럼 열성적으로 이것을 사기를 원하는 사람이 있을지 모르는 일이다. 또 내 마음이 변할는지, 혹은 죽어 버릴지도 모른다'라고. 박사가 쇼 씨에게 이 이야기를 했을 때, 그는 다른 용건으로 내일 아침 핸드의 법률 고문과 만날 약속이 되어 있으므로 꼭 그 이야기를 할 것으로 본다고 하였다.

그 후 얼마 지나지 않아, 나는 뉴욕을 향해 출발하였다.

어느 날 쇼 씨로부터 핸드 장군이 4만 5천 파운드에 팔겠다는 소식을 보내 왔다. 이쪽에서도 전보를 보냈다.

'그런 조건이라면 계약합시다.'

크리스마스 전야에 나는 쇼 씨의 회답을 받았다.

'베텐구리프의 우두머리 만세!'

여기서 나는 유유하게 세계에서 참으로 행복한 부동산의 지주가 된 셈이다. 혹 왕이 뎀퍼린으로 행차하는 일이 있다면, 나는 이 보배로운 곳을 왕에게 보이면서 뽐내고 싶은 생각도 들었다.

넓은 정원과 계곡의 소유자로서, 이것들을 공중 도덕을 지닌 시민들에게 관리하게 하여 일반 시민들과 함께 행복을 나누는 방법이 있을 것 같이 생각되었다.

베텐구리프 공원에 관해서는 로즈 박사가 나의 사업에 참여하였으므로, 나는 박사의 계획에 의해 이사로서의 인물을 선정하여, 그 승낙을 받아 창립 회의를 스키보에서 열었다.

그들은 공원을 시에 기부하도록 논의할 것만을 상상하고 있었다. 또 로즈 박사에게까지 그 이상의 이야기는 해놓지 않았다. 그러나 그들은 내가 여기에 50만 파운드의 채권을 붙여, 뎀퍼린에 기부할 계획이라는 말을 듣고 모두들 크게 놀랐다. 그 후의 기부를 더해서 합계 375만 달러가 되었다.

이 계곡을 재단에 인도한 지 12년이 되건만, 이처럼 여기 사람들에게 애호받고 있는 공원은 결코 없으리라고 생각한다.

1년에 한 번 어린이들의 대축제, 그밖에 여러 사람들이 공원에서 즐겁게 노는 것을 보면 놀라지 않을 수 없다. 이처럼 재단 이사들은 내가 기부 조건에 명시한 대로 잘 수행하여 훌륭하게 성공하였다.

뎀퍼린 시민들의 단조로운 생활에 한층 많은 즐거움과 광명을 주게 되었다. 특히 소년들에게는 다른 주거 등에서 얻지 못하는 오락·행복·즐거움을 주었기에, 나의 고향에서 태어난 소년들이 방랑하는 일이 있어도 그 소년 시절의 일을 회고할 것이다.

아아! 나에게 있어서 재미있었던 옛 시절이 있기에 지금도 인생의 행복을 느끼고 기쁨에 넘쳐 있음을 느낀다. 이러한 것들이 이사들의 노력의 결과로 얻어졌다고 생각한다면, 이것만으로도 그들은 성공했다고 말할 수 있고, 그들의 삶은 결코 실패하지 않았다고 말할 수 있을 것이다.

나는 이것을 글로 썼기 때문에 캐나다의 전 총독 구레 경을 친구로 얻게 되었다. 경은 로즈 박사에게 편지를 보내 이렇게 말하였다.

'오늘 아침의 《타임》지에 글을 기고한 필자와 꼭 교제했으면 합니다.'

그래서 런던에서 만나기로 하였다. 우리들은 만나자마자 마치 옛 친구처럼 되었다. 경은 참으로 훌륭하고 위대한 인격의 소유자였다. 경은 현재 대영국 기금의 1천만 달러 재단이사 중의 한 사람이다.

베텐구리프는 나의 경험에 있어서 만족을 주었던 일대 쾌거였다. 급진주의의 대표인 토머스 모리슨의 손자로서, 또 그 위치를 계승한 그 아들 베리 모리슨의 조카로서, 또 성인(聖人)이라고 할 수 있는 아버지와 발군의 여걸을 어머니로 둔 내가 분기일전해서 대대로 가져봤으면 하던 그 토지를 소유했으며, 계곡과 공원을 영구히 템퍼린 시민에게 기증하는 역할을 했다는 것은, 나의 혈관에 흐르고 있는 시적 정서의 발동이었다고 본다.

이것은 어떠한 공중 누각도 따를 수 없고, 또 어떤 소설가의 상상에도 떠오를 수 없는 진실된 드라마였다.

또 나는 독백해 본다.

'나는 결코 헛되이 살지 않았다.'

이것은 나의 전 생애를 장식하는 영광으로, 하나님의 은혜이다. 나는 다른 모든 것에 대해 이것을 가장 귀중하고 소중하게 여긴다.

시세의 변화는 실로 불가사의한 복수를 하게 되는 것이다. 조부 모리슨 이래의 원수를 훌륭하게 갚은 것이다.

내가 부의 축적을 그만두고 그 분배를 시작한 지 13년이 된다. 만일 내가 은퇴 준비가 되어 그 후 다른 어떤 길을 찾았더라면, 아마도 축적이나 분배에 성공하지 못했을 것이라고 생각한다.

그리고 읽거나 쓰거나 또는 연설하는 습관이 있고, 또 그것을 즐기고 좋아했기 때문에 실업계 은퇴 전에 지식인과의 교제와 우의가 두터웠으므로, 은퇴 후의 생활에 한 단계 높은 흥미를 가졌다.

은퇴 후 수년 동안 나는 어쩐지 옛 공장을 방문할 용기가 생기지 않았다. 방문하였더라면 이미 없어진 많은 옛 친구를 생각하고 도저히 그 슬픔을 견디어 내지 못했을 것이다. 물론 그들이 있다고 해도 한 사람이나 두 사람 정도 나를 안테라고 부를 것이고, 그밖에는 새로운 사람일 것이다.

나는 중년에 사업 경영상 제휴한 옛 친구들을 잊은 것은 아니다. 또 그들이 완전히 달라진 나의 환경을 보고 나를 위로하지 않았던 것도 아니다. 그들은 나의 힘이었다. 특별히 그 가운데서도 많이 위로해 준 것은 그들이 나의 은퇴 후 재빨리 '카네기 노동협회'를 조직한 것으로, 뉴욕의 내 저택에서 회원들과 함께 하는 매년의 만찬회는 최대 기쁨이다. 그 기쁨은 실로 연이어 더해지는 즐거움으로 커지기만 한다.

협회 회원 중 세계 여행을 즐기고 있던 사람도 그 먼 곳에서 어슬렁어슬렁 출석한다. 그때 서로 주고받는 대화는 나의 생애 중 참으로 마음에 꽉 차는 기쁨을 준다.

나는 예부터 나의 어린 시절 친구들로부터 정성어린 애정을 받아 왔다. 분에 넘칠 정도였다. 우울에 빠졌을 때는 이 일들이 떠올라서 혼자 소리를 지른다.

'이것만 있으면 재산은 없어도 좋다. 억만 장자도 이런 것이 없어서는 안 된다.'

우리 부부는 남녀 구별 없이 많은 위인·군자와 교제하는 좋은 기회를 얻었다. 특히 내가 무한히 기쁘게 생각하는 것은 아내도 나처럼 내 어린 시절 친구들에 대한 애정으로 넘쳐 있다는 것이다. 제1회의 노동협회 만찬회를 나의 뉴욕 저택에서 갖게 된 것도 실은 내 아내의 주장으로 열린 것이다.

그들이 나의 아내를 제1명예회원에, 나의 딸을 제2명예회원에 추천한 것도 단순한 형식적인 인사는 아니었다.

나의 아내와 딸은 우리 회원의 마음속에 깊이 간직되었다. 나는 연장자이긴 했으나 그대로 어린 한패였다. 일신을 위해서가 아니라, 서로를 위해 완전한 신뢰, 공동의 목적, 또 깊은 애정 등이 우리 일동에게 동지적인 공감대를 만들어 주었다.

우리들은 원래가 친구였으나 나중에 동지 사원이 된 것이다. 마흔다섯 명의 동지 가운데 마흔세 사람은 일생 변하지 않는 친교를 굳게 맺었다.

그밖에 매년 정선된 인물들의 모임은 문학가의 가정 만찬회로, 그 간사는 나의 친구 〈센츄리〉지의 주간이었던 리처드 와드슨 키루타 씨였다.

키루타 주간이 그 해 주빈의 저작에서 몇 구절을 써서 내빈에게 돌린 것이 모인 일동에게 기쁨을 주었고, 또 내빈 중 새 얼굴들의 연설은 더욱 흥미를 주었다.

1895년에는 존 모레가 주빈으로서, 그의 저작 중 몇 구절을 명함에 써서 하나하나 접시에 담아 내빈들에게 돌렸다.

어느 해 키루타가 내빈의 좌석순을 정하기 위해 남보다 일찍 만찬회장에 와 있었다. 그는 좌석 정리를 끝내고 내게로 와서, 좌석순을 일단 정하긴 했으나 다시 한 번 돌아보면 좋겠다고 하였다. 처음 좌석을 정리했을 때에는 존 바로스와 에스트 톰슨 세턴의 자리가 서로 이웃해 있었다.

두 사람은 사냥에 대한 의견의 불일치로 격렬하게 다툰 후부터는 사이가 좋지 않았다. 키루타는 두 사람이 나란히 앉는다면 큰일이 벌어지리라 확신하고 자리를 서로 떨어지게 하였다.

나는 이 말을 듣고는 나중에 사람들에게 들키지 않도록 식당에 들어가 처음대로 자리를 고쳐 놓았다.

모두 참석한 후 존 바로스와 에스트 톰슨이 서로 옆자리가 되어 있었기 때문에, 키루타는 아주 난처한 얼굴을 하였다. 그 결과 내가 예상한 대로 두 사람은 서로 화해가 되어 아주 좋은 친구가 되었다. 교훈은 바로 이런 것이다. 화해를 시키기 위해서는 서로 예의가 필요한 자리에 나란히 참석시키는 것이다.

사람이란 서로의 마음을 알지 못하기 때문에 서로를 믿지 못하는 것이 진리이다. 적을 식사에 초대하는 것만이 아니라, 그 청을 거절하지 못하도록 만드는 것도 확실한 화해의 방법이다.

쌍방이 상대방의 논점을 이해하지 못하고 의견을 달리했을 때는 그 입장을 충분히 이해하고, 먼저 화해의 손을 내미는 사람이 현명한 사람이다. 이것을 거부하는 사람은 죽음에 이르기까지 불쾌한 세월을 보내지 않으면 안 된다. 친구를 잃는다는 것은 돌이킬 수 없는 손실이므로.

가령 전에 비해 다소 친숙한 정을 잃었다고 해도 형식적으로는 친구임엔 틀림없지만, 엄밀하게는 이미 친구가 아니다. 한번 친밀했던 사람이 친구로서 존재할 때는 즐겁겠지만, 세월이 흘러갈수록 친구들은 떠나버리게 되고, 결국 자기 혼자 살아가게 된다.

어떠한 사람에게도 행복·광명·성공이 있기를 희망하고, 어떠한 삶에게도 방해를 하지 말아야 한다. 또 힘이 미치는 데까지 최대한 도와주었다고 스스로 느끼는 사람은 실로 행복한 사람이다. 그러나 불명예스러운 행동이 밝혀진 자를 구태여 자기의 친구로 두어서 불쾌감을 초래할 필요는 없다.

그러나 무례한 인물에 대해서는 그냥 불쌍히 여길 수밖에 없다. 과거의 친구가 그렇게 되었다는 것은 손실이고 또 불행한 느낌도 생긴다. 왜냐하면 참된 우정은 덕행에 의해서만이 유지되고 발달되는 것이기 때문이다. 사랑에 병들고, 또 시들기 시작할 때 사람은 더욱더 형식의 가면을 사용한다.

나의 실업계 은퇴를 열렬히 축복해 준 친구는 마크 트웨인이었다. 신문이 내 재산이 얼마인지를 찾아내려고 애쓸 때, 나는 그에게서 한 통의 편지를 받았다.

'귀하를 존경하는 사람들에게 찬송가 한 권씩 구입할 수 있는 자금 1달러 50센트를 기부해 주시면 좋겠습니다.'

그가 뉴욕에서 와병 중일 때 내가 몇 차례 문병하였기에 그의 편지는 유쾌하게 생각되었다. 그는 병상에 있으면서도 평소의 명랑함을 잃지 않는 사나이였다.

나는 어느 날 스코틀랜드를 떠나기 전에 작별을 하기 위해서 그를 방문하였다. 내가 떠난 후 얼마 되지 않아 대학교수 연금기구의 설치가 뉴욕에서 공표되었다. 스코틀랜드 체재 중 여기에 관한 마크의 편지가 나에게 전해졌다. 그 중 한 마디를 골라내면 다음과 같다.

'당신은 저의 후광이 되리라고 생각하면서 당신의 위대한 공로를 이야기하지 않을 수 없습니다.'

마크 트웨인과 친교가 있던 사람은 그가 매력적인 사람임을 증명할 수 있다. 조제프슨은 그에 대해 말하기를, 그 풍채·언어가 대단히 뛰어나다고 했다.

세상에서는 마크 트웨인의 한쪽만, 즉 재미있는 부분만을 알고 있다. 그가 정치 문제·사회 문제 등에 강한 확신을 가지고 있다는 것, 또 고상한 도덕가인 것은 거의 알지 못하고 있다. 예컨대 아키날드를 사기죄로 체포했을 때 참으로 통쾌한 반대론을 주장한 사람은 바로 그였다. 제니아스도 그에 비하면 필력이 약했다.

마크 트웨인의 일흔 번째 생일은 어디에 비할 수 없을 만큼 놀라운 광경이었다. 그 모임은 중견 문사들로 가득 찼다. 그는 궁핍할 때 친구였던 대부호 로저스 씨가 참석해 주기를 바란다는 부탁을 잊지 않았다. 마크 트웨인의 명성은 여전했다. 이름 있는 문사들은 누구나 그의 문예를 칭송하는 연설을 하였다.

내 차례가 되어 언급하기를, 그가 인간으로서 해놓은 일은 그 문학적 업적과 같이 영구히 후세에 살아 있을 것이라고 하여 일동의 주의를 끌었다.

마크와 스콧은 서로 떨어질 수 없는 관계로 맺어져 있다. 마크는 스콧과 같은 동업자들의 실책에 의해서 재산을 탕진하였다. 그래서 그가 선택해야 할 진로는 두 가지밖에 없었다. 하나는 평탄하고 안일하면서도 간단한 진로, 즉 법률에 맡기는 것이었다. 이것은 재산을 전부 던져버리고 파산 수속을 하여 새로이 시작하는 것이다. 그가 채권자에게 질 의무는 이것뿐이었다.

다른 진로는 긴 가시밭길에서 필생의 분투로 일체의 것을 희생할 각오가 필요한 것이다. 이 두 가지의 길이 그의 앞에 기다리고 있었고, 그는 드디어 결단을 내렸다.

'내가 채권자에 부채를 책임지는 것은 문제가 안 된다. 나 자신에 대해서 부채를 지는 것이 문제가 된다.'

나는 마크의 또 다른 모습을 알게 되었다.

대다수의 인간은 그 생애에 있어서 몇 번인가 자기의 진가를 입증할 기회가 있다. 위기에 처했을 때 그 사람의 진가를 나타내는 것은 그때의 결단에 달려 있다.

마크는 치솟는 불과 싸우는 영웅다운 남성으로 태어났다. 그는 강연하면서 세계를 두루 돌았고, 그것으로 빚진 돈을 한 푼도 남기지 않고 다 갚았다. 거기서 그는 쾌남아 마크 트웨인으로서 다른 일면만을 알고 있던 사람들에게 영웅다운 면을 보여준 것이다. 그는 남자로서도 영웅으로서도 최고에 속하는 인물이었다.

그의 아내는 여장부다. 남편의 내조자가 되어 항상 그를 돕고 함께 세계를 돌면서 남편의 곤란을 극복시키는 데 지대한 공을 했다. 이와 같은 일을 그는 항상 잊지 않고 친구들에게 이야기하였다. 부인이 죽은 후 내가 처음 그를 방문했을 때, 그가 말한 한 마디처럼 뼈아프게 나를 감격시킨 적은 나의 생애에서는 결코 없었다.

다행히 나는 그가 혼자 있을 때 만났기에 서로 손을 잡긴 했으나, 잡은 그대로 한 마디의 말도 나누지 않았다. 이윽고 그가 나의 손을 더욱 굳게 잡으면서,

"망해 버린 가정, 망해 버린 가정."

신음하듯 말을 했다.

그와 나는 그저 아무 말 없이 손을 잡고 있었다. 내가 이 글을 쓰는 것은 수년 후이긴 하나, 지금 그때의 한 마디가 새삼 귓가에 맴돌아 내

마음에 메아리친다.

　우리의 조상들이 가지지 못했던 하나의 혜택이 오늘날 우리에게 주어지게 되었다. 즉, 양심이라는 재판관이 이 세상을 살아가는 동안 큰 죄를 짓지 않았다고 판결한다면, 우리들은 어떤 재판관도 두려워할 이유가 없다는 것은 진리에 가깝다.

　너 스스로 진실해라. 그러면 밤과 낮이 계속되는 것같이 꼭 정직한 사람을 얻을 것이다.'

　자신이 지상에서 범한 죄악에 대해 신이 영원한 형벌을 가하는 것은 실로 배신적 교의로서, 마왕이라도 이것은 믿지 않으리라 생각한다.

22

매슈 아널드

19. 부(富)의 복음

20. 교육 기금

21. 평화전과 베텐구리프

22. 매슈 아널드

23. 영국 정계의 영수(領首)

나와 존 모레는 매슈 아널드야말로 우리 두 사람이 경험한 사교계에서 참으로 애교 있는 남자라는 데 의견을 같이한다.

그는 정말로 애교가 풍부했다. 이 한 마디 말밖에는 그와의 대화의 결과를 적절하게 나타낼 만한 단어가 없다. 그는 엄숙하게 침묵을 지키면서도 사람을 끄는 매력이 있었다.

1880년이라고 기억된다. 그와 내가 같이 남부 아일랜드를 마차로 유람할 때, 윌리엄 부라크와 에트윈 아페도 일행에 끼여 있었다.

아름다운 마을에 다다랐을 때, 그는 잠시 동안 마차를 세웠다. 이곳은 그의 종교적 명명자인 키부르의 묘가 있는 곳으로, 그가 참배하겠다고 하면서 다시 설명을 덧붙였다.

"아아! 그리운 키부르여, 신학 문제에 있어서 나의 의견 때문에 나는 그에게 많은 걱정을 끼쳤으며 나도 걱정하였다. 그러나 그들은 누구보다 가까운 친구였다. 마음을 아프게 했으나, 나를 교수에게 천거하기 위해 옥스퍼드 대학까지 방문했다."

우리들은 줄을 지어 조용하게 묘지로 발을 옮겼다. 키부르의 묘 앞에

묵묵히 서서 깊은 생각에 잠겼다. 그 일로 매슈 아널드는 나에게 잊지 못할 인상을 주었다.

그 후 그는 자기의 신학에 관한 이야기를 하였다. 이것 때문에 그는 참으로 귀중한 친구들에게 걱정을 끼쳤다고 하였다.

"구라트스턴 씨는 언젠가 중요한 인물이 될 것이라 했는데, 나는 심각하게도 실망이나 일종의 불쾌감을 나타낸 일이 있어. 틀림없이 나의 승진을 방해하고, 또 친구들에게 비통함을 갖게 한 것은 나의 죄였어. 그것은 아주 미안한 일이었지만, 생각한 것을 말하지 않을 수는 없었지."

라고 그는 그때의 심정을 이야기하였다.

그의 비통한 음성은 똑똑히 나의 기억에 남아 있다. 그에게서 쏟아져 나오는 한 마디, 한 구절에도 슬픔이 깃들어 있었다. 이 말들은 어딘가 깊은 곳에서 천천히 들려오는 말처럼 나에게 뭉클한 감동이었다.

시대는 차츰 변화되어, 지금은 그의 말을 받아들이려고 한다. 그의 종교는 오늘날 거의 승인되고 있다. 착실한 종교가를 뽑는 대회가 있다면 단연 매슈 아널드를 선정할 것이다.

불경한 언어는 결코 그의 입 밖에 나온 적이 없다. 이 점에 있어서 그와 구라트스턴 씨는 똑같이 초연하였다. 그리고 그는 아주 짧은 한 마디를 가지고 초자 연설을 부인했다.

"기적 문제는 종결되었다. 오늘날 기적이 없다는 것이 무엇보다 그 확증이다."

그와 그의 딸이 1883년 뉴욕에 머무를 때 내 집의 손님이 되고, 또 에레니게의 산장에 머물렀기 때문에 나는 그의 인품을 가늠할 기회가 많이 있었으나 충분하다고는 할 수 없다.

그가 뉴욕에서 처음 연설했을 때, 나의 어머니와 나는 동행하여 그의 연설 회장에 갔던 일이 있다. 그때의 청중은 훌륭한 사람들이었다.

그러나 그 강연은 성공하지 못하였다. 왜냐하면 공개 연설의 기술이 모자랐기 때문이었다. 청중들은 그의 연설에 귀를 기울이지 않았다. 그는 연설을 끝내고 집으로 돌아오는 즉시,

"자, 여러분. 무엇인가 이야기하실 것 같은데 말씀해 주십시오."
라고 자기의 강연에 대해 궁금해했다.

나는 그가 연설의 성공에 너무 깊은 관심을 갖고 있음을 알았다. 나는 주저하지 않고, 공개 연설에 필요한 훈련을 하지 않는 한 결코 성공하지 못할 것이라고 일러주었다. 먼저 전문 웅변학자를 초빙하여 연습할 필요가 있다고 역설하였을 때, 그는 나의 열성에 마음이 움직여서 그렇게 하겠다고 동의하였다.

그는 나의 어머니를 향해 한 마디만 비평을 해달라고 요구했다.

"여러분들이 의견을 말씀했습니다만, 이번에는 집에만 계시는 카네기 어머님의 생각을 듣고 싶습니다. 저의 첫 번째의 성적을 어떻게 평가해 주시겠습니까?"

"너무 어린 냄새가 나는 것 같아요, 아널드 씨."
하고 어머니는 조용히 대답하였다.

아널드 씨는 이때 마치 망치로 머리를 맞은 것 같았다고 회고했다.

그가 서부의 여러 주를 여행하고 뉴욕을 다시 방문했을 때의 강연은 실로 훌륭했다. 물론 브루클린 음악당에서 행한 강연은 그 당당한 음성이 모두에게 감동을 줄 정도로 대성공이었다. 그는 나의 지적을 받아들

여 웅변학 교수로부터 몇 차례의 연습을 받았다. 그 후에는 모든 것이 만족스럽게 되었다.

그가 유명한 설교가인 피차 씨의 설교를 듣고 싶다기에, 우리는 어느 일요일 아침 브루클린으로 갔다. 피차 씨에게는 내가 간다는 것을 미리 알려주어, 예배 후 그곳에 남았다가 아널드 씨와 만나게 해줄 생각이었다. 내가 아널드 씨를 소개하자, 피차 씨는 아주 환영했다.

눈에 보이지 않는 영혼으로 오랫동안 알고 있었던 사람을 서로 육안으로 보게 되어 정말 유쾌하다는 말을 하며 손을 굳게 잡았다.

"아널드 씨, 댁이 쓴 것은 모조리 다 읽었습니다. 적어도 한 번은 꼭 읽습니다. 또 몇 번이고 되풀이해서 읽은 것이 많이 있습니다. 그리하여 언제나 교훈으로 삼고 있습니다."

이것을 듣고 난 아널드 씨는 대답하기를,

"아! 그렇습니까. 그런데 선생님에 대해 쓴 일은 없습니다만, 쓰지 않았던 것이 좋았다고 생각합니다."

"무슨 말씀입니까? 저에 대해 쓴 것이 있었기 때문에 저에게 참으로 유익했습니다."

피차 선생의 미소 띤 대답에 두 사람은 똑같이 웃었다.

피차 씨는 어떠한 경우에도 침착한 모습이었다. 매슈 아널드 씨를 피차 씨에게 소개한 후, 나는 잉카솔 장군의 딸인 B양을 소개하여 유쾌한 기분이 되었다. 소개의 인사말로서,

"피차 선생님, 잉카솔 씨의 따님께서 교회에 나오게 된 것은 이번이 처음입니다."

라고 말하였다.

그는 손을 내밀어 B양의 손을 잡고, 정면으로 그 얼굴을 쳐다보면서 천천히 말했다.

"아가씨같이 아름다운 이교도는 본 적이 없습니다."

잉카솔 양의 젊었을 때를 기억하고 있는 사람은 누구나 피차 씨와 동감을 표시할 것이다.

피차 씨는 연설의 일인자인 잉카솔에 대한 이야기를 꺼냈다.

"아버지는 어떻습니까. 말씀을 아주 잘 하시지요? 아버지와 나는 몇 번 함께 연설을 했습니다만, 우리 두 사람의 의견이 서로 비슷한 데 대해 나는 아주 기뻤습니다."

피차 씨는 참된 군자로서, 그에게는 남의 장점을 발견하여 자기에게 끌어들이는 탁월한 기술이 있었다.

스펜서의 철학, 건전한 생각으로 이룩한 아널드의 식견, 잉카솔의 고결한 정치적 이상에 대한 강경한 주장 등은 모두 피차의 사상에 감화를 주었고, 또 매우 유익한 자료가 되었다. 피차 씨는 모든 사람들을 고귀한 친구로 생각하여 그 장점을 인정하고, 그것을 환영할 수 있는 아량을 구비하고 있었다.

아널드는 1887년 어느 날 스코틀랜드로 나를 방문하고, 사냥에 대한 이야기를 하였지만 사냥은 하지 않았다. 날개를 펴고 푸른 하늘을 날아다니는 날짐승을 죽이는 것을 즐기는 것은 견딜 수 없는 일이라고 말했다. 그러나 낚시질만은 그만둘 수가 없다고 하면서,

"낚시터의 조용한 분위기에 마음이 끌린다."

하고 설명했다.

그는 1년에 23회 정도 어떤 공작과 낚시질을 즐겼던 즐거움을 말했

다. 그 친절한 공작이 누구인지 나는 기억하고 있지는 않으나, 무엇인가 풍류가 없었던 사람이었다는 점에서 화제에 올랐다. 그러자 어째서 그런 인물과 가까이했는가 하는 질문에 대답하기를,

"아! 바로 그것입니다. 공작이라고 하면 우리 사회에서는 언제나 대단한 인물입니다. 두뇌나 행위 등에 관계 없이 언제나 대단한 인물인 것입니다. 그에 반해 우리 평민은 모두가 속물이지요. 이것은 수백 년의 역사가 모두 그랬습니다. 모두가 속물이기 때문에 우리들은 어쩔 수도 없었습니다. 그것이 혈통이지요."

하고 웃으면서 말하긴 하였으나, 마음속에는 무엇인가 말하지 않은 사상이 숨어 있다는 것을 나는 상상할 수 있었다.

그는 속물이 아니었지만, 오랜 세습적 혈통이라는 얘기를 듣고도 일소에 붙이는 천성을 갖고 있었다.

혈통은 대개 어떻게 할 수가 없다. 그러나 그는 상류사회의 사람들에게 흥미를 가지고 있었다. 뉴욕에 체재 중 특히 말타빌드 씨와 면회하고 싶다고 말했던 것을 나는 기억한다.

나는 그런 인물과 면회를 하여도 일반 사람들과 다른 점이 없으리라고 생각했다. 그러나 그의 대답은 재미있었다.

"그것은 그렇지요. 세계 제일의 부호와 잠깐이라도 알게 되는 것은 무엇인가 도움이 될 것입니다. 자기 혼자의 힘으로 부를 일군 사람은 태어나면서부터 높은 지위에 있는 사람들과는 하늘과 땅의 차이가 있습니다."

어느 날 나는 그에게 왜 셰익스피어의 비평을 쓰지 않는가, 비평을 써서 셰익스피어를 더욱 빛내지 않느냐고 물었다. 그는 그렇게 할 생각

도 있었으나, 깊이 생각해 보니 자기는 셰익스피어에 대해 쓸 만한 능력이 없음을 자각하고 안 쓰는 것이 오히려 마음 편했다고 대답했다.

'셰익스피어는 모든 사람을 뛰어넘는 비범한 천재였기 때문에, 비평의 형식을 가지고는 잴 수가 없다. 그 탁월한 천재를 논평하고 싶은 생각은 있으나 어쩐지 그 문제에 달려들 만한 용기가 나지 않는다'는 것이었다.

그의 셰익스피어에 대한 찬사는 지금도 여전한 것으로, 다른 누구도 그만큼 셰익스피어와 견줄 만한 사람이 없다.

나는 조지 비링크스 쇼 씨를 알고 있었다. 쾌활한 매슈 아널드 씨가 금강석의 찬란한 빛이라면, 쇼 씨는 아널드 씨와 비슷한 금강석이지만, 그 빛이 조금 퇴색한 것으로 비교될 수 있었다. 그러나 금강석임에는 틀림없던 쇼 씨에 대해 소개하고 싶다고 생각하였다.

이때 나는 윈슬 호텔을 임시 주거지로 정했다. 다행히 어느 날 아침, 쇼 씨가 찾아와서 나의 손님인 아널드의 이야기를 끄집어내어 칭찬하였다. 나는 이 말에,

"오늘밤 자네, 아널드와 함께 식사하는 게 어떤가? 부인들은 모두 외출하고 아널드와 나만의 만찬인데, 자네가 참석하면 꼭 삼위일체가 되겠어."
하고 말했다.

쇼 씨는 별로 탐탁치 않은 것같이 보였으나, 나는 모른 체하였다. 어떻게 해서라도 승낙을 받아내려고 했으나, 그는 거절하였다. 그래서 나는 부탁이니 어떻게 해서든지 꼭 참석해야 한다고 설득하였다. 그러자 그는 승낙하고 제 시간에 왔다.

만찬의 자리에서 나는 두 사람 사이에 앉아서 이 두 사람을 재미있게 관찰하고 있었다.

아널드 씨는 쇼 씨의 말투에 깊은 흥미를 갖고, 서부 여러 주의 일화가 마음에 든 듯 내가 종래 보지 못했을 정도로 마음놓고 웃었다.

쇼 씨는 15년간을 미국 1만 이상의 인구가 있는 도시를 한 바퀴 돌았다. 그래서 그 풍부한 경험담을 끄집어내 놓는 화술은 대단하였다.

아널드 씨는 강연자가 청중의 흥미를 끌기 위해서는 어떤 방법을 써야 되는지 알고 싶다고 물었다.

"그들을 너무 오랫동안 웃겨서도 안 됩니다. 그렇게 되면 청중은 자기들을 웃기고 있다고 생각하며 강연자가 성실하지 않다고 생각하게 됩니다. '세상에는 누구든지 준비하고 있지 않은 두 가지가 있습니다. 여러분, 알고 있습니까?' 하고 질문합니다. 그러면 끝에 가서는 누가 '죽음' 하고 외칩니다. '자, 그러면 또 하나는?' 하고 겹쳐서 질문할 것 같으면 이번에는 다수가 여러 가지 답을 합니다. 부·행복·힘·결혼·세금…… 끝에 가서 엄숙하게 '여러분은 제2의 것은 누구도 알아맞히지 못했어요. 세상에는 아무도 준비하지 않고 있는 두 가지의 것이 있습니다. 그것은 쌍둥이올시다.' 했더니 모든 청중은 커다랗게 웃었습니다."

쇼 씨의 대답에 아널드 씨도 배꼽을 잡고 웃었다.

"당신은 언제나 새로운 소재에 대해 공부합니까?"

하는 질문에 대답하기를,

"그렇습니다. 계속 무엇인가 이상스러운 이야기를 발견하지 않으면, 연중 강연을 할 수 없습니다. 그러나 그것만으로는 잘 받아들이지 않습니다. 나는 이것이라면 꼭 받아들일 것이라고 모든 청중을 바라보았으나 아무런 반응이 없습니다. 그것은 꼭 한 마디의 필요한 말이 떠오르지 않았기 때문입니다."
라고 하였다.

쇼 씨는 어느 날 뉴욕 시내를 걷고 있었는데, 서부 사람으로 보이는 남자가 말을 걸어왔다.

"여보세요. 당신은 조지 비링크스 씨가 아닌가요?"

"왜요? 그렇게 부르고도 있지요."

"내 지갑 속에는 당신에게 드릴 돈 5천 달러를 가지고 있습니다. 어떻습니까? 저 음식점에 가서 한잔하면서 이야기하지 않으렵니까?"

자리에 앉아 손님은 이야기하였다. 그는 캐나다에 있는 금광을 다른 사람들과 공유하고 있었다. 그 소유권에 관하여 분쟁이 일어나서 소유권자의 회의가 열려 논쟁을 거듭하다가 해산해 버리게 되었다. 소의 급소라고 할 수 있는 뿔을 붙들고 소를 잡으려 하는 것처럼, 끝까지 법정에서 시시비비를 가리겠다는 주장에 밀려 회의 장소를 떴다고 설명했다. 그런데 이 이튿날 아침 회의에 출석하여 조지 비링크스의 연설문이 적혀 있는 달력을 보았더니, 다음과 같은 문구가 적혀 있었다.

"소를 잡으려면 뿔을 잡지 말고 꼬리를 잡아라. 그래야만 힘에 부쳐 놓아야 할 때 언제든지 놓을 수 있다."

그것을 보고 모두가 빙그레 웃고, 결국 그런 방법이 현명하다는 것을 알았다고 한다.

"우리들은 귀하의 충고를 받아들여 문제를 잘 처리하고 사이좋게 헤어졌습니다. 그때 어떤 사람의 제안으로 5천 달러를 그 교훈을 일깨워 준 분에게 사례로 드리기로 결정하였습니다. 내가 동부에 올 계획이 있다고 하자 회계는 이 돈을 전달해 달라고 했으니 자, 받으시오."

이런 이야기로서 홍은 그칠 줄 몰랐으나, 끝에 가서 아널드 씨의 한마디로 이날 밤의 끝을 맺었다.

"쇼 씨, 당신이 영국에 강연차 온다면 나는 즐겁게 받아들이겠습니다. 또 첫 회의 청중에게 당신을 소개하고, 귀족인 내가 당신을 소개하는 것이 당신의 이익이 될지 모르지만, 나는 어떠한 논쟁이 있어도 그것을 하고 싶다고 생각합니다."

쾌활과 위트의 일인자인 매슈 아널드 씨가, 해학으로 보아 세계 제1인자인 조지 비링크스를 런던의 일류 청중에게 소개하는 광경은 상상만 하여도 무척이나 흐뭇해진다.

아널드 씨는 후년 어떤 기회에서도 꼭,

"사자 얼굴을 한 우리들의 친구, 쇼 씨?"

하고 묻는 것을 잊지 않았다.

기념할 만한 만찬회가 끝난 후, 어느 날 아침 윈슬 호텔에서 조지와 같이 자리를 잡고 있었는데, 그는 수첩을 꺼내면서 다시 말했다.

"아널드 씨는 어디에 있는가, 그는 이것을 보면 무엇이라고 할까? 〈센츄리〉지가 1주에 100달러를 나에게 제공하면서 무엇이든 생각나는 것을 써주면 좋겠다고 했는데……. 그렇게 하도록 약속이 되어 있어서 무엇인가 써볼까 생각하고 있는데, 여기 앵글 제엘에서 취재한 것이 있으니 먼저 이것을 주간 예산인 100달러의 원고료로 충당하기로 하는 것이 어떻겠나?"

"물론 평론가는 작가보다는 큰 인물이지. 다른 사람의 오류를 지적

할 수 있는 사람은 그 오류를 범한 사람보다 훨씬 우러러볼 수 있는 인물이니까."

나는 아널드 씨에게 시카고에 대해서 이야기를 한 적이 있다. 보스턴의 모 사교계에서 이름을 날리는 부인이 결혼을 앞둔 시카고의 동창을 방문하여 크게 환영을 받았다. 어느 날 한 시민으로부터 시카고에서 무엇이 그녀에게 제일 기쁨을 주었는지 물었을 때, 그녀는 부드럽게 대답하기를,

"내가 참으로 놀란 것은 매우 번창한 상업도 아니고 현저한 물질적 발전도 아니고, 굉장한 저택도 아닙니다. 바로 그것은 뛰어나게 아름다운 문화를 발견할 것입니다."

"그렇습니다. 종파 문제도 지금 눈이 돌 정도로 시끄럽게 떠들고 있습니다."

시카고는 범속주의의 진원지로서, 아널드 씨에게 좋은 인상을 주지는 못하였으나 소위 문화와 교양이 있는 것을 인정하고, 그는 놀라고 또 만족한 것 같았다.

그는 시카고를 떠나기 전에 시카고의 흥미 있는 것을 모두 알고 싶다기에 나는 웃으면서 설명했다.

"세계 제일의 웅장한 곳을 구경하자면 완전한 신식 기계를 사용하는 도살장이지요. 돼지를 한쪽으로 쫓으면 그 비명이 아직 귀에 남아 있을 때, 벌써 햄이 되어 다른 쪽으로 나오지요."

그는 잠시 동안 침묵을 지키고 있더니 무엇인가 생각난 얼굴로 되묻기 시작했다.

"도살장 같은 곳에 왜 갑니까? 돼지의 비명을 들어서 무엇합니까?"

그의 이 말에 나는 대답이 궁했다. 그래서 그것으로 끝을 맺었다. 내가 세계를 돌아다니면서 알게 된 것은 다른 종교들의 성전에는 고대 전설의 주위에 널린 잡물을 제거하고 그 정수만이 보존되어 있다는 것이었다.

아널드 씨는 기독교의 성서도 이와 똑같이 취급되는 것이라고 했다. 세계의 철학에 무상의 기쁨을 주는 공자, 기타 성인의 말씀을 정선한 금옥의 문구도 《금언집》으로 되어 있다.

아널드 씨와 같이 총명한 사람은 과거 무지 시대에 부지불식간에 언론에 추가되어 있는 이설(異說)을 용서 없이 제거했다.

이런 것을 생각하면 할수록 기독교인들은 동방의 모범을 본받아 밀을 껍질에서 나누어야 할 필요가 있다는 것이 유력하다. 껍질이라고 하지만 실은 더욱 나쁜, 유해하고 유독한 폐물이 흡입되어 있을 때도 있다.

"그는 세심히 주의를 가지고 읽어야 할 부분을 고른다."
라고 번스는 말했다.

우리들은 읽어야 할 부분을 정선하여 그 정선된 부분만을 사용해야 한다. 이 점에 있어서 나는 그 친구에게 감사하고, 또 그를 친구라고 부를 수 있는 것을 매우 즐겁게 생각하고 있다.

아널드 씨는 현실에서 한 발 앞선 참된 교사로서, 유구한 사물의 세계에 있어서 참으로 위대한 사람임을 입증했다.

나는 에레니게 산 별장에서 아널드 씨를 연기에 휩싸인 피츠버그로 안내하였다. 에드가 톰슨 제강 공장에서 철도 정거장까지 철도를 횡단하는 다리가 두 개 있는데, 그 두 번째의 것은 아주 가파른 언덕이었다. 두 사람이 약 4분의 3쯤 올라갔을 때, 그는 갑자기 숨을 몰아쉬면서 말했다.

"아아! 아버지도 이것으로 돌아가셨는데, 나도 언젠가는 이것으로 죽겠지."

나는 그의 심장이 약한 것을 그때까지 알지 못했으나, 이 한 마디를 결코 잊을 수 없었다.

그 후 얼마 가지 않아서, 그가 영국에서 장애물을 피하려고 애쓰던 중 불의의 사고로 죽었다는 비보를 접했을 때, 그 친구가 자기의 슬픈 운명을 피츠버그에서 예언했던 것을 생각하면 더욱 가슴이 에이는 듯했다.

이 사람의 죽음은 나에게 있어서 큰 손실이었다. 번스가 고른 톰 삼손의 묘비에 새겨진 다음 몇 줄은, 내가 아는 한 누구보다도 아널드에게 적절한 것이라고 믿는다.

'톰 삼손의 유해 여기에 잠들다. 너희들 위선자여, 그의 가까이에 오지 마라. 참된 의인이 하늘에 자리를 잡을 때, 너희들은 몸부림쳐도 어찌 그가 있는 곳에 올라가리요.'

이 말로 인해 생각나는 인물은 보스턴의 올리버 웬텔 홈스 박사로서, 그는 누구에게도 지지 않을 만한 지식을 가지고 있었다.

그는 80세의 고령에도 불구하고 병이라고는 없었다. 그러나 죽기 전에 병석에 누웠는데, 그것은 나이 탓이었다. 그는 소년다운 원기를 잃지 않았다.

매슈 아널드가 죽었을 때, 몇 사람의 친구들은 무엇인가 기념이 될 만한 것을 바치고 싶다고 하여 필요한 금액을 모았으나, 아무도 다른 사람에게 부탁하려고는 생각지 못하였다.

이런 성격의 모금에 기부하는 것은 일종의 특권이라고 생각되어졌기 때문에, 특히 그 권리가 있다고 인정되는 사람 외에는 기부를 허락하지 않았다.

아마도 국외로부터 기부금을 모았더라면 2, 3배의 금액이 되었을 것이다. 나는 대서양의 이쪽, 즉 미국에서 이 일에 다소의 관심을 가지도록 허락된 것이 아주 기뻤다.

나는 물론 이것을 홈스 박사에게 이야기할 생각은 추호도 없었다. 왜냐하면 문사나 전문가들은 아주 드문 예를 제외하고는 자기 집 경제 상황도 어려운 형편이기 때문에 타인을 위한 기부에 응하기란 참으로 어려운 것이다.

그런데 어느 날 아침, 박사로부터 편지를 받았다. 편지의 내용은 모금 운동에 대해 들었다는 것이었다.

그는 내가 이 영광스런 명부에 자기의 이름을 실을 수 있는 가치가 있다고 인정해 주면 대단히 감사하겠으며, 이 운동에 대해 들은 이상 나에게 편지를 쓰지 않을 수 없었다고 하였다. 홈스 박사의 참여가 가치 있다는 것은 두말할 필요도 없었다.

이 모금 운동은 실로 누구이든지 참가하고 싶다고 생각하는 기념 사업이었다고 나는 말하고 싶다. 기부를 한 사람은 누구든지 이러한 기회를 만든 운명의 신에게 감사하는 마음이 꽉 찰 것이다.

23

영국 정계의 영수(領首)

19. 부(富)의 복음

20. 교육 기금

21. 평화전과 베텐구리프

22. 매슈 아널드

23. 영국 정계의 영수(領首)

런던에 체재 중 크랏드스턴 내각의 한 사람으로서 전도가 유망한 정치가 로즈베리 경을 알았다.

로즈베리 경은 나와 고향이 같았기 때문에, 경의 호의에 따라 세계 제일의 시민이라고 할 수 있는 크랏드스턴 씨와의 회견을 위해 만찬에 초대되었다. 이때가 1885년이었다.

나의 졸저 《평민주의의 승리》가 나온 것은 1886년으로, 내가 그 기회에 모은 놀랄 만한 이 저작의 자료는 크랏드스턴 씨가 제시하였던 것을 기억하고 있다.

그 후 크랏드스턴 씨로부터 만찬 초대를 처음 받았을 때처럼 내가 사교 문제에서 크게 결단력을 발휘하여 스스로 정당하게 일을 실행에 옮긴 적은 없었다.

이때 다른 만찬에 가야 할 선약이 있었다. 그러나 허영적인 사람의 초대보다는 훨씬 엄숙하고 권위 있는 영국의 실제 주권자의 초대이므로 일방적으로 선약을 지키지 말까 하는 고민도 있었으나, 결국 지키고 말았다. 그래서 절실히 만나고 싶어했던 사람들과 접할 수 있는 기회를 놓치고 말았다.

다행히 그 후 하와텐의 저택으로 크랏드스턴 씨를 방문하게 되어 다시 기회를 포착할 수 있었다. 로즈베리 경은 내가 여러 곳에 기부한 도서관 중, 최초로 건립한 뎀퍼린 도서관의 개관식에 참석하였다. 경은 또 1905년 마지막으로 기부한 도서관, 즉 스토노 위에 세워진 도서관의 개관식에도 참석했다.

경이 최근 뉴욕을 방문하였을 때, 나는 리버사이드 드라이브에서 경을 마차로 안내하였다. 경은 재기발랄한 인물이긴 하나, 사상은 침울하게 기울고 있었기 때문에 그의 마음은 병적이었다.

만일 로즈베리 경이 노력하지 않고 돈으로 눈부신 상원에 들어간 신분이 아니고, 분투하여 하원에 들어가야 할 신분으로 태어났더라면, 그는 힘겨운 생활에서 강건한 기골을 길러낼 수 있었을 것이다.

그러나 상류사회에 속하는 사람이 되었기 때문에 정치가에게 필요한 불요불굴의 정신력이 결여되어 있었다. 그는 기교가 풍부한 연설가로서, 특히 타인의 장점을 찬양하는 것에 있어서 당대 일류의 웅변가라고 할 수 있다. 그의 가볍고 기묘한 표현이나 우아한 구상이란 발군의 묘기를 갖추었다.

어느 날 아침, 예정되었던 약속대로 나는 경을 방문하였다. 인사가 끝나자, 경은 한 장의 봉투를 손에 쥐어주었다. 그것은 내가 경을 방문하였을 때 경의 책상 위에 공손히 놓여 있었던 것이었다. 경은 그것을 내 손에 쥐어주고는,

"당신의 비서를 해고했으면 하오."

하고 엄중하게 말했다.

"각하, 그것은 큰 문제입니다. 그는 나에게 없어서는 안 될 사람으로 거기에다 스코틀랜드 인입니다. 왜 그러십니까?"

"이것은 당신의 자필이 아니오. 아마 서기가 썼을 거요. 로즈베리의 베리를 쓸 때에 R을 두 개 넣는 인간이 도대체 어떤 사람이라고 생각합니까?"

나는 그런 것까지 일일이 신경을 쓰게 된다면 인생은 도저히 살아가기 어려울 것이라고 하였다.

"나는 본국에 있을 때는 매일 많은 편지를 받게 됩니다. 그 중의 23퍼센트는 내 이름의 철자가 틀립니다. Karnaghie에서 Carnagay까지 종종 틀린 것이 옵니다."

그는 얼굴을 찡그렸다.

그는 아주 소심하여 이처럼 작은 일에도 대단히 심각하게 고민하였다. 성격이 쾌활한 사람은 이런 작은 일쯤 일소에 부치고, 도리어 재미있게 받아들이는 습성을 가져야 한다. 그렇지 않으면 자기 스스로 소인이 되는 수밖에 없다.

그는 매우 애교 있는 사람이긴 하지만, 고집스럽게 양보하지 않으려는 외곬적인 성격은 주의원의 평민적 사회에 오래 젖어 있었으므로 별로 변하지가 않았다.

그가 자유당으로서 상원을 놀라게 하고 사람들의 이목을 받기 시작했을 때에, 나는 차차 나 자신의 평민주의를 그에게 한번 시험해 보기로 하였다.

"의회를 위해 분투하십시오. 각 시민이 균등하게 갖고 있지 않은 특권을 받고 있다는 것을 모욕이라고 생각하여 귀하의 세습 작위를 버리십시오. 그렇게만 되면 귀하는 국민의 참된 지도자가 됩니다. 귀족으로 있으면 도저히 되지 않습니다. 귀하는 젊고 생기발랄하며 신뢰를 얻을 능력을 갖고 있는 천부적인 웅변가로서 매력을 구비하고 있습니다. 몸을 일으켜 급류에 던지기만 하면 대재상의 지위로 헤엄쳐 닿는 것은 의심할 여지가 없습니다."

그는 나의 권유를 흥미 있게 듣는 것 같았으나, 나는 매우 놀라지 않을 수 없었다.

그는 조용히 입을 열고 대답했다.

"그러나 중의원은 귀족인 나를 받아주지 않을 거요."

"그것은 제가 바라는 바입니다. 제가 귀하의 지위에 있다면 일단 말을 꺼내서 거절될 것 같으면, 그 다음 보궐 선거에 나가서 끝까지 싸우겠습니다. 세습의 특권을 포기한 사람은 시민권을 획득하는 지위에 올라가는 자로서 여하한 지위에서도 선거에 권리가 있다고 주장하세요. 그것은 크롬웰의 방법입니다. 평민주의는 선례를 깨는 사람, 또는 선례를 만드는 사람을 숭배합니다."

이야기는 이 정도로 끝을 맺었다. 나중에 나는 이러한 사실을 모레 씨에게 이야기하였다. 그때 그의 평을 난 결코 잊을 수가 없다.

"자네, 크롬웰은 바크레스 스퀘아의 38번지에 살고 있지 않았는가." 하고 그는 말했다.

로즈베리는 훌륭한 인물이긴 하나, 애석하게도 귀족으로 태어났기 때문에 그의 활동을 속박당하였다. 이에 반해 모레는 그의 아버지가 가난의 쓰라림 속에서 아들을 대학에 넣을 정도인 외과 의사였으므로, 소위 평민 신분에서 성공한 참된 인물이었다.

그는 끝까지 '정직한 존'의 특색을 보존하고, 훈공으로 특별히 수여받은 귀족의 지위나 훈장에 걸맞게 행동했다.

로아반 후작이나 대법관의 고위직에 올랐던 중의원 봅프레드나, 그 후 대법관 헬덴 경이나, 대재상 애스큐이스, 로이드 조지 등은 모두 모레 형(型)의 인물로서 근대에 있어서 어떤 합중국의 대통령이라도 그들 이상의 평민주의와 국민의 좋은 벗이라고 할 수 있는 이는 없었다.

세계의 제일 시민이 세상을 떠났을 때 누가 그 사람, 즉 크랏드스턴의 뒤를 이을 것인가가 문제였다. 누가 후임자가 될 것인가, 내각 중에서 모레보다 나이가 젊은 사람들은 모두 그 결정을 그에게 일임하였다. 그러나 하코드 밴나맨이 방해하고 있어서 그의 취임은 절대 불가능했다. 그는 몸이 약하다는 결점이 있었다. 이것 때문에 불행하게도 그에겐 자격이 없었다. 그래서 냉정·침착·명쾌한 판단력을 갖춘 캄벨 밴나맨이 유일한 적임자라고 인정을 받았다.

나는 하코드에게 진한 친밀감을 느꼈다. 그는 모레 딸의 남편이었기 때문에 우리 공화국의 열성적인 숭배자이기도 하였다.

내가 주의하여 그에게 보내게 된 미국 통계의 인쇄물은 그에게 깊은 흥미를 갖게 했다. 말할 것도 없이 캄벨 밴나맨이 나의 고향인 뎀퍼린 시의 수상의 직위에 올라갔다는 것은 나에게 큰 기쁨을 주었다.

뎀퍼린 급진당의 영수인 베리는 실제 나의 숙부이다. 그때 나의 일족은 급진주의였으나, 지금은 카네기와 모리슨 양가 공동주의의 신봉자로 북미 대공화국의 열렬한 숭배자들이다.

'각자의 왕권을 알고 이것을 세상에 선전한 사람들'이라고 칭찬한 어떤 병사의 이야기처럼 이 선전은 틀림없이 힘든 운동이었다. 이 세상에서 참으로 확실하게 믿을 수 있는 것은 영어 민족이 혁명에 의하지 않고 진화에 의해서 질서 있는 합법적 발달을 꾀하면서 시민의 자격에 관해 다음과 같은 격언으로 진리가 되는 것을 사실로 입증한 것이다.

'위계(位階)는 금화의 그림자이고, 인간은 참된 황금이다.'

이 진리는 이미 영국 영토 식민지로 번져 가고 있다. 시대에 뒤떨어진 모국은, 늙은 암탉이 오리의 알을 품어 그 새끼가 위세 있게 헤엄치는 것을 보고 그만 걱정되어 비명을 지르고 방해만 할 것이 아니라, 늙은 암탉도 그 사이에서 헤엄치는 것을 배운다면 더 좋을 것이다.

1905년 가을, 나와 아내는 카네기 템퍼린 재단 이사장 존 로즈 박사에게 수여되는 템버린 시민권 증정식에 참석하였다.

박사는 우리 부처의 친구로서 이곳을 위해 복지를 계획한, 참으로 열성적인 수훈자이다.

시장 맥베스 씨는 그 연설 중에 이 영예가 희귀하게 주어지는 것이라고 하였다. 또 지금 현재 생존하고 있는 자유 시민은 겨우 세 사람, 즉 이 곳 선출 대의원인 현 수상 밴나맨, 전 인도 총독인 현 식민지 대신 템린의 후작 에루친과 세 번째로 내가 있다는 것을 언급하였다.

세 사람 중 관록으로 말할 것 같으면 도저히 다른 두 사람에게 미치지는 못했어도, 어쨌든 나를 그 중의 한 사람이라고 헤아려 주어 나는 매우 영광스러웠다.

에루친 후작은 부르스 왕의 후예이다. 이 집의 분묘는 템퍼린 사원에 있어서, 후작의 위대한 조상 부르스 왕은 사원 종각 밑에 묻혀 있다.

육군경 스텐턴이나 그랜트 장군을 평하여, 이들은 모두 다 사령관다운 풍채를 가지고 있다고 인정할 수 없는 사람 중의 한 사람이라고 앞에서도 말하였지만, 에루친 후작도 이 점에 있어서도 그랜트 장군과 매우 비슷하였다.

그러나 스코틀랜드 대학 개혁의 평의회가 있을 때에 경은 그 위원장의 차석이었다. 보수당 정부가 남아연방 전쟁위원회를 조직하였을 때 자유당원이었던 후작은 위원장으로 임명되었다.

스코틀랜드의 통일·자유·교회 문제에 관해서 상원에 대파란이 일어났을 때는 에루친 경이 위원장으로서 사건의 해결을 맡았다. 의회가 경의 보고를 골자로 하여 해결책을 작성했을 때에 경은 또 그 실행위원장에 지명되었다. 스코틀랜드 대학기금 재단이사 선정의 필요가 있었을 때, 나는 수상 발파 씨에게 에루친 경이 뎀퍼린의 저명 인사로서 이사장직에 취임하도록 권유하여 승낙을 얻어달라고 하였다. 수상은 그와 같은 좋은 인재는 없을 것이라고 답변하여 목적을 달성할 수 있었다.

에루친 경이 뎀퍼린 재단의 이사에 지나지 않고, 또 이사장으로서 경험도 없다고 이야기를 했을 때, 존 모레는 나에게 이렇게 말했다.

"나는 종래의 높은 지위를 차지한 공인으로서 에루친을 볼 때 어린애처럼 걱정을 했었는데, 지금은 그가 최적임자라는 것을 인정할 수 있네. 중요한 것은 말이 아니라 행동이지. 즉, 혀가 아니라 판단력이지."

가식 없는 가치와 지혜와의 조화, 이것이 즉 오늘날의 부르스 왕의 후예였다.

일단 자유 시민권을 주기 시작하자, 그 후부터는 이루지 못할 일이 없지 않을까 하고 생각할 정도로 이와 같은 종류의 명예가 많이 주어졌다. 1906년 런던에 체재 중 6일간에 여섯 군데로부터, 다음 주에는 두

군데로부터 자유 시민권이 주어져서, 매일 아침 기차로 출장 갔다가 저녁에 런던으로 돌아오곤 했다. 이와 같은 생활이 계속되자 전혀 재미가 없었으리라고 생각할는지 모르겠지만, 시간에 따라 상황이 달라서 결코 단조롭지 않았다.

시장이나 그밖의 시정에 밝은 시민과 대화를 나누며 여러 가지 이야기를 들어보면, 각 공공 단체에는 그 나름대로 특색이 있고 재미있었다. 각 도시에는 무엇인가 하나씩 국민들이 열망하는 개선안이 있어 다른 문제는 이것 때문에 압도되는 경향이 있었다.

각 도시는 그 나름대로 작은 세계를 이루고 있었다. 사회는 작은 내각으로서, 시장은 내각 총리대신 내정의 문제로 시민을 열광시켰다. 외교 관계가 없는 것도 아니었다. 이웃 도시와 마을 사이의 교섭도 있다. 중요한 의의가 있는 수도나 가스 혹은 전기에 대한 계획, 동맹과 분리에 찬성 또는 반대하는 위원회의 토론들도 있었다.

나는 영국의 각 도시에서 자유시민권을 부여받았다. 그 수는 54개로 이것은 자유시민권의 최대 기록이며, 크랏드스턴 씨는 그 다음으로 17개였다.

시의 행정만큼 옛날과 오늘을 대조해 보는 데 차이점이 현저하게 나타나는 것은 없다. 과거에는 가족이 태어난 곳에 대대로 정주하여 그 도시와 주위에 정성을 다 해 봉사하는 경향이 있었다. 아버지가 시장으로 근무하고 있으면, 아들은 장려하여 그 일에 취임시키려는 뜻을 고취하려고 한다. 이 무한의 가치는 자식에 대한 유산으로서 시민적 자부심은 다시 창조되어 그 향토에 애착심을 갖도록 한다.

각 시민은 무슨 일이든 시를 위해 봉사할 특권을 얻고자 노력한다.

선량한 시민들에게는 이것을 칭찬하게 된다. 이것은 입신의 방법이며, 이 이상의 뜻을 품는 사람은 실로 소수이다.

국회의원이 되겠다는 것은 실제 자산가가 아니면 바랄 수가 없다. 그리고 국회의원의 자격은 보수를 받지 않고 반드시 런던에 거주해야 하는 필수조건을 갖춘 자에 한해서만 부여되기 때문이다.

입법부에 참여하는 사람에게는 상당한 보수를 지불한다는 세계 전반의 관습에 따라서 영국에서도 머지않아 의원에게 연금을 지급하게 되리라고 본다. 이것은 하룻밤 사이에 변할 것이다(1908년의 일로, 그 후 이 일은 실현되어 지금은 4백 파운드의 연금을 지급하고 있다).

그로부터 또 영국은 다른 나라처럼 국회를 낮에 열게 되리라고 생각한다. 국회의원들이 종일 자기의 전문 업무에 온 신경을 쓰고 나서, 저녁을 먹고 국사를 의논한다는 것은 바람직하지 못한 일이다.

국사에 대한 논의는 아침부터 오후까지 머리가 신선한 시간에 왕성하게 일하는 것이 원칙이다. 영국의 각 시회에는 청렴결백하고, 조국애가 투철하며, 독립 자존적 인물이 많이 있었다. 미국에도 그런 인물이 많이 있었지만, 영국에 비하면 훨씬 뒤떨어졌다.

그러나 미국에서도 인구가 점점 많아짐에 따라 사람들 사이에서 영국적인 기풍이 생기기 시작하였다. 우리 미국인은 각자가 태어난 고장을 개선하여 죽을 때까지 자손을 위해 그 결실을 거두려는 마음의 다짐이 지방적 애향심으로 발달하고 있다.

스코틀랜드의 시장은 상류사회와 지방의 대지주에 한한다고 생각한 시대가 지난 것은 겨우 한 세대밖에 안 되었다. 영국인이 귀족을 사랑한다는 것은 지금도 사실이긴 하나, 이 사랑은 빨리 소멸되리라고 본다.

이스트븐·킹그스링·솔즈베리·일케스턴, 기타 많은 고대적 도시에 있어서 시장이 평민으로 일하는 것을 많이 발견할 수 있었다. 사회 일원의 대다수는 이런 형태의 인물이었다. 그들은 무보수로 자신의 시간을 아끼지 않고 시민을 위해 헌신하고 있다.

스코틀랜드나 영국 등의 많은 도시의 시장이나 사회의 여론을 잡고 있는 명사들과 교제를 맺는 것이 나에게 유쾌한 생각을 갖게 하는 원천이 되었다.

아일랜드에서의 자유시민권 여행도 이처럼 유쾌하였음을 잊을 수가 없다. 자유시민권 수여식의 참석은 나에게 영국의 지방 생활과 애착심을 통찰할 수 있는 좋은 기회를 제공해 주었다. 그것이 아니었다면 수여식은 그저 형식에 불과했을 뿐이고, 영국 문화를 알고 싶어 속이 탔을 것이다.

시의 고위 관리들과 사귄 것과, 길가에 늘어선 군중들이 창 밖으로 목을 내밀고 환영하던 혼잡 속에서 무엇인가 느끼게 된다. 또한 지방 관리의 연설은 언제나 내 연구의 좋은 자료로서 인생의 새로운 방면을 제공해 주었다.

내가 각 도시를 관찰한 결과, 대영 제국은 다른 나라에 비해 국민에 의해 뽑혀진 중요 인물들이 정치를 움직여 가는 모습이 참신하게 느껴졌다.

카네기 연보, 업적

연보

1835년 11월 25일, 스코틀랜드 덤퍼린에서 수직공인 아버지 윌 카네기와 어머니 마가렛 사이에서 출생하다.

1848년, 미국의 펜실베이니아 주 피츠버그로 이주하다. 주급 1달러 20센트를 받고 면직물 공장에서 일하게 되다.

1849년, 전보 배달부가 되다. 그는 거리 이름과 수취인의 이름을 외워 시간을 절약함으로써 머지 않아 전신 기사로 승진, 월 25달러의 수입을 받게 된다.

1853년, 펜실베이니아 철도회사에 취직하다. 그곳의 서부 지부 감독이던 토마스 스콧의 개인비서 겸 전신 기사로서 35달러의 월급을 받게 되다.

1855년, 아버지 사망. 카네기는 20세에 가장이 되다.

1856년, 카네기는 파업 주동자 명단을 스콧에게 넘겨주어, 파업을 사전에 예방하다. 이해, 우드러프 침대차 회사에 투자하다. 약 2년 후 5천만 달러의 배당금을 받다.

1859년, 펜실베이니아 철도회사의 피츠버그 지부 감독이 되다. 연봉 1,500달러를 받게 되자, 어머니와 함께 홈우드로 이사하다.

1861년, 우드러프 회사에서 나오는 배당금으로 석유회사에 1만 1천달러를 투자하다. 여기에서 1만 7천 달러 이상의 수익을 얻다.

1863년, 키스톤 교량회사를 설립하다.

1864년, 피츠버그에 레일 제조회사를 설립하다.

1865년, 철도회사에서 퇴직하다.

1867년, 유니언 제철소 설립.

1870년, 부유한 상인의 딸인 루이즈 휘필드를 알게 되다.

1872년, 영국의 헨리 베세머 제강소를 견학하다.

1875년, 최초의 강철공장인 에드거 톰슨 공장 설립.

1877년, 덤퍼린의 명예시민권을 취득하다.

1881년, 프릭 코크스 회사의 지분을 소유하다. 이듬해 지분이 50%이상 늘어나다.

1886년, 홈스테드 제강소를 매입하다. 《민주주의의 승리》 출간. 〈포럼〉지에 노동조합 설립권을 옹호하는 글을 발표. 어머니와 동생이 사망하다.

1887년, 루이즈 휘필드와 결혼.

1889년, 《부(富)의 복음》을 출간.

1892년, 홈스테드 제강소에서 파업이 발생하여 공장 폐쇄되다. 카네기 철강회사를 설립.

1897년, 딸 마가렛 출생.

1898년, 필리핀 독립자금으로 2천만 달러를 제안하다.

1899년, 카네기 명의 제강소들을 합쳐 '카네기 제강소'로 탄생.

1900년, 카네기공과대학 설립.

1901년, 모건에게 4억 8천만 달러를 받고 회사를 매각하다. 이로써 세계 최대 갑부가 되다.

1902년, 카네기협회 설립.

1905년, 카네기교육진흥재단 설립.

1910년, 카네기국제평화재단 설립.

1911년, 카네기재단 설립.

1914년, 제1차 세계대전이 발발하자 스코틀랜드를 떠나다.

1919년 8월 11일, 셰도브룩에서 사망.

업적

카네기홀

1891년 5월 개장된 뉴욕 최대의 연주회장이다. 차이코프스키가 지휘한 뉴욕교향악단의 피로연주회로 개장되었다. 처음에는 단순히 뮤직홀로 불리다가, 1898년 앤드류 카네기의 출자로 대대적인 개축을 하고 그 이후 카네기홀로 개명되었다. 좌석수는 약 3천석이며, 작은 홀들도 딸려 있다. 이름난 예술가들이라면 한 번쯤 서보기를 열망하는, 권위있는 연주홀이다.

뉴욕공립도서관

미국 뉴욕시에 있는 공공도서관으로, 1901년 앤드류 카네기가 이동도서관 설치 기금으로 520만 달러를 기부함으로써 미국 최대의 도서관으로 발전하는 기틀을 마련했다.

1895년 레녹스와 애스터가 기증한 장서들과 틸덴 재단의 신탁금 200만 달러를 기반으로 설립된 이 도서관은 총 5,200만 권 이상의 도서를 소장하고, 4개의 연구센터와 85군데의 분관으로 이루어져 있다.

매년 1,600명의 이용객이 이용하는, 명실공히 미국의 손꼽히는 도서관으로 만드는 데 앤드류 카네기의 공헌이 크다 하겠다.

워싱턴 카네기협회

1902년, 카네기가 1천만 달러의 기금을 조성, 조사, 연구, 발견 등 인류의 복지향상을 위한 지식의 응용을 장려할 목적으로 설립되었다. 주로 자연과학에 대한 원조가 이루어지고 있다.

카네기영웅자금

1904년에 설정, 인명 구조를 위해서 영웅적 행위를 한 자를 표창하고, 유족도 원조하는 기관.

카네기멜론대학

1900년 카네기가 기증한 100만 달러와 피츠버그시가 기증한 토지를 기금으로 1905년 카네기공업학교로 개교했다. 1912년 피츠버그시의 정식 인가를 받음으로써 카네기공과대학이 되었다가 1967년 멜론연구소와 병합하여 카네기멜론대학으로 개칭되었다. 과학, 예술, 인문사회과학, 도시, 공공문제학, 컴퓨터과학 등의 학부로 되어 있으며, 멜론연구소를 부설하고 있다. 직업 전문교육에 중점을 두고 있는데, 특히 화학, 수력학, 사진학, 분자물리학 등 분야가 뛰어나며, 예술대학의 연극학과도 유명하다.

카네기교육진흥재단

1905년, 카네기의 기부금 1천만 달러와 추가 50만 달러로 설립된 이 재단은 대학교수의 퇴직연금, 연금의 지급, 교육에 관한 연구 및 조사와 교육관련 출판 등에 대한 활동을 하고 있다.

카네기 국제평화기금

1910년에 설정, 국제평화 촉진에 도움이 되는 연구나 출판을 지원한다.

뉴욕카네기재단

1911년, 1억 3,500만 달러의 기금으로 설립된 이 재단은 미국인과 영국인에 대한 지식보급과 이해증진을 목적으로 창설되었다. 대학 기타 교육시설이나 성인교육, 미술교육, 기타 계획을 재정적으로 원조하고 있으며, 1946년 이후는 특히 사회과학의 진흥과 교육법 개선에 중점을 두고 있다. 이 역시 카네기의 교육, 학술연구에 대한 지대한 관심의 결과물이었다고 할 수 있다.